문명의 흔적에서
삶의 허기를 채우다

문명의 흔적에서
삶의 허기를 채우다

60대 부부의 실크로드, 티베트, 몽골, 인도, 터키·그리스 여행기

정강현 지음

돈키호테

여행지의 아내는 나를 비추는 거울이었다

노고단이 바라보이는 지리산 자락 섬진강 상류. 그곳의 조그만 동네에서 나고 자란 나는 어릴 적부터 산 너머 세상이 궁금했다. 아침저녁으로 울려대는 기적소리는 다른 세상으로 나를 유혹했지만 어린 소년으로서는 딱히 할 수 있는 일이 별로 없었다.

초등학교 4학년 때의 일이다. 바다가 보고 싶었다. 아버지를 졸라 한의원 문을 닫게 하고 바다를 보기 위해 군산 가는 기차에 올랐을 때의 기쁨이란 지금 생각해도 가슴이 벅차다. 군산 월명공원에 올라 눈앞에 펼쳐진 서해 바다와 교과서에서나 보았던 장항제련소의 높은 굴뚝을 보고 소리쳤던 추억이 새롭다. 나는 어릴 때부터 여행에 갈증을 느꼈던 것 같다. 초등학교를 졸업하고 상급학교를 가기 위해 고향을 떠날 때도 새로운 세상에서 살게 된다는 사실이 중학교 합격보다 더 기뻤다.

나의 여행증후군은 아버지로부터 물려받았다. 젊은 시절 만주 북쪽의 쟈무스까지 가서 살다 해방이 되어 고향으로 오신 아버지는 시골 한의사생활을 답답해하셨다. 가끔 그 바쁜 시간을 쪼개 인근의 명승고적을 다녀오시곤 했다. 그리고 "자식을 사랑할수록 여행을 시켜야 한다"는 말씀도 자주 하셨다. 실제로 주말에는 시골 5일장 장꾼들의 전용차인 3/4t 트럭을 빌려 우리 형제들을 데리고 가까운 섬진강댐이나 마이산 등을 구경시켜주시기도 했다. 지금 생각하면 교통편이 거의 없다시피 한 시절에 여행을 좋아했던 아버지의 성격이 묻어났던 일들이다.

그런 아버지 덕에 별 고생 없이 고교시절부터 서울로 유학을 하게 된 나는 성인이 되어 증권업계에서 30년 넘게 일을 했다. 자연히 증권시장의 발전과 더불어 업무와 관련해 증권시장이 개설된 선진국으로 출장을 가는 기회가 많았다. 제법 많은 나라를 다녀왔다. 물론 업무가 끝나면 주변의 관광지도 들러볼 기회가 있었다. 그때마다 혼자 호사를 누리는 것 같아 아내에게 항상 미안한 마음이었다.

나이 60이 되면서 시간의 여유가 생기기 시작했다. 아내와 같이 여행을 나섰다. 쉽지 않은 곳들도 있었다. 낯선 곳을 찾아간다는 것이 그리 편한 것은 아니다. 어찌 보면 집을 나서는 순간부터 여행은 시작되고, 편안함하고는 거리가 있다. 그래도 좋았다. 여행지에서 마주앉은 아내는 바로 나를 비춰주는 거울이었다. 40년 가까이 같이 살아온 아내의 모습은 나와 함께한 모든 것을 그대로 담고 있었다.

언제부터인가 아내가 즐거우면 나도 즐겁고, 아내가 슬프면 나도 슬프다. 또 여행을 통해 함께 맛보는 새로운 세상에 대한 경이로움은 우리에게 새로운 활력을 불어넣었다. 부부여행은 보약이었다. 그래서 여행이 끝나고 나면 소중한 기억들을 적어놓았다. 별다른 글재주는 없지만 우리 부부와 같이 여행한 분들의 추억도 함께 적어보았다.

끝으로 나의 보잘것없는 글들을 책으로 만들어준 돈키호테 출판사의 이윤희님에게 감사를 드린다. 언제나 나의 여행길을 열어준 한진관광의 전 상무이신 한장희님에게도 이 자리를 빌어 고맙다는 인사를 전한다.

2012년 3월
정 강 현

저 푸르른 독립의 의지

— 티베트 여행기

영혼의 호수 홉스골을 가다
– 몽골 여행기

신들의 나라, 신들의 사람들

- 인도 여행기

제국들의 흔적을 찾아서
– 터키·그리스 여행기

오랜 친구처럼 아내와 여행길을 나서다

#낙타에
비단 싣고
서역으로

– 실크로드 여행기

쌍봉낙타들의 보호구역인 쿠무타크 사막, 전설의 누란왕국을 삼키다

우루무치, 만년설이 녹아내려 "아름다운 목장"을 만들다

옛 사람들이 해와 달을 벗 삼고, 먼저 간 사람들의 백골을 이정표 삼아 개척한 곳, 실크로드. 그곳에 가고 싶다… 막연한 꿈이 현실이 되는 날이 밝았다. 마음이 설렌다.

비행기는 인천공항을 출발한 지 4시간이 지나 중국 시간으로 밤 11시 30분에 중국의 서쪽 끝 신장성의 수도인 우루무치 공항에 도착했다. 몽골어로 '아름다운 목장'이라는 뜻을 가진 우루무치는 톈산산맥의 만년설이 녹아내려 만들어진 목장지대다. 지금은 현대식 고층빌딩들이 들어선 인구 210만의 신장성 제1의 도시 우루무치.

남산목장, 말을 타고 초원을 누비는 하자크 족

모닝콜 소리에 잠을 깼다. 그러나 창밖은 아직 어두컴컴하다. 그도 그럴 것이 중국은 2시간 이상 시차가 나는 서쪽 도시 우루무치에도 베이징의 표준시간을 적용하기 때문이다. 같은 시간에 베이징에는 해가 떠도 우루무치는 한밤중이다.

아침식사를 한 뒤 남산목장으로 향했다. 버스를 타고 한 시간쯤 사막을 달리자 푸른 나무를 안고 있는 산들이 다가왔다. 우리가 탄 차는 가파른 비포장 고개를 헉헉거리며 넘고 있는데, 이곳의 젊은이들은 그 길을 말을 타고 빠르게 올라챘다. 산마루를 넘어서자 대평원이 파노라마처럼 펼쳐졌다. 드넓은 초원에 가슴이 탁 트인다. 해발 2,200m의 남산 목장에 도착한 것이다. 우리나라의 한라산보다 더 높은 곳에 펼쳐진 초원이 장관이다. 대초원 곳곳에 몽골식의 '게르' 같은 집들이 하자크 족 마을을 이루고 있다. 하자크 족은 평원에서 한가로이 양떼를 몰기도 하고 말의 젖을 짜기도 했다. 사는 모습은 몽골족과 비슷하나 생김새는 약간 다르다.

하자크 족의 도움을 받아 말을 타보기로 했다. 승마 경험이 없는 우리가 앞쪽에, 하자크 족 소년·소녀들이 뒤에 탔다. 신선한 경험이었다. 고원지대의 초원에서 맑은 공기를 폐부 깊숙이 들이마시며 말을 달리는 기분은 일찍이 경험하지 못한 상쾌함 그 자체였다. 말을 모는 하자크 족 오누이가 서로 같은 방향으로 계속 말을 모는 바람에 B는 뜻하지 않게 여자친구(?)까지 생겼다.

나와 함께 탄 소년은 말을 몰면서 시종 노래를 흥얼거렸다. 뜻은 전해지지 않지만 부드러운 노래다. 가락에서 조금 슬픈 느낌이 난다. 전에

현대화된 우루무치 시내 전경

몇 번 스위스를 찾아 알프스가 아름답다고 느낀 적이 있는데, 이곳 남산 목장의 경치도 알프스 못지않다.

산을 내려오는데 길가의 하자크 족 마을에서 양고기를 굽는지 냄새가 코를 간지럽힌다. 군침이 돌았다. 자연을 벗삼아 환경에 순응하며 유목생활을 하는 그들을 보면서 삶의 가치란 무엇일까, 생각해보았다.

시내 한복판에 있는 홍산은 서울의 남산과는 비교가 안 되게 작았지만 케이블카도 있고 놀이시설도 있다. 작은 산이지만 해발 906m나 된다. 우루무치가 해발 800m가 넘는 고원지대이니만큼. 홍산은 붉은 바위산이다. 산 정상에서는 우루무치 시가지가 한눈에 내려다보인다. 멀리 톈산산맥의 만년설도 눈에 들어온다. 햇빛을 받은 백설이 참 아름답다. 눈이 녹으면 저 흰빛은 어디로 가나?

아름다운 자연과 달리 오히려 근래에 지어진 시내의 고층빌딩들이 생소하다. 자연 그대로 순수한 '아름다운 목장' 우루무치가 그립다.

위그르 족, 슬픈 역사를 간직하다

홍산에서 내려와 인민광장으로 갔다. 광장 한가운데 커다란 기념비가 있다. '人民解放軍 新疆 進駐紀念碑'(인민해방군 신장 진주기념비)라고 새겨졌다. 물론 중국 당국에서 세운 진주(?) 기념비다. 그러나 신장성 전체 인구의 절반이 넘는 위그르 족 입장에서는 슬픈 피점령애도비(彼占領哀悼碑)일 것이다. 신장성은 한무제 이후 중국의 영향권에 들었다가 수많은 지배 세력의 교체를 거쳐 1884년 청나라에 편입되었다. 그후 1940년대 초에 잠시 위그르공화국을 설립했다. 그러나 3년 만에 국민당의 장개석 정부에게 점령당했고, 또 장개석 군대가 패퇴하자 모택동의 인민해방군에게 점령당해 오늘의 슬픈 역사가 되었다. 나는 우루무치 점령을 기념하는 '인민해방군 진주기념비' 앞에서 일제의 압박과 식민통치를 받았던 우리나라를 생각했다. 위그르 족에게 연민이 간다.

저녁식사는 시내 이원호텔 5층에 있는 '경복궁'에서 했다. 신장성 유일의 한식당이다. 입구에서 한복을 입은 아가씨가 "안녕하세요?" 한다. 조선족인가 했는데, 막상 화장실이 어느 쪽이냐고 물었더니 먹통이다. 자세히 얼굴을 보니 동양 사람의 윤곽이 아니다. 콧날이 오뚝하고 눈이 크며 키가 늘씬한 위그르 족 아가씨다. 예상하지 못한 곳에서 처음으로 위그르 족 아가씨를 만났다.

옛날 중국 사람들은 이곳 사람들을 가리켜 서쪽 오랑캐, 서융(西戎)이라고 했고 간단하게는 호(胡)라고 불렀다. 한무제는 흉노족을 물리치고 이곳을 점령한 뒤 위그르 여자들을 장안으로 데려가 춤을 추게 했다. 중국 여자들과는 달리 위그르 족 여자들이 추는 춤은 빙글빙글 도는 춤인데, 이 춤을 가리켜 서쪽 오랑캐가 돌면서 추는 춤, 호선무(胡旋舞)라고 불렀다. 또 중국 사람들은 자기네 한족보다 늘씬하고 예쁜 위그르 족 예인들을 성의 노리개로 삼았다. 그런 위그르 족 아가씨가 한복을 입고 있어 묘한 느낌이 난다.

저녁식사 후 둔황행 야간열차에서 먹을 과일을 사러 우루무치 과일시장으로 갔다. 옛날 황제에게 진상했다는 하미과(哈密果)를 비롯해 복숭아, 수박 등 수많은 과일이 산더미처럼 쌓여 있다. 위그르 족 상인들이 가게 앞에서 한 개라도 더 팔겠다고 소리 높여 손님을 부른다. 어디든 사람 사는 모습은 비슷하다. 종족은 다르지만 이곳에도 사람냄새가 진하게 난다.

과일을 산 뒤 저녁 7시 44분의 둔황행 기차를 타기 위해 우루무치 기차역으로 갔다. 3층 대합실은 사람들로 붐볐고 그래서인지 후텁지근하고 냄새가 코를 찔렀다. 애당초 중국여행을 하면서 정시출발, 정시도착이 어렵다는 것 정도는 알고 왔지만 막상 출발시간이 지나도 개찰은 고사하고 지연 안내방송도 없다.

출발시간이 조금 지나고 예고 없이 개찰이 시작되었다. 고약한 대합실에서 탈출하는 것이다. 우루무치역에서 현지 가이드 정군과도 짧은 이별을 했다. 기차가 시내 중심부를 지나 변두리로 향하자 옛날 우리네 달동네 같은 산비탈 오두막집들이 나타났다. 가난한 기찻길 옆 산동네에는 '히잡'을 쓴 이슬람 여인들이 많이 보였다.

타클라마칸 사막, "한번 들어가면 돌아올 수 없다"

기차가 우루무치를 출발한 지 얼마 되지 않았는데 황량한 사막이 나타났다. 기차는 타림분지에 누워 있는 거대한 사막, 타클라마칸 사막을 달리고 있다. 타클라마칸은 위그르어로 '한번 들어가면 돌아올 수 없다'는 뜻이다.

저녁 9시가 되자 노을이 물들기 시작했다. 낮에 불사신처럼 작열했을

백일(白日)은 온데간데없고… 사막의 석양은 황홀했다. 마치 사막에 뿌려진 포도주 같았다.

내가 노을이 너무 아름답다고 하자 젊은 시절 원양업에 종사했던 A선배가 처음 듣는 이야기를 들려주었다. "바다에서는 노을이 아름다우면 기상이변이 생길 가능성이 높아 항상 긴장을 합니다."

배를 타는 사람들은 아름다운 노을을 별로 좋아하지 않는다는 말이다. 그런데 무슨 까닭인지 C는 출발하는 비행기에서부터 줄곧 성경책에 매달려 다른 사람에게는 눈길 한번 주지 않는다. 기차에서도 침대칸으로 올라가 성경책에 빠져 내려올 줄 몰랐다.

우루무치에서 둔황까지는 쾌속열차로도 무려 13시간이나 걸린다. 우리 침대칸 남자 4명은 우루무치의 과일시장에서 사온 하미과, 복숭아와 함께 팩소주와 꼬냑을 마시며 이야기꽃을 피웠다. 숱한 이야기들이 사막의 밤 기차 속에서 오고갔다. 옆방 칸에서도 무슨 재미있는 이야기들을 하는지 늦게까지 웃음소리가 그치질 않았다. 아내들도 오랜만에 낯선 곳을 여행하면서 살림걱정 잊어버리고 스트레스가 확 풀리는 모양이다. 이래서 여행은 보약보다 좋다는 말들을 하는 게 아닐까.

알콜 덕분이었는지는 몰라도 기차침대에서 단잠을 잤다. 눈을 뜨니 여명이 밝아오고 있었다. 기차는 쉬지 않고 사막을 달렸다. 누군가 해가 뜨고 있다고 소리쳤다. 모두들 차창 쪽으로 몰려갔다. 사막에서 떠오르는 태양을 보는 것은 처음이었다. 아주 멀리서 함께 달리는 기련산맥의 만년설도 너무나 멋졌다. 일출을 보고 난 뒤 열차의 세수간에서 간단히 양치질과 세수를 했다.

둔황석굴, 갸륵한 불심에 고개를 숙이다

기차는 아침 9시경 둔황의 유원역에 도착했다. 유원역에서 둔황까지는 버스로 2시간이나 가야 한다. 역에서 우리를 맞이한 사람은 둔황 지역의 현지 가이드다.

우리가 도착한 시각, 유원역에는 마침 시안에서 올라온 기차와 우루무치에서 내려간 기차가 동시에 도착해 역 구내는 물론 앞까지 사람들로 매우 혼잡했다. 역전의 어느 식당으로 들어가니 너무 소란스럽다. 중국 사람 셋만 모이면 호떡집에 불난 것처럼 시끄럽다는데 정말이다. 화장실 앞에는 밤 새워 기차를 타고 온 사람들로 줄이 이어졌다. 중국식 빵과 수프 등으로 간단히 식사를 하고 길을 나섰다.

사막의 작은 오아시스 유원 시내를 빠져나가자 곧 끝없는 사막이 펼쳐졌다. 도로가 왕복 2차선의 포장도로지만 상태는 좋지 않았다. 버스가 시속 80km 이상을 달리지 못했다. 도로는 직선으로 뻗어 운전수가 핸들 조작을 할 필요가 없을 정도였다. 쉽게 졸릴 것 같다. 버스는 높낮이도 없는 길을 끝도 없이 달렸다. 한 시간 넘게 사막을 달리자 멀리 바다가 보이고 그 위에 조그만 섬들이 나타났다.

"저기 바다가 보인다!"

내가 일행들을 향해 소리치자 가이드가 웃으면서 말했다.

"그건 바다가 아니고 신기루예요."

난생 처음 신기루를 보았다. 어린 시절 책에서만 보았던 신기루가 눈앞에 펼쳐졌다. 기분이 얼떨떨했다. 하긴 사막 한가운데 무슨 바다가 있겠는가. 신기루는 강한 태양빛을 받아 사막이 일렁이고 그 일렁거림으로 아지랭이가 피어오르고 그것이 겹쳐 물이 깔린 것처럼 보인다. 한마디로 착시현상이다. 신기루는 오아시스인 둔황 근처의 숲들이 보일 때까지 계속 아른거렸다.

유원역에서부터 시속 80km로 2시간을 달려 온 곳, 둔황.

고대 중국의 심장인 시안을 출발한 실크로드가 간쑤성(甘肅省)의 성도 란저우(蘭洲)를 거쳐 둔황에 이르면 이 길은 톈산북로와 톈산남로로 나누어진다. 타클라마칸 사막의 끝 부분인 둔황.

사막의 오아시스인 현재의 둔황 시가지는 청나라 때부터 본격적으로 형성되었다. 버스가 둔황 부근에 이르자 농가들이 보였다. 밭에는 목화와 옥수수들이 많다. 이곳의 강수량은 연간 50mm 정도다. 또 하루 평균 일조량이 16시간이나 되어 밭작물도 제한적일 수밖에 없다. 현재 둔황시의 상주인구는 약 4만 명인데, 관광 성수기인 5월에서 11월까지 이 도시에 14만 명 정도가 몰린다고 한다.

점심때가 다 되어 둔황에 도착해 밍사산(鳴沙山)이 바라보이는 '둔황

산장호텔'에 여장을 풀었다. 이 호텔은 창문에서 바로 밍사산이 보였고 꽤 넓은 정원이 있는 3층짜리 건물이었는데, 호텔의 전체 모양이 옛날 성곽 모양을 한 이색적인 3성급 호텔이었다. 가이드에 의하면 이곳 둔황 지역에서는 제일가는 호텔이라고 한다. 그러나 점심식사는 부실했다. 식사 후 둔황의 동남쪽 교외에 있는 둔황석굴로 향했다.

둔황의 모가오굴 입구

　둔황석굴. 이번 여행의 핵심이다. 이 지역은 15세기 초 이슬람의 침략을 받기 전인 4세기부터 14세기까지 위, 수, 당, 송대에 걸쳐 불교문화를 꽃 피운 역사의 현장이다. 소조불상과 벽화는 물론 17호굴, 즉 장경동(藏經洞)에서 발견된 우리 신라의 고승 혜초가 쓴《왕오천축국전(往伍天竺國傳)》같은 귀중한 문화재들이 수도 없이 발견된 동서문화의 중요한 보물단지다. 그러나 안타깝게도 15세기 들어 이슬람교도들이 쳐들어와 이 고귀한 불교문화의 유산들을 마구 파괴했다. 뿐만 아니다. 근대에 들어와 구미제국의 탐험가라는 탈을 쓴 자들의 만행도 만만치 않다.

그들은 탐험가라는 이름을 빙자해 둔황석굴의 귀중한 문화유산을 수도 없이 약탈했다.

영국의 스타인과 바우어 대위가 그랬고, 일본의 오타니가 그랬으며, 독일의 그룬베델과 르콕은 네 차례나 이곳을 뒤지면서 소중한 문화유산을 약탈해갔다. 뒤늦게 탐사에 뛰어든 프랑스의 펠리오와 미국의 워너도 예외가 아니다. 오타니는 그가 약탈한 둔황석굴의 유물 가운데 일부를 우리나라에 남겨놓기도 했다.

우리를 안내하던 한족 출신의 한국어 해설자는 그들을 가리켜 '도둑놈들'이라고 했다. 약탈해가는 방법도 가지가지였다. 일본의 오타니는 벽화를 사시미 뜨듯 발라냈고, 미국의 워너는 동물 가죽 벗기듯 뜯어냈다. 독일의 그룬베델과 르콕은 벽에 구멍을 뚫고 여우꼬리 톱을 집어넣어 잘라냈고, 영국의 스타인과 바우어 대위는 톱질을 하긴 했으나 독일처럼 우악스럽지 않게 뒤로 조심스럽게 집어넣어 떼어냈다.

특히 러시아의 프로제발스키 대령이 이끄는 러시아 군대는 벽화에 있는 금분을 긁어가기 위해 거의 모든 벽화를 파괴하는 만행을 저질렀다. 그들이 둔황석굴에서 약탈해간 유물이 지금 영국의 대영박물관이나 미국의 하버드대학 박물관 그리고 일본의 국립박물관 등 세계적인 박물관에서 마치 자기네 문화유산인 양 버젓이 전시되고 있다는 사실이 마음을 아프게 한다.

둔황석굴은 빙하기의 충적층에 속하는 수성암에 469개의 석굴을 파고 진흙이나 나무로 만든 불상을 만들어 온통 금박을 입힌 뒤 천 개의 부처님을 그려넣어 모신 곳이다. 옛 사람들의 갸륵한 불심에 저절로 고개가 숙여졌다. 특히 17호굴 장경동을 관람하던 중 벽화에서 조우관(鳥

冠)을 쓴 신라인을 발견했다. 시간과 공간을 뛰어넘어 다가온 선조의 모습이 무척 반가웠다. 또 장경동에서는 《왕오천축국전》도 발견되었다. 득도와 포교를 위해 머나먼 인도와 아라비아까지 갔다가 고향에 돌아가지도 못하고 이역만리에서 열반한 신라의 고승 혜초를 위해 잠시 묵념했다.

시간이 없어 둔황석굴을 모두 볼 수는 없었다. 아직 공개하지 않은 곳도 많다고 한다. 10개 정도만 보았는데도 둔황석굴은 많은 감명을 주기에 충분했다. 멀리까지 찾아온 보람을 느꼈다.

밍사산, 모래가 울어 산이 되다

둔황석굴의 모가오굴(莫高窟)을 비롯한 주요 석굴을 본 뒤 다시 둔황 시내로 돌아오는 길. 메마른 들판에 풀도 나지 않은 무덤들이 간간이 눈에 띄었다. 이곳도 역시 이슬람의 매장문화가 그대로 남아 있다. 이렇게 건조한 땅에 매장을 하면 시신이 부패할 틈도 없이 수분이 증발되고 결국 시체는 미라가 될 것이다.

당초의 계획에는 둔황석굴 다음 코스가 양관(陽關)이었다. 그러나 전날 투어 리더인 L에게 일정을 변경하는 게 어떠냐고 제의했다.

"밍사산은 석양에 올라가야 좋다고 하던데 바꿀 수 있겠어요?"

그래서 우리는 둔황석굴을 떠나 밍사산으로 갔다.

밍사산은 모래가 울어 산을 이루었다고 해서 붙여진 이름이라고 한다. 땡볕 속에 밍사산 입구에 도착하니 산 밑에 있는 작은 호수 '예야콴' (月牙川)까지는 낙타를 타고 가서 거기서부터 모래언덕을 걸어 올라가야 한단다. 그리고 밍사산의 모래언덕에서 지는 석양을 감상한 뒤 모래 썰매를 타고 내려오는 것이 좋겠다는 가이드의 설명이다.

일행 가운데 낙타타기는 겁이 나 탈 수 없다는 사람도 나왔다. 나는 난생 처음 낙타를 타보았는데, 그 옛날 아라비아의 대상들처럼 열을 지어 낙타를 타는 재미가 쏠쏠했다. 우리가 탄 줄에는 낙타가 20마리나 연결되었다. 우리가 낙타를 타고 즐거워하니 사람들이 우리가 신기한 듯

밍사산과
예야콴

계속 촬영을 했다. 낙타를 타고 예야콴 입구까지는 20분 정도 걸렸다. 낙타 도착지에서 내려 예야콴 옆에 있는 작은 정자에서 잠시 쉬었다.

이곳에는 세계 각지의 사람들이 모여들었다. 그래도 중국 내국인들이 제일 많다. 드디어 밍사산에 오르는데 나는 신발을 벗고 발바닥으로 전해지는 부드러운 모래의 촉감을 은근히 즐겼다. 여기에서도 중국 사람들의 장사수완은 대단했다. 산마루까지 발이 미끄러지지 않도록 모래

위에 나무계단을 만들어놓았다. 우리는 맨몸으로 올라가는데도 숨이 차는데 중국 인부들은 나무 썰매를 몇 개씩이나 메고 모래산을 올랐다.

밑에서 산을 올려다보았을 때는 마치 살을 베일 것 같은 모래 톱날이 서 있었다. 그러나 막상 능선에 올라보니 내 발바닥을 간질이는 부드러운 모래산이다. 산 능선에 올라 해가 지기를 기다리며 눈 아래 예야콴을 바라보니 천하의 절경이 따로 없다. 황량한 사막에서 만년샘인 예야콴이 초승달 모양을 하고 고운 자태를 뽐내고 있다.

능선에서 30분 정도 기다리니 해가 서산 너머로 지기 시작했다. 지는 해가 왜 그리 빠른지 참 야속했다. 밍사산에서 바라보는 석양은 군더더기 하나 없이 너무나 아름다웠다. 그 아쉬움을 뒤로 하고 나무로 만든 모래썰매를 타고 예야콴을 바라보면서 밍사산을 신바람나게 내려왔다.

이미 하늘의 푸른색은 짙어져 고혹적이었다. 파란 어둠 속에서 모래 언덕을 걸어가는 사람들의 실루엣이 한 폭의 그림이다. 이 감흥을 견디지 못한 나는 노트를 꺼내 내 노래를 적었다.

밍사산과 예야콴

명주치마 먹물 번지듯
옅은 어둠 스믈거리는 밍사산.
가쁜 숨 몰아 오르고 오른 능선.

붉은 포도주 속에 빠진 태양을 등지고
모래를 타고 나락으로 떨어진다.

사막의 오아시스.
작은 호숫가에 앉아
지나온 자리
그 허공을 보니
불타던 정열은 흔적 없고
한낮의 폭염에 침묵하던 바람들이
사막의 날을 세워 어둠을 찌른다.

시퍼렇게 멍든 하늘.
속 깊은 울음은 은하로 숨고
휘어진 톱날에 매달려 흐느끼던 모래가
초승달 되어 눈물 흘린다.

- 2004년 8월 16일 초저녁 밍사산에서

한동안 밍사산과 예야콴의 아름다움에 빠져 서툰 솜씨로 시를 짓다 보니 날이 완전히 어두워졌다. 우리는 밍사산을 뒤로 하고 낙타를 타러 갔다. 그런데 낙타몰이들이 우리 일행이 너무 늦게 내려왔다며 불평을 했다. 현지 가이드가 이들을 어떻게 달랬는지 낙타몰이들이 조용해졌다. 낙타를 내려 입구로 나오니 사진사들이 우리가 출발할 때 찍은 사진을 현상해놓고 한 장에 20위안씩 팔았다. 그 와중에도 많은 사람들이 자기 사진을 찾아 기념으로 샀다.

밍사산을 떠나 저녁식사를 하기 위해 낙타발바닥요리 전문점으로 갔다. 모두들 신기해하며 요리를 먹었다. 낙타발바닥요리는 그 질감이 우리나라의 도가니요리 같기도 하고 소가죽을 우려서 만든 수구리 같기도

했다. 몇 년 전 시안에서 먹어본 낙타발바닥요리보다 맛있다.

늦은 저녁식사를 마치고 호텔로 돌아와 잠을 청했다. 사막의 오아시스에서 별을 헤며….

양관, 옛 영광은 꿈이런가

밖에서 웅성거리는 소리에 눈을 떴다. 모닝콜 시간이 한참 지났다. 둔황 산장호텔은 잠자리도 불편했지만 아침식사도 부실했다. 오늘 오후에는 다시 서북쪽으로 가는 기차를 탈 예정이다.

아침식사를 하고 옛날 한무제가 설치했다는 양관으로 갔다. 버스를 타고 둔황 시내를 벗어나 남쪽으로 사막을 한 시간 정도 달렸을 때 '양관입구'라는 팻말이 나왔다. 그리고 곧 푸른 오아시스가 나타났다. 양관은 고대 중국 서북쪽의 육로교통의 요충지로서 실크로드의 톈산남로를 지나려면 꼭 거쳐야 하는 관문이다. 사실 이 지역은 한나라 이전에는 흉노족이 지배하던 땅이었다. 현재 양관에 남아 있는 고대유물은 봉수대 하나뿐이다.

양관 입구에서 중국 사업가가 건설했다는 양관재현장을 구경했다. 그 입구에는 한무제의 명령을 받아 이곳 지방을 거쳐 서쪽의 대월지국 (大月氏國: 지금의 아프카니스탄 근처)까지 다녀온 실크로드의 개척자 장건(張騫)의 동상이 있다.

재현장 제1 전시실에는 이 근처에서 발굴했다는 한나라 시대의 갖가지 유물과 각종 병장기 등이 꽤 많다. 제2전시실에는 실크로드를 자세히 설명하는 내용들이 전시되었다.

전시실 출구 기념품 가게에서는 갖가지 물건을 팔았다. 심지어는 양관통행증을 붓으로 써주고 한 장에 20위안을 받았다. A선배는 기념이라며 딸의 통행증을 만들었다.

양관재현장을 나와 번호판도 없는 낡은 구형 자동차를 타고 현존하는 유일한 유적인 양관 봉수대로 갔다. 조금 전 옆에 있던 젊은이는 말을 달려 우리 자동차보다 더 빨리 봉수대로 갔는데 말 달리는 모습이 멋지다. 나지막한 모래 구릉에 있는 봉수대 근처에 가니 원래의 봉수대 모습은 거의 허물어져 형체만 봉수대였음을 알 수 있었다. 봉수대 옆에는 최근에 만든 전망대가 있는데, 뜨거운 햇볕도 피할 수 있지만 가슴이 탁 트여 좋았다. 붉은 사막 한가운데 있는 푸른 오아시스가 멀리 흰 눈을 머리에 이고 있는 기련산맥과 어울려 한 폭의 수채화였다.

점심식사는 가까운 포도농장으로 가서 했다. 오아시스 포도농장의 도랑 물은 믿기지 않을 정도로 맑았다. 그곳의 점심도 둔황산장호텔 음

양관전망대 – 밑에 빈 수레만 남아 있다

식보다 맛있고 질도 좋았다. 식사 후 포도나무 아래에서 커피도 마셨다. 포도농장 사람들이 한 봉지에 10위안씩 하는 건포도를 사가라고 야단이다.

다음으로 찾아간 곳은 둔황 관광의 마지막 코스인 둔황고성. 막상 현장에 도착해보니 말이 둔황고성이지 실은 일본 사람들이 고증을 거쳐 만든 〈신용문객잔〉이라는 영화의 촬영 세트장이다. 그곳에 도착해 미리 사실관계를 설명 들었지만 조금은 사기당한 느낌이다. 진짜 고성인 줄 알고 기대가 컸는데 말이다. 성 안에 들어서자 곧 영화 촬영이 있을 모양인지 발전기 등 촬영 장비들이 들어왔다. 엑스트라들이 삭발을 한 채 옛날 복장을 입고 대기했다. 일본 사람들이 쓰다 만 영화 세트장을 둔황고성이라는 간판을 붙여놓고 입장료를 챙기는 중국 사람들의 상술에 그저 아연할 뿐이다.

둔황고성을 나와 시내를 향해 가는데 버스 안까지 기름 냄새가 심하다. 둔황 시내에 들어왔을 때 옆을 지나던 택시 한 대가 빵빵거리며 우리 버스에 이상이 있다고 신호해주었다. 길가에 차를 댄 운전기사가 내려가 점검을 하더니 버스가 고장났다고 한다. 바로 어제 아침 유원역에서 새로 뽑은 차라고 자랑했는데 그것이 무색해졌다. 아직 중국의 자동차 산업의 경쟁력이 허약하다는 생각이 든다. 모두들 둔황 시내에서 그러길 다행이지 만약 사막 한가운데서 고장났으면 어쩔 뻔했느냐며 가슴을 쓸어내렸다. 다시 버스는 유원역을 향해 전날 오전에 왔던 길을 되돌아갔다. 역시 올 때처럼 두 시간이 걸려 역에 도착했다.

하미,《동방견문록》의 마르코 폴로 머물다

다음 목적지인 하미로 가기 위해 플랫폼에서 우루무치행 기차를 기다렸다. 둔황에서 우리를 안내한 현지 가이드가 우루무치까지 우리와 일정을 같이한다고 했다. 다소 마음이 놓였다. 그런데 일행이 기차에 오르자마자 큰 혼란이 생겼다. 우리 좌석으로 알고 간 곳에 이미 다른 사람들이 앉아 있었다. 결국 좌석을 내놓으라며 중국 사람들과 일대 실랑이가 벌어졌다. 이 사실을 알고 황급히 쫓아온 현지 가이드가 우리 좌석은 2층이라며 올라가라고 했다. 나중에 확인해보니 기차표는 분명히 아래층과 위층이 구분되어 있고 요금도 달랐다. 현지 가이드도 경험이 없어 층수 구분을 제대로 못한 것이다.

그런데 위층에 가서도 문제가 생겼다. 우리 좌석을 선점한 중국 사람들이 막무가내로 비켜주질 않았다. 그러다 보니 현지 가이드와 중국인 사이에 고함소리가 났고, 급기야는 열차 복무원까지 오게 되었다. 그가 중국 사람들에게 일어나서 다른 자리로 가라고 해도 이 사람들 꿈적도 하지 않는다. 결국 열차 복무원조차 중국인들 설득하는 것을 포기하고 하미까지 논스톱으로 가니 다른 빈자리에 앉아서 가라며 오히려 우리를 설득했다. 중국 사람들 정말 막무가내다.

여기서 한 가지. 몇 차례 중국 여행을 하는 동안 경험에서 얻은 상식이다. 중국 사람들은 우리나라처럼 외국인 우대주의가 절대 아니다. 모든 공무원이 자국민 우선주의에 철저하다. 중국 여행 중 현지인들과 다툼이 있을 때 외국인이 공안이나 기타 공무원의 도움을 받는다는 것은 결코 쉽지 않다.

저녁 7시 14분, 우리를 태운 기차는 하미를 향해 유원역을 출발했다. 우루무치에서 둔황에 올 때도 느꼈지만 중국 기차시설은 괜찮다. 3시간 반 후면 하미역에 도착한다. B가 맥주 10병을 사와 일행들에게 풀었다.

얼마 지나지 않아 사막에는 어둠이 내렸다. 기차는 어둠 속의 사막을 가르며 원의 중심을 달렸다. 유원역을 출발한 지 한 시간쯤 지났을까? 내 좌석과는 조금 떨어진 곳에 있던 일행이 우리 쪽으로 건너왔다. 중국 사람들이 옆자리에서 카드놀이를 하는데 정말로 시끄럽다고 한다. 공중 도덕이 전혀 없는 사람들이라고 불평을 했다. 우리 좌석 쪽에도 한 무리의 위그르 족들이 위그르 말로 떠들어댔다. 그 소란 속에서도 우리는 맥주잔을 기울이며 오아시스를 떠나는 밤기차의 낭만을 즐겼다. 기차는 예정대로 밤 11시 15분 하미역에 도착했다.

역 입구에서 우루무치에서 우리를 안내했던 정군이 반갑게 맞아주었다. 오늘 아침에 우루무치에서 출발했는데, 우리가 탈 버스를 가지고 무려 8시간을 달려왔다고 한다. 까무잡잡한 얼굴에 웃음을 잃지 않는 그가 사랑스럽다. 우리 집 막내아들 녀석보다 두 살이나 어린 나이다. 그래도 철이 빨리 들어 어린 나이인데도 집안을 걱정하고 자립하려고 한다.

이곳 하미는 이탈리

밤에 도착한 하미역

아 베네치아 출신으로 원나라 쿠빌라이 칸의 신하였던《동방견문록》의 저자 마르코 폴로가 3년이나 살았던 곳이다. 옛날부터 물산이 풍부하고 인심 또한 좋았다고 한다. 또 옛날 중국 황제들에게 진상했다는 하미과의 원산지이기도 하다. 우리는 12시가 다 되어서야 하미 호텔에 여장을 풀고 피곤한 육체를 눕혔다. 자리에 눕자마자 피곤이 몰려왔다. 이번 실크로드 여행은 강행군의 연속이라는 것이 정말 실감난다.

바리쿤 대초원, 해발 2,000m의 장관

하미에서 우리가 제일 먼저 찾아간 곳은 시내에서 그리 멀지 않은 곳에 있는 회족왕릉이었다. 이 회족왕릉의 모습은 이슬람 사원인데, 사실은 묘지다. 이곳을 청나라가 지배하면서부터 청 황제는 하미의 왕을 회왕으로 책봉했다. 회족왕릉에는 9명의 회족왕과 고위 관리들의 무덤이 있다. 푸른 타일로 장식한 무덤 모습이 조금 생소했다. 또 이곳에는 무덤 외에도 별도의 회교사원이 있었는데 지금은 사용하지 않는다고 한다.

회족왕릉을 본 뒤 바리쿤 초원으로 향했다. 오아시스인 하미 도심지를 벗어나자 다시 사막이 나타났다. 버스는 점점 높은 곳을 향해 달렸고, 멀리서 먹구름이 소나기를 몰고 오고 있었다. 높은 산 쪽으로 갈수록 구름이 짙어졌고 이내 버스 앞 유리창에 빗방울이 떨어지기 시작했다. 이곳에 와서 처음 본 빗방울이다. 사막에서의 빗방울은 신기했다.

비를 맞으며 버스는 협곡 속으로 꼬불꼬불 고갯길을 달렸다. 가이드가 이곳이 남톈산산맥의 한 지류라고 설명해주었다. 그런데 이 산들은 거의 모두 검붉은 돌덩어리들이다. 내 눈에는 철광석같이 보였다. 가이드의 말로는 철광석이지만 순도가 그리 높지 않아 개발을 미루고 있다고 한다. 중국은 자원이 무궁무진한 것 같아 자원빈곤국에서 온 나로서는 부럽기만 하다.

버스가 협곡을 계속 오르자 작은 실개천들이 나타났다. 물가에는 나무도 있다. 하자크 족의 천막집인 게르도 드문드문 보였다. 우루무치의 남산목장에서처럼 이곳에도 산 속에 하자크 족이 살고 있다.

하미를 떠나 1시간 반이 지났는데도 버스는 계속 협곡 사이의 작은 길로 숨을 헐떡이며 고개를 넘고 또 넘었다. 버스가 마지막 고개를 넘었을 때, 우리 앞에는 해발 2,000m의 바리쿤 대초원이 펼쳐졌다. 버스에서 내리니 서늘한 바람이 콧속으로 들어와 머리가 맑아졌다.

바로 위에 펼쳐진 남톈산산맥의 만년설도 장관이고, 가까운 산기슭을 수놓으며 서로 키 자랑을 하는 전나무도 참 아름다웠다. 한 여성은

바리쿤 초원의 고즈넉한 모습

서슴없이 이런 곳에서 평생 살고 싶다고 했다. 그녀의 남편 눈이 휘둥그레졌다. 그 동안의 무덥던 사막지대를 벗어나 공기 좋고 경치 좋은 이곳에 오니 모두들 날아갈 것 같은 모양이다.

바리쿤 초원은 한마디로 달력의 사진에서나 볼 수 있는 그림 같은 곳이다. 초원 군데군데 자리 잡은 하자크 족의 게르는 편안한 느낌을 주었다. 다른 한편에 세워진 서양식 펜션들도 멋있었다. 이곳도 우루무치의 남산목장과 마찬가지로 스위스의 풍광에 결코 뒤지지 않는다.

바리쿤 초원에서도 말을 탔다. B의 부인은 이번에도 승마실력을 유감없이 발휘하며 말을 달렸다. 모두 부러워했다. 애초에 말을 탈 수 있는 시간이 1시간이라고 했는데 하자크 족은 우리를 30분만 태워주었다. 현지 가이드하고 하자크 족 마부들하고 뭔가 이야기가 잘못된 것 같았다. 이곳의 어린 마부들도 우루무치의 남산목장에서처럼 말몰이를 하면서 계속 노래를 흥얼거렸다. 어린 마부들의 흥얼거림에서 하자크 족의 여유와 낭만이 느껴졌다.

바리쿤 초원에서 버스가 다음 행선지로 출발하기를 기다리는데, 한국에서부터 우리와 같은 비행기를 타고 왔던 한 아주머니가 말에서 내리다가 그만 말굽에 밟혀 발을 다쳤다. 그쪽 팀의 가이드와 하자크 족 사이에 책임공방으로 시끄러웠다. 사람 좋은 우리 팀의 리더 L이 의사를 찾았다. 다행히 간호사가 있어 약간의 응급처치를 한 뒤 L이 그 환자를 우리 버스로 업고 왔다.

다시 하미로 돌아오는 반대편 길에서 차가 고장이 났는지 한동안 지체를 했다. 워낙 좁은 길이라 작은 사고에도 비켜갈 공간이 없으니 그럴 수밖에 없다. 협곡을 빠져 나오는데 산기슭에는 야생낙타들이 한가롭게 풀을 뜯고 있다.

하미로 돌아와 늦은 점심을 먹고 나니 후식으로 그 유명한 하미과가 나왔다. 나는 지난번 우루무치에서 둔황으로 올 때 야간열차에서 하미과를 먹고 별 탈이 없었던지라 다른 사람이 남긴 하미과까지 가져다 맛있게 먹었다. 그러나 식탐이 만용이라는 것이 곧 증명되었다.

버스가 샨샨과 투루판을 향해 출발한 지 오래지 않아 아랫배가 살살 아프기 시작했고 급기야는 참을 수 없는 복통으로 이어졌다. 지난번 우루무치의 과일가게에서 가이드 정군이 일러준 말이 생각났다.

"이곳 과일은 당도가 높아 먹고 나서 반 시간 내에 물이나 술을 마시면 배탈이 나니 조심하세요!"

그렇다고 사막 한가운데서 차를 세워달라고 할 수도 없고 죽을 힘을 다해 참았다. 그렇게 한 시간 가까이 아랫배를 움켜쥐었다. 마침 버스가 어느 요금징수소에 도착했고, 그곳 근처에 화장실이 있었다. 나는 어기적거리며 걸어갔는데 이미 빠른 걸음으로 달려간 일행들이 용무를 마칠 때까지 기다려야 했다. 마지막 차례로 화장실에 들어간 나의 예상은 그리 빗나가지 않았다. 화장실 문짝은 물론 없고 옆자리와 구분도 없는 완전히 개방형이다. 아무리 기가 막혀도 급할 때는 별수 없다. 용변을 보고 나자 복통이 조금 잦아졌다. 몇 차례 중국을 여행하면서 느낀 점은 중국을 즐기기 위해서는 먼저 중국 음식과 화장실을 극복해야 하는 것이 필수다.

쿠무타크 사막, 전설의 누란왕국을 삼키다

버스는 다시 샨샨을 향해 달렸다. 4시간 가까이 달려 샨샨에 도착해 쿠무타크 사막으로 갔다. 전설의 누란왕국이 망하고 미란 근처에 세워진 샨샨왕국은 실크로드 서역남로에 위치한 인구 20만 정도의 도시로 고대 헬레니즘 문화의 끝점이었다는 것을 책에서 본 적이 있다.

지금의 샨샨과는 너무 거리가 멀어 나의 얕은 지식으로는 알 수 없는 수수께끼다. 쿠무타크 사막과 타클라마칸 사막 중간에 위치했던 누란왕국, 그 후속 샨샨왕국과 쿠무타크 사막 북쪽 끝에 위치한 현재의 도시 샨샨이 왜 같은 이름인지 알 수 없었다.

쿠무타크 사막은 쌍봉낙타의 보호구역이기도 하다. 이곳은 세계에서 유일하게 도시와 연결된 사막이다. 모래가 더 가늘고 곱다. 모래산들이 마치 병풍을 쳐놓은 듯 아름답다. 학자들의 고증에 의하면 1,400년 전까지 융성했던 전설 속의 누란왕국을 집어삼킨 것도 이 쿠무타크 사막

쿠무타크 사막을 쌍봉낙타들이 지나간다

의 부드러운 모래라고 한다. 날씨는 하미보다 더 더웠다. 중국에서 가장 덥다는 투루판이 가까워서일까?

우리는 샨샨 시내로는 들어가지 않고 쿠무타크 사막만 본 뒤 투루판을 향해 다시 길을 재촉했다. 샨샨도 오래된 실크로드의 중요한 거점인데 그냥 지나치는 것이 조금은 아쉬웠다. 버스가 샨샨을 출발해 얼마 안 되어 투루판에 가까워졌는지 마을들이 나타났다. 도로 주변의 자연부락에는 어김없이 회교사원과 포도밭과 포도건조장이 보였다. 오늘이 이번 여행 중에 가장 버스를 많이 탄 날이다.

중국 신장성의 사막들은 결코 쓸모없는 땅들이 아니다. 축복의 땅이다. 샨샨에서 투루판으로 이어지는 도로 양쪽에는 수많은 석유 시추기가 쉬지 않고 석유를 퍼올렸다. 우뚝 선 굴뚝에서는 비산유국의 우리를 비웃기라도 하듯이 시뻘건 불길이 하늘을 향해 타올랐다.

투루판, 알알이 해를 품은 포도의 고장

쿠무타크 사막을 떠나 1시간이 지났을 때 고창고성으로 가는 이정표가 보였다. 또 우측으로 그 유명한 《서유기(西遊記)》의 배경인 화염산의 붉은 모습도 눈에 들어왔다. 총 길이가 100km나 된다는 화염산은 온통 타오르는 불길 같은 모습이었다.

하미를 떠나 무려 6시간 넘게 버스를 달려 투루판에 도착했다. 투루판은 실크로드 교통의 중심지일 뿐 아니라 중국에서 가장 더운 곳이다.

유명한 투루판의 포도

여름에는 온도가 섭씨 57도까지 올라가기도 한다. 지표온도가 70~80도까지 올라갈 때도 있다. 또 이 지역은 해발 -154m로 땅이 낮은 도시다. 세계에서 이스라엘의 사해에 이어 두 번째로 낮은 지역이다. 그러나 풍부한 일조량 덕택에 맛있는 포도가 생산되기도 한다. 투루판은 포도의 고장답게 길 양쪽으로 포도밭이 계속 이어졌다. 우리가 묵었던 투루판 호텔의 입구는 아예 포도넝쿨로 된 터널이다.

투루판 호텔에 도착해 호텔 식당에서 중국 요리와 위그르 요리가 곁들인 메뉴로 저녁식사를 했다. 식당 안에는 일본 사람들이 많았다. 어떤 일본 관광객은 피부가 뽀얀 위그르 족 호텔 여종업원을 넋을 놓고 쳐다보았다.

저녁밥을 먹고 K선배와 투루판 사람들의 사는 모습을 보기 위해 인민광장으로 갔다. 해가 진 인민광장에는 수많은 사람들이 나와 선선해진 바람을 즐기며 휴식을 취했다. 밤 10시가 넘었는데도 불야성이다. 여기에는 남녀노소가 따로 없다.

인민광장에 나와 한 꼬치에 1위안짜리 양고기와 맥주를 즐기며 깊어가는 밤을 즐겼다. 낮이 엄청 더워 밤에 사람들이 몰려나온다고 한다. 우리는 26위안하는 중국술 한 병을 사 나누어 마셨다. 광장에 돌아다니는 위그르 족 여자들은 대체적으로 키가 크고 얼굴 윤곽이 뚜렷해 미인

이 많다. 우리 바로 옆자리에 아주 예쁜 아가씨가 남자친구와 같이 있었다. 내가 옆자리 아가씨가 정말 예쁘다고 했더니 모두들 한동안 위그르 처녀를 바라보느라 넋을 잃었다.

우리 가운데 서로 술값을 내겠다고 해 교통정리가 어려웠다. 결국 그동안 성경공부에 심취했던 C로 결정되었다. 여행 도중 성경공부를 너무 열심히 한 탓으로, 코피까지 터진(사실은 사막이 건조해 나타난 현상) C가 스스로 뉘우친 것이 많다며 지갑을 열었다. C는 "회개하라!"라고 큰소리도 쳤다. 무엇을 회개하라는 건지 모르지만 우루무치에 가면 쫑파티도 책임지겠다고 했다.

고창고성, 고창국의 수도를 가다

오아시스인 투루판에서 단잠을 잤다. 호텔에서 아침식사를 하고 고창국의 수도였던 고창고성으로 갔다. 그런데 아침부터 더위가 장난이 아니다. 우리는 더워 죽겠다고 야단인데 정군은 싱글벙글이다.

"오늘은 42도밖에 안 됩니다."

이 정도는 시원한 편이란다. 버스가 투루판 시내를 벗어나 전날 하밀에서 샨샨을 거쳐 투루판으로 왔던 길을 되돌아갔다. 물론 어제 투루판으로 오는 길에 보았던 화염산도 다시 보였다.

약 40분 정도 걸려 고창고성 입구에 도착했다. 버스를 내리니 입구부터 관광객과 장사꾼들로 아수라장이다. 사막지대에 왜 이렇게 사람이 많은지 모르겠다. 우리는 마치 공장의 문처럼 생긴 고창고성 입구를 통과해 성 안으로 들어갔다. 성곽 안에는 옛날 토성들의 잔해가 마치 서부영화의 세트장처럼 즐비했다.

관광객을 위해 고성의 끝까지 실어 나르는 당나귀 마차가 있다. 차례를 기다려 당나귀가 끄는 10인승 마차를 탔다. 더운 날씨 속에 먼지를 뒤집어쓰고 채찍을 맞으며 낑낑거리는 당나귀가 안쓰러웠다. 괜히 당나귀에게 미안한 생각이 들었다.

고창고성은 499년 한나라 출신인 국문태(鞠文泰)가 고창국을 건설하고 세운 흙성이다. 국문태는《대당서역기(大唐西域記)》를 쓴 고승 현장 법사가 불경을 구하기 위해 인도에 가면서 고창국에 들렀을 때 그를 극진히 대접했다고 한다. 고창고성은 둘레가 5.4km이고 성의 면적은 200만 평방미터다.

고창고성 – 일부를 복원했다

아스타나 고분군, 천불동, 소공탑

고창고성을 나와 아스타나 고분군으로 가는데 무더위가 기승을 부렸다. 그리 멀지 않은 곳에 아스타나 고분군이 있었고 규모는 그리 크지 않았다. 그곳에는 고창국의 귀족과 군인을 비롯해 서민까지 500개가 넘는 묘가 있다. 지금까지 465개의 무덤이 발굴되었다는데 관광객에게는 201호와 216호 고분만 공개했다. 우리는 201호 고분에서 미라 하나를 직접 볼 수 있었다.

다음으로 투루판 남서쪽의 천불동으로 갔다. 아침온도가 섭씨 42도였으니 낮이 되자 더운 공기로 숨이 탁탁 막힐 지경이었다. 천불동에 도착해 먼저 아이스크림부터 입에 물었다.

천불동의 위치는 화염산 북쪽 기슭이다. 그러나 규모나 내용이 둔황의 석굴보다는 못하다는 생각이 든다. 이 천불동 석굴사원은 6세기경인 남북조시대 때부터 14세기 원나라 때까지 수세기에 걸쳐 만들어졌다. 본래는 83개의 동굴이 었으나 현재는 57개만 남아 있다. 이 석굴 역시 이슬람의 침략과 탐험가들에 의해 파괴되고 소실되거나 훼손되어 지금은 별로 보잘것없다.

천불동 바로 아래의

소공탑의 아름다운 모습

작은 계곡에는 우거진 백양나무 숲과 시냇물이 있다. 투루판 시내로 들어오는 길에 일행은 화염산 앞에서 내려 단체사진 촬영을 했지만 나는 덥고 피곤해 버스 안에서 불타는 듯한 화염산만 멍하니 바라보았다.

호텔로 돌아와 점심식사를 하는데 가이드 정군이 식사 후 오후 4시까지 쉬라고 한다. 바깥 날씨가 너무 더워 건강을 해칠 수 있으니 현지인들처럼 한잠씩 자고 나서 다시 관광을 하겠다는 것이다. 마치 라틴아메리카나 지중해 지역 사람들이 하는 것처럼 시에스타 타임을 주었다.

점심 후 낮잠이 보약이라는 말이 있는데 한숨 자고 나니 몸이 한결 가볍다. 생각지도 않은 시에스타를 즐긴 뒤 오후 4시에 호텔을 나서서 소공탑으로 갔다.

소공탑은 1777년 당시 투루판의 왕이었던 어민 호자$^{Emin\ Hoja}$가 자기 아버지를 추모하기 위해 흙으로 만든 탑이다. 높이 44m의 첨탑으로 사막의 등대로 사용되기도 했다. 소공탑은 형태가 무척 아름다운 이슬람식 건물로 외벽에는 이채로운 문양들이 있다. 탑 안에는 네 방향으로 긴 회랑이 있고, 2층에는 시원한 바람이 불어와 사막의 열기를 식혀주었다.

소공탑을 나오자 민속촌으로 안내되었는데, 나는 내심 위그르 족 마을로 가는 것으로 기대했다. 그런데 마을이 아니라 포도농장이라고 했다. 그곳에서 간단하게 위그르 족의 춤을 공연한 뒤 건포도 같은 것을 팔 것이란다. 사실 우루무치에서부터 현지 가이드인 정군의 말을 100% 이해하지 못했다. 오죽하면 내가 "가이드 말을 모두 알아들으려면 머리에 쥐가 날 것 같아!"라고까지 했겠는가.

같은 동포라지만 서로 생활환경이 다르다보니 언어도 그만큼 달라져 그런 것 같다. 그의 말을 다른 뜻으로 알아들은 적이 한두 번이 아니다.

가이드 일을 계속하려면 한국어 공부를 많이 해야 할 것 같다.

민속촌이 아닌 포도원에 도착하니 입구에서 위그르 족 복장을 한 여자가 나와 우리를 반기면서 일일이 악수로 환영했다. 자리를 잡고 앉자 싱싱한 포도와 수박이 나왔고 하미과에다 포도주까지 나왔다. 과일이 푸짐하다. 내심 이 과일이 건포도 값에 다 포함되는 것은 아닐까 짐작해 보았다. 여행업계의 사정이 열악하고, 기본 보수가 없는 것이 가이드 일이다 보니 정군도 별수 없을 것이다.

예쁘장한 위그르 족 처녀가 음악에 맞추어 멋들어지게 춤을 추었다. 이어서 입구에 있던 젊은 여자까지 어우러져 춤을 추어 우리를 즐겁게 했다. 간단한 위그르 족 민속공연이 끝나자 본격적인 포도 팔기가 시작되었다. 3년에 한번 생산된다는 고급제품은 1kg에 110위안, 기타는 80위안. 여기저기에서 주문이 쏟아졌다. 다소 비싸다는 생각이 들었지만 예상했던 터라 입을 다물었다.

버스에 오르자 매출실적이 좋았는지 춤을 추었던 위그르 족 처녀들이 버스까지 올라와 웃는 얼굴로 일일이 악수를 하며 작별인사를 했다.

카레츠, 인공 오아시스

다음으로 찾아간 곳은 중국 3대 역사(役事) 중 하나라는 카레츠다. 카레츠는 우리식으로 해석하자면 지하수로이다. 텐산산맥의 눈 녹은 물을 사막으로 끌어와 인공 오아시스를 만든 지하 젖줄이다.

카레츠에서 물을 뜨는 조형물

이 카레츠는 우루무치에서 출발해 투루판을 거쳐 샨샨과 하미까지, 그것도 지하로만 연결되어 있다. 전날 정군이 우루무치에서 하미까지 버스로 쉬지 않고 8시간을 달려왔다고 하니 그 거리가 얼마나 긴지 짐작이 간다. 이 긴 거리에 지하수로를 만들었다니 인간의 힘이 얼마나 위대한지 새삼 느꼈다.

만리장성과 베이징에서 항저우까지의 경항대운하(京杭大運河) 그리고 카레츠가 중국 사람들이 말하는 3대 역사다. 그러나 이 카레츠를 직접 만든 사람들은 한족이 아닌 위그르 족일 것이다. 그 지류가 모두 841개로 총 연장 길이는 아직까지 정확히 계산된 것이 없다고 하니 그저 놀라울 뿐이다.

그들은 왜 지하로 수로를 냈을까? 그것은 지상으로 연결했을 경우 사막지대라 도중에 물이 증발해버리기 때문일 것이다. 그래서 지하 암반까지 파고 들어가 물의 누수와 증발을 막고, 높은 데서 낮은 곳으로 눈 녹은 물이 흐르도록 해 사막의 오아시스를 일구어낸 것이다.

카레츠의 가장 깊은 곳은 지하 90m이고 낮은 곳은 2m이며, 10m 간격으로 우물을 만들어 사람들이 편리하게 사용하도록 했다. 실로 대단한 역사임이 틀림없다. 그러나 지하에 전시된 지하 갱도 작업 모형도를 보는 순간, 얼마나 많은 사람들이 카레츠를 만들기 위해 희생했을까 하는 생각이 들어 마음이 짠했다. 실제로 카레츠에 내려가보니 약 1m 폭의 맑은 물줄기가 빠른 속도로 흘렀다. 허리를 굽혀 손을 대보니 지상의 더운 날씨와는 반대로 무척 차가운 물이 흐르고 있었다.

지상으로 올라오니 출구 쪽 통로에 상가가 즐비하다. 이곳에도 중국식의 상술이 관광객을 유혹했다. 어느 가게에서 점원 한 명이 나를 일본사람으로 보았는지 건포도를 들어 올리며 외쳤다.

"이찌 키로 니쥬 위안!"

아마 흥정을 하면 더 싸게 살 수 있을 것 같았다. 방금 전 포도농장에서 환대받은 대가로 바가지요금을 지불한 것 같아 조금 씁쓸했다. 그렇지만 세상을 정확한 계산대로만 살 수는 없다는 생각도 들었다.

오늘은 스케줄이 비교적 여유가 있다. 낮잠까지 잘 수 있었으니 더욱 그렇다. 포도농장에서 건포도를 너무 비싸게 산 것 같다는 일행의 불만을 눈치 챈 투어리더가 저녁은 호텔에서 먹지 않고 양고기 통바비큐집으로 가겠다고 했다. 모두들 좋아했다.

전문 투어리더보다는 여행사 중국 팀의 책임자가 인솔을 하니 아무래도 그 쪽에 재량권이 있다. 나 역시 투루판에 와서는 계속 호텔밥만 먹어 약간 질린 상태였다.

우리가 찾아간 식당은 상당한 수준의 양고기 전문점이다. 식당 밖에는 흙으로 만든 큰 화덕이 있고, 그 화덕 옆에는 커다란 쇠꼬챙이에 잘 구어진 통양(羊) 몇 마리가 걸려 있다. 식당 2층으로 올라가니 냉방이 잘된 큰 방에 음향시설까지 갖추어져 있다.

얼마간 기다리자 식탁 위에는 약간의 음식이 올라왔고, 곧이어 주방장이 잘 구어진 양 한 마리를 통째로 가져와 큰 식탁 위에 올려놓았다.

나는 주방장이 바로 잘라서 줄 것이라고 생각했는데 그게 아니다. 가벼운 세레모니가 있었다.

전통의상을 입은 위그르 족 아가씨들이 나와 우리측 리더를 찾았다. 그들이 K선배를 모시고 나가 양고기를 배경으로 기념사진을 찍었다. 한 차례 오프닝 세레모니가 끝나고 나서야 주방장이 칼로 양을 살살 발라내어 고기를 큰 접시에 담아 나누었다. 양고기가 냄새가 나지 않고 기름기가 없는 데다 아삭아삭 씹혀 정말 맛있었다.

양고기를 한참 맛있게 먹고 있는데 위그르 족 아가씨들이 더 들어오고 남자 무용수들까지 들어왔다. 음향기에 CD를 넣자 이내 음악이 흐르고 위그르 족 아가씨들의 현란한 춤이 시작되었다.

옛날 옛적 위그르 족들이 중국 장안까지 끌려가 추었다는 호선무다. 춤을 추는 위그르 족 아가씨들도 예쁘지만 본고장에서 오리지널로 보는 호선무는 또 다른 느낌이다. 무용이 끝나자 여자무용수는 남자손님을, 남자무용수는 여자손님을 끌어내어 같이 춤을 추자고 권유했다. 나도 흥에 겨워 두 번이나 나가 위그르 족 아가씨들과 어울렸다.

중국술을 곁들여 위그르 족의 전통 음식과 무용에 취해 즐기다보니 그 동안의 피로도 가셨다. 호텔로 돌아와 각자 안마를 받거나 산책을 하면서 투루판의 마지막 밤을 즐겼다.

교하고성, 천년의 영화는 간 데 없고 폐허의 성터만이…

아침식사를 하는데 몇 사람이 보이지 않는다. 지난밤 너무 휴식을 취한 탓일까? 어쨌든 지지난밤 늦도록 다른 여자들과 맥주를 마신 세 사람은 경고를 받았다. 물론 나도 아내에게 신중하지 못했다는 주의를 받았다.

숙소인 투루판 호텔을 나서서 시내에서 서쪽으로 멀지 않은 곳에 자리한 교하고성으로 갔다. 한나라가 번성하던 기원전 2세기부터 불교문화를 꽃피웠고 14세기까지 영화를 누렸다는 교하국의 유적이 있는 곳이다. 날씨는 전날과 마찬가지로 무척 더웠다. 아침 기온은 이미 섭씨

교하고성

40도가 넘고 햇볕이 내리쪼여 더운 먼지만 풀썩거렸다. 교하고성을 둘러보는 것은 상당한 인내심을 요구했다.

교하국은 옛날 텐산남로와 텐산북로가 만나던 실크로드 교통의 요충지다. 작은 왕국인 교하국의 도읍이었던 교하고성은 성 양쪽에 큰 강이

흘러 해자(垓字) 역할을 한다. 즉 요새의 요건은 다 갖추고 있는 것이다. 그러나 교하왕국이 멸망한 뒤 성을 끼고 양쪽으로 흐르던 큰 강들은 사막화 때문에 개울 수준으로 작아졌다. 교하고성의 크기는 동서의 폭이 300m이고 남북의 길이가 1,650m다.

우리는 성 가운데로 난 옛길을 따라 중앙의 전망대까지 가서 교하고성 전체를 보았다. 그런데 고성 안의 건물들은 모두 지하에 배치되어 있어 특이했다. 지하로 내려가야만 건축물의 내부를 볼 수 있는데 불교사원, 관청, 감옥을 비롯해 민가로 구분되었다. 고성의 동쪽 끝에는 아직도 마르지 않은 옛날의 우물이 있다. 우물은 무척 깊고 현재도 물이 고여 있는 것을 확인할 수 있었다.

천년의 영화가 사라진 폐허의 옛 성터. 그 역사의 현장에 서니 역사는 돌고 돈다는 교훈이 새삼스럽다.

당초 계획은 교하고성을 보고 투루판에서 점심을 먹기로 했지만 시간이 너무 이르다는 의견이 있어 우루무치로 바로 가기로 했다. 투루판 시내를 벗어나자 버스가 고속도로에 진입했다. 최근에 완공된 이 고속도로는 상하이에서 우루무치까지 연결된다. 타클라마칸 사막을 관통하는 고속도로. 우루무치에서 상하이까지는 얼마나 먼 거리이며 몇 시간이나 걸릴까? 괜히 궁금해졌다.

미국을 여행하면서 그 나라의 크기에 겁 먹은 적이 있었다. 중국도 결코 만만하지 않다는 생각이 든다. 투루판에서 우루무치까지의 고속도로 주변에는 작은 오아시스 마을들이 자주 눈에 띄었다. 그래서인지 그동안 지나왔던 사막길처럼 삭막하지가 않다.

고도가 낮은 투루판에서 고도가 높은 우루무치로 가는 길에는 거센

맞바람이 불었다. 버스가 역방향을 달리면서 제대로 속도를 내지 못할 정도였다.

도로 주변 여기저기에 유전의 시추기들이 쉬지 않고 석유를 뿜어 올렸다. 또 아시아 최대의 풍력발전소라는 벌판에는 수백 개의 풍차들이 전기를 만들고 있었다.

이런 모습을 보면서 다가올 자원전쟁을 생각하니 괜히 가슴이 답답했다. 톈산산맥에서 내려오는 바람까지도 놓치지 않는 중국 사람들의 치밀함에 혀가 내둘러진다.

중국이 서부개발을 서두르는 이유를 조금은 알 것 같다. 인구가 동쪽으로 집중되는 현상을 막고 국토의 균형발전이라는 슬로건을 내걸어 소수민족들의 불만을 해소하기 위한 방책일 것이다. 한때 버려진 땅으로 취급받던 이 땅이 지금은 중국 제2의 산유지가 되었다. 검은 진주라는 석유를 콸콸 쏟아내는 보배로운 땅인 것이다.

그뿐이 아니다. 고속도로 왼편으로 간간이 호수들이 나타났다 사라지고 하는데 어떤 호수는 소금더미를 쌓아놓고 있다. 소금호수다. 가이드 말로는 몇만 년 전에는 이곳이 바다였다고 한다. 호수에 남아 있던

우루무치로 가는 길목의 풍력발전기들

바닷물이 햇빛에 증발되면서 소금이 된다는 것이다. 사막의 호수에서 소금까지 생산한다. '도대체 이 나라 없는 게 뭐야?' 부러움의 탄식이 절로 나온다. 이와 같이 자원이 풍부하고 전략적인 가치가 높은 신장성을 위그르인들이 원한다고 중국 정부가 독립을 시켜줄 리가 없다. 그러나 이곳도 언젠가는 큰 분쟁이 일고 말 것이다.

우루무치가 가까워지자 눈앞에 목장지대가 펼쳐졌다. '아름다운 목장'이라는 뜻의 우루무치가 실감난다. 드넓은 초원에는 양떼들이 한가로이 풀을 뜯고, 거친 사막의 모래바람을 막아주는 방풍림은 푸르름을 더했다. 그 동안의 여행이 황량한 사막을 달려 오아시스를 찾아다니는 여행이었다면, 톈산산맥이 가까워지는 우루무치는 녹색벨트가 있어 정신적으로 안정감을 준다. 인류는 물을 찾아 이동하면서 발전했고 그 물가에는 언제나 숲과 나무가 있었다는 사실이 새삼스럽다.

신장 박물관, 수천년 세월을 품은 미라를 만나다

점심식사 후 신비롭다는 신장 박물관으로 갔다. 박물관치고는 건물이 낡고 부실했다. 건물은 허술한데 입장료는 제법 비쌌다. 그런데 미라는 정말 많았다. 3,800년 전의 미라부터 2,000년 전의 미라까지 많은 미라를 보았다. 장난기가 있는 가이드가 머리를 끄덕이는 미라가 있다면서 진열장을 흔들어대니 정말 미라가 머리를 끄덕였다. 그러나 관리가 소홀한 것 같아 아쉽다. 아무나 흔들어대다가는 결국 미라의 고개가 부러

질 것 같았다.

눈이 파란 색목인 미라는 분명 서양사람일 텐데 수많은 이야기를 간직하고 있는 듯했다. 그는 어찌하여 먼 이곳까지 와서 고향에 돌아가지 못하고 불귀의 객이 되어 이 박물관에 누워 있는 것일까? 벤처의 어원이 '베네치안의 모험'이라는 뜻의 Venezian Adventure라는 합성어라는 이야기도 있는데, 이 색목인은 대박의 꿈도 이루지 못하고 머나먼 이국 땅에서 육신의 탈을 벗지 못한 채 한으로 남아 있는 것 같았다.

나는 소리 없는 물음을 박물관 천정으로 날려 보냈다.

'왜 당신은 돌아가지 못하고 여기 누워 있소?'

대 바자르, 위그르 족 시장을 가다

신장 박물관에서 나와 위그르 족 큰 시장인 대 바자르로 갔다. 바자르는 위그르 말로 '시장'이란 뜻이다. 그런데 가는 날이 장날이라고 위그르 족 상인들이 파업을 했다. 대 바자르의 상권을 장악한 중국 한족에 대한 항거의 표시로 점포들을 닫았다. 한족들만 가게를 열어 시장이 썰렁했다. 직접 대화를 해보지는 않았지만 위그르 족의 한족에 대한 반감은 언제 폭발할지도 모르는 화약고일 것이다. 위그르 족은 한족이 자신들의 영토를 무단으로 정복해 억압하고 있다는 피해의식이 많을 것이다.

그래도 우리 버스가 주차를 하려는데 마땅히 차를 댈 곳이 없다. 그만큼 이곳에 쇼핑객과 관광객이 많다는 얘기다. 겨우 자리를 잡아 주차를 했는데 이번에는 비가 내리기 시작했다. 우리는 보통 비가 내리면 이리 뛰고 저리 뛰어 비를 피하는데 이곳 사람들은 태연히 비를 맞고 다녔다. 가이드가 이쪽에서는 비가 내리는 것도 하나의 축복으로 여긴다고 설명했다. 1년에 평균 강우량이 16mm 정도라고 하니 그럴 만도 하다.

가이드가 각자 쇼핑을 마치고 집합할 시간을 알려주면서 소매치기를 조심하라고 했다. 위그르 족 중에 소매치기가 많다고 한다. 유럽을 여행하다 보면 아랍 혈통의 소매치기가 많은데 아랍 사람과 얼굴 윤곽이 비슷한 이곳 위그르 족도 그렇단 말인가?

대 바자르에서 우리에게 가장 인기 있는 품목은 단연 위그르 족의 칼이었다. 위그르 족은 유목민답게 오랜 전통에 따라 고기를 자르거나 사냥을 위해 칼의 소지가 허용된다. 그래서 누구나 시장에서 칼을 구입할 수 있다. 우리도 위그르 족의 예쁜 칼들을 장식용으로 쓰기 위해 몇 자루씩 구입했다.

호텔에 돌아와 산 칼들을 살펴보니 품질이 좋았다. 역사와 전통을 자랑하는 스키타이의 철기문화를 가장 먼저 전수한 중앙아시아 유목민의 후예답게 위그르 족의 칼은 예쁘고 단단했다. 그러나 이 칼들은 인천공항에 도착해 무기류로 취급되어 전량 압수되고 말았다.

대 바자르 쇼핑이 끝나자 투어리더 L이 오랜만에 한국음식을 맛보게 해주겠다고 했다. 모두들 좋아한다. 그 동안 현지 음식들이 입에 맞지 않아 고생한 사람도 있었다. 이곳에서는 우리 한식이 현지 음식인 중국식보다 값이 배가 비싸다.

지난 일요일 찾았던 경복궁에 다시 들렀다. 오랜만에 맛있는 상추쌈에 돼지 불고기를 곁들여 먹는데 고기가 좀 부족했다. 추가로 주문을 했더니 요금을 따로 더 달란다. 상추 한 접시에 10위안, 돼지고기 한 접시에 46위안, 모두 56위안이다. 이번에도 손이 커진 C가 계산을 했다.

톈츠와 보고타펑, 타클라마칸을 가로지르는 톈산산맥

실크로드 여행의 마지막 날이다. 내일 아침이면 우리는 서울에 있다. 다소 생소하기도 했던 실크로드 여행이 종착점에 가까이 왔다. 아침에 눈을 떠 밖을 보니 비는 그쳤지만 아직도 구름이 낮게 깔려 있다. 아침식사 뒤 짐을 챙겨 여유 있게 10시쯤 톈산산맥과 톈츠(天池)를 보기 위해 신장호텔을 나섰다.

톈산산맥. 중아아시아 대륙 실크로드 가운데 타클라마칸 사막이 있고 이 사막을 가로지르는 2,555km의 거대한 장벽, 그 장벽이 바로 톈산산맥이다. 톈산은 1년 열두 달 기온이 낮아서 만년설로 덮여 있다. 톈산

톈츠와
보고타펑

의 정상은 5,445m의 보고타펑(博格達峰)이다. 이 산은 당나라 현종 때부터 일반인에게 알려지기 시작했다. 마르코 폴로의 《동방견문록》에도 기술되어 있을 정도로 빼어난 산이다. 산기슭에 있는 호수인 텐츠와 함께 유명세를 탄 사람들은 이곳을 톈산 텐츠(天山天池)라고 부른다.

호텔을 출발해 1시간 넘게 달리자 버스가 어느 골짜기로 들어섰고 밖에는 이내 비가 내리기 시작했다. 비가 오자 가벼운 옷차림으로 나섰던 사람들이 걱정하기 시작했다. 비에 젖은 비탈길을 힘겹게 오르던 버스 운전수가 한 하자크 족 마을 앞에서 차를 멈추었다. 우리가 부탁했던 마유주(馬乳酒)가 있는지 알아보기 위해서다. 버스에 앉아 밖의 동향을 살폈는데 하자크 족의 이동식 가옥인 게르에서 웬 젊은 여성이 나왔다. 그런데 그 모습이 완전히 모델 같다. 머리는 갈색으로 물들였고 구두의 힐이 제법 높다. 미끄러운 진흙길을 내려왔는데 그녀가 사는 게르와는 어울리지 않는 모습이었다. 마유주를 알아본 버스 운전수가 하자크 족들이 마시려고 만든 것을 우리에게 조금 팔겠다고 한다는 뜻을 전해왔다. 마유주 1되에 100위안, 우리 돈으로 1만5천 원을 내라고 했다. 텐츠에 갔다가 내려올 때 마유주를 가져가기로 했다.

텐츠의 주차장에 도착하니 빗줄기가 더욱 거세어졌다. 텐츠까지 오르는 별도의 전용버스 정거장에는 비가 오는데도 사람들의 줄이 끝이 없다. 대기하는 사람이 너무 많았다. 가이드가 케이블 카를 타고 오르자고 했다. 정군이야 젊으니까 괜찮겠지만 나이 든 일행들이 걱정이었다.

어쩔 수 없이 케이블카를 탔는데, 유리창도 없이 공중에 매달리고 비바람이 들이쳐 장난이 아니었다. 케이블카가 고도를 높일수록 기온은 점점 내려가 추워지고 어떻게 할 방법이 없었다. 오들오들 한기가 들고 손가락도 곱아졌다. 그야말로 속수무책이었다. 그렇게 비 맞은 장닭처럼 한참을 고생하고 나서야 케이블카에서 내렸다.

짧은 시간이지만 이번 여행에서 가장 참기 힘든 시간이었다. 추위를 이용해 중국 장사꾼들이 시원치 않은 비옷을 들고 30위안씩 내라고 외친다. 워낙 추우니 그것이라도 입으면 좀 나을 것 같아 모두들 비옷을 샀다. 이 와중에도 A선배와 P선배는 어디에서 구했는지 두툼한 군용외투를 빌려 입고 나타났다.

창고 같은 건물 안에서 비옷을 입고 한참을 기다리자 전동차가 와서 우리를 텐츠 입구까지 태워주었다. 중국이라는 나라는 무슨 운송수단이 그렇게 많은지 그저 놀랄 뿐이었다. 이번 실크로드 여행에서는 안 타본 것이 거의 없다. 비행기, 기차, 버스, 말, 낙타, 모래썰매, 당나귀마차, 간이자동차, 전동차 이제는 텐츠에서 유람선까지….

해발 1950m의 텐츠에 도착하니 비는 내리고, 만년설은 구름에 가려졌고, 기대가 컸던 텐츠 관광이 제대로 될 것 같지 않았다. 텐츠에 오기까지 너무 고생했는데 말이다. 2년 전 백두산 천지에 올랐을 때의 감격이 있을까? 백두산 천지에 갔을 때는 신비감이 있었다. 그런데 이곳의 텐츠는 호수에 유람선이 떠있고 놀이터 같다. 텐츠에서 우리도 유람선을 탔다. 유람선에 타고 나니 비가 들이치는 창문은 허름한 옷가지들로 막아놓아 그래도 덜 추웠다. 그나마 선실 내에서 추위를 벗어나 다행이다. 배를 타고 호수 안으로 들어가니 보거타펑의 만년설이 창 너머로 조금씩 보이기 시작했다.

텐츠에서 내려오는데 도대체 화장실이 보이질 않았다. '이 많은 관광객이 어디에서 용변을 해결하라고 화장실이 없는 거야?' 혼자 떠들었지만 별수 없었다. 많은 사람들이 후미진 모퉁이에 서서 용변을 보았다. 하는 수 없이 나도 그 대열에 끼었다.

한참을 걸어 내려와 버스에 오르니 온기가 있어 방안에 들어온 것처럼 좋았다. 버스가 출발할 때쯤 하늘을 보니 비는 그쳤고 날씨가 한결 좋아졌다. 텐츠 관광은 변덕스런 날씨 때문에 고생을 했다. 왜 하필 우리가 올라갔을 때 날씨가 그 변덕을 부렸는지 야속했다. 나는 이 추위로 얻은 감기 때문에 귀국해서도 한 닷새간 고생을 했다.

산을 내려오는 중간에 마유주를 받으러 올라갈 때 들렀던 하자크 족의 게르에 가보았다. 말가죽으로 만든 자루에다가 말젖을 넣고 계속 저어댔다. 그들은 한 되를 주었다고 하는데, 어림잡아 2리터는 되는 것 같았다.

점심식사 후 조금씩 마유주 맛을 보았는데 약간 맛이 간 야쿠르트 맛이랄까? 시큼털털했다. 알콜기도 조금 있었다. 몇몇 사람은 영 내키지가 않아 했고 못 먹겠다는 사람도 있었다.

점심식사 후 화장실을 찾는데 한참이나 먼 곳에 있다. 화장실에 가보니 기가 찼다. 흐르는 계곡물 위에 시멘트 구조물로 지붕과 칸막이를 해놓고 거기서 용변을 보도록 했다. 사람들이 배설하면 분뇨가 계곡물을 따라 산 아래로 흘러가 더 큰 물줄기를 만들 것이다. 그야말로 자연을 이용해 거침없이 자연을 파괴하는 만년 자동수세식 화장실이다. 그 계곡 밑에 사는 사람들은 어떡하라고? 중국, 제법 부강해지기 시작했다고 큰소리치지만 이런 것을 보면 아직 멀었다. 아직 문화 후진국이다.

이번 여행에서 확인한 것은 몽고족의 후예라고 할 수 있는 하자크 족은 대체로 산속에 살면서 목축을 한다. 위그르 족은 사막의 오아시스에 모여 살면서 농사와 목축을 같이 한다. 가이드 설명으로는 하자크 족은 근친상간을 엄격히 규제해 일곱 개 마을 이상 떨어진 곳의 동족과 결혼을 한다고 한다. 또 자존심이 강해 하자크 족에는 거지가 없도록 동족끼리 상부상조 한다고 한다. 반대로 위그르 족은 사기꾼과 거지가 많고 소매치기도 많다는 얘기다. '몽골리안'과 '아라비안'의 피가 섞인 사람들의 정신세계가 이렇게 다를까?

다시 우루무치, 실크로드 여행의 시작과 끝

톈산 텐츠 관광을 마치고 우루무치 시내로 돌아와 신장 도서관이라는 곳으로 안내되었다. 관광 중에 무슨 도서관인가 했더니 사실은 백옥(白玉) 가공 센터다. 중국의 공공기관들은 나름대로 수익사업을 하는데 이 도서관도 예외가 아니었다. 나는 백옥에는 그다지 관심이 없어 매장을 한번 둘러보고 나와 도서관 현관에서 일행들이 나오기를 기다렸다.

도서관 입구에는 그곳에서 근무하는 사람들의 직위와 담당업무, 성명과 사진이 있는 조직표가 걸려 있다. 공개행정의 한 단면이었다. 그런데 조직표를 자세히 보니 고위직은 모두 한족이고 위그르 족은 하위직이다.

한쪽에서는 1904년 8월 22일 생으로 중국 개혁개방의 지휘자인 덩샤오핑(鄧小平)의 탄신 100주년을 기리는 전시회를 열고 있다. 도서관 현관에 세워진 입간판에는 덩샤오핑에 대한 찬양 일색이다. 물론 오늘날 부강해지기 시작한 중국은 덩샤오핑의 개혁개방정책 없이 생각할 수 없을 것이다. 덩샤오핑에 대한 중국 사람들의 평가가 대단하다는 것을 실감했다.

저녁을 먹기에는 조금 이른 시간이라 발 마사지를 받으러 갔다. 현지 가이드가 1인당 25달러를 내라고 했다. 그 동안 몇 차례 중국에서 발 마사지를 받았지만 25달러는 너무 비쌌다. 내가 투어리더에게 강하게 어필했다. 당황한 그가 내려가더니 20달러로 조정해왔다. 사실 현지 가이드가 그러한 일로 먹고 산다는 것을 모르는 것은 아니지만 그래도 이렇게 받는 것은 아니라고 생각했다.

저녁을 먹으러 전날 찾았던 '경복궁'에 다시 갔다. 공항까지 가는 데 여유가 있어 식당에서 1시간 정도 휴식을 취하겠다고 한다. 내가 이러고 있을 것이 아니라 우루무치 시내의 야경을 보고 공항으로 가자고 했다. 다행히 절충이 되어 버스기사의 안내로 우루무치 시내를 한 바퀴 돌아본 뒤 시 외곽에 있는 개발광장으로 갔다.

광장의 풍경은 좀 특이했다. 광장 입구에는 위성광장이라고 되어 있지만 실제로는 신도시였다. 젊은 사람들이 몰려와 음악에 맞추어 서로 춤을 추었고 갖가지 음식 장사들이 진을 쳤다. 우리는 이 광장에서 충분한 시간을 갖고 마지막 휴식을 취한 뒤 우루무치 공항으로 향했다.

언젠가, 카슈카르를 지나 파미르 고원을 넘으리라

우루무치 공항에서 출국을 기다리는 동안 하루가 바뀌었다. 비행기는 정확히 22일 0시 20분 우루무치 공항을 이륙했다. 이번 여행은 평소 실크로드를 동경해왔던 나의 바람을 어느 정도 해소시켜주었다.

실크로드. 동•서양의 문물을 소통하던 교통로이자 중국의 서쪽 끝, 그러나 그들의 역사는 항상 힘 있는 자들의 지배를 받은 약소 유목민족의 슬픈 역사다. 수없는 침략과 피지배의 반복이 부족들의 명운을 흔들면서 그때마다 소수 부족국가가 태어났고 그들만의 생존방식을 만들어나갔다. 기원전부터 흉노족과 위그르 족 그리고 그 후예들이 지배하는 유목민의 터전으로, 중국으로 대표되는 거대한 정주제국(定住帝國)의 틈바구니에서 살아남기 위해 안간힘을 썼던 피나는 역사의 현장이다.

선인들은 이 실크로드를 개척하기 위해 끊임없이 도전했다. 해와 달을 벗 삼고 먼저 간 사람들의 백골을 이정표 삼아 가고 또 가고 또 가다가 쓰러져 그 역시 뒤따르는 사람들의 이정표가 되었다. 그들의 고귀한 희생이 있었기에 지구촌 사람들은 점점 가까워졌다. 이제 세상이 변해 우리는 문명의 이기를 타고 짧은 시간에 그 역사의 현장을 찾을 수 있다. 이번 실크로드 여행은 먼저 간 사람들이 만들어준 축복이었다.

다시 기회가 주어진다면 '카슈카르'를 지나 '파미르 고원'을 넘어 또 다른 실크로드를 찾아가고 싶다.

#저
푸르른
독립의
의지

- 티베트 여행기

이 드래풍 사원의 승려들이 티베트 독립투쟁의 구심체가 되다

시안, 티베트로 가는 길목

오랫동안 꿈꾸어왔던 곳, 티베트. 천상의 신이 발을 내리면 닿을 듯 높은 곳에 있는 땅. 그렇지만 가난하고 슬픈 땅. 그곳에 꼭 가야 했다.

우리를 태운 KE807편은 3시간 정도 비행한 뒤 중국의 옛 도시 시안의 함양공항에 착륙했다. 비행기가 착륙했는데도 금방 문이 열리지 않는다. 얼마 후 중국 보건성 관계자들이 비행기에 올라 모든 승객의 체온을 체크했다. TV 뉴스에서나 보던 검사를 우리도 받았다. 다행히 신종 인플루엔자에 해당되는 사람은 없다.

비행기에서 내리니 뜨거운 공기가 턱밑까지 차올랐다. 섭씨 38도란다. 먼저 시안 시내로 가는 길목에서 간단하게 점심식사를 했다. 가이드에게 시안의 별미를 물어보니 말이 떨어지기가 무섭게 물만두 18가지가 나오는 '교자연'이라는 코스 요리가 있단다. 그런데 오늘은 어렵고 티베트에 다녀와서 한국에 가기 전날 저녁으로 예약할 수 있다며 1인당 15달러씩 더 내란다. 내가 일행들의 의견을 물은 뒤 예약을 부탁하자 가이드가 반색한다.

시안 시내로 진입해 진시황릉 쪽으로 갔다. 가는 도중 양귀비가 노닐었다는 '화청지'와 장개석이 체포되었다는 '려산'이 있는데 그냥 지나쳤다. 주 목적지가 티베트이고, 어디까지나 시안은 경유지이니 이해해야 하지만 정말 주마간산 격이다.

진시황릉에서 1km 남짓한 거리에 있는 진시황 '병마총' 입구에서 내렸다. 박물관까지 전동차를 타고 가는 데 1인당 5위안이다. 날씨가 너무 더워 걷기에는 무리였다. 한참을 기다려 전동차를 탔다. 7년 전에 이곳에 왔을 때는 전동차가 없었다. 중국 사람들의 돈벌이가 한수 늘었다.

나는 진시황 '병마총'이 세 번째인데 보면 볼수록 대단하다. 중국 사람들은 진시황 병마총의 '병마용'들을 가리켜 세계 8대 불가사의라고 주장한다. 1974년 우물을 파던 한 농부가 처음으로 발견했다. 신기한 것은 그 표정이 모두 실제와 같이 엄격하고 다르게 생겼다는 것이다. 도용들이 만들어질 당시에는 모두 컬러로 채색되었으나 발굴 과정에서 햇빛에 노출되는 순간 색이 바래고 말았다고 한다.

시안의 진시황 병마총과 병마용들

병마용들을 보고 내려오는데 주차장까지 좀 멀다. 길가에 즐비한 기념품 가게들이 관광객을 부른다. 날씨는 덥고, 길은 멀고… 유선생이 복숭아를 사서 나누어 주었다. 시안의 복숭아 맛이 좋다.

라싸, 태양의 도시이자 산양의 땅

라싸로 가는 비행기를 타기 위해 아침 8시 30분 호텔을 나섰다. 라싸로 가는 비행기는 오후 1시에 출발한다.

먼저 간 곳은 북한기념품점. 야무지게 생긴 북한 처녀가 상투적인 말투로 상품을 설명한다. 우황청심원은 말할 것도 없고 심지어 북한 우표까지 내놓았다. 그러나 값이 비싼 데다 경쟁력 없는 상품들이어서인지 남한 동포들의 지갑은 쉬 열리지 않았다. 한국 사람들이 가는 중국 관광지에 아직도 이런 북한 가게들이 더러 있는데 참 딱한 일이다. 이렇게 해서 얼마나 달러를 벌 수 있을까…

중국이 인류의 중심임을 애써 증명이라도 하듯 많은 유적과 유물이 전시되어 있는 시안역사박물관을 본 뒤 어제 비행기를 내린 함양공항으로 갔다. 2008년 베이징올림픽을 앞두고 중국은 지방 공항들을 대대적으로 신축했다. 7년 전 냄새나고 비좁던 함양공항이 아니다. 우리 일행을 태운 중국 비행기 HU7857기는 비교적 정확한 시간에 함양공항을 이륙해 라싸가 있는 서쪽으로 기수를 잡았다.

비행기가 이륙한 지 얼마 안 되어 쓰촨 분지의 끝자락이 눈에 들어왔다. 그러나 나무 한 그루 없는 벌판이다. 2시간쯤 지났을 때 시야로 하얀 설산이 들어온다. 티베트와 칭하이 성을 나누는 탕구라 산맥이다. 눈아래에는 끝도 없이 설산들이 이어진다. 사람의 흔적을 찾을 수 없는 눈과 얼음의 장관이다. 자연의 위대함이 가슴에 와 닿는다. 벌써 산소 희박 지역에 들

해발 3,600m의 라싸공항과 우리가 타고 온 비행기

어섰는지 옆자리의 아내는 불편한 기색이다.

탕구라 산맥을 넘은 비행기는 몇십 분 후 다시 녠칭탕구라 산맥을 넘었다. 시안을 출발한 뒤 3시간 정도 비행을 했을까? 비행기는 설산이 녹은 물줄기를 따르면서 고도를 낮추었다. 곧 해발 3,600m가 넘는 고원지대인 라싸의 공가공항에 착륙했다. 공가공항도 마찬가지로 근년에 신축한 듯 작지만 깨끗했다.

공항을 벗어나 버스 쪽으로 걸어가는데 가슴이 조금 답답했다. 버스에서 조선족 동포로 연변 출신의 현지 가이드 최군이 우리를 반갑게 맞아주었다. 그가 '카닥'이라는 흰 명주천을 일일이 목에 걸어주었다. 버스에 오르자 최군이 산소통 하나씩을 나누어주고 사용법을 일러준다. 모두 시키는 대로 산소통을 붙잡고 산소호흡을 해보았다. 미식거리던 속이 조금 나아졌다. 이것은 서비스이고 다음부터는 사서 마시란다.

티베트의 땅 넓이는 우리 남한의 12배가 넘는 200만 평방킬로미터이고, 인구는 280만 명쯤인데 90% 이상이 티베트족인 장족이다. 이곳에서는 선크림을 꼭 바르라고 최군이 당부한다. 최군 얼굴이 빨갛게 익었는데, 전날 동료들과 낚시를 갔다가 하루 만에 이렇게 되었단다. 공가공항을 떠난 버스는 큰 냇가를 따라 30분쯤 달린 뒤 다리를 건너고, 긴 터널을 통과한 후 또 강을 건넜다. 제법 큰 다리다. 취수이 대교다. 버스는 다리를 건너 오른쪽으로 방향을 잡고 강의 흐름을 거슬러 달렸다. 라싸 강인데 티베트 최대의 강인 얄룽창포 강의 지류다.

라싸 강에는 야크 가죽으로 만든 배인 나룻배 '주크'가 떠 있다. 사람이 8명까지 탈 수 있는 큰 주크는 야크 가죽 8장을 붙여 만든다. 나무가 귀하다 보니 흔한 야크 가죽을 이어서 배를 만든다는데 좀 희한하다.

티베트 사람들은 예로부터 수장을 해온 터라 물고기를 잘 잡지 않는다고 했다. 그래서 강에는 물고기가 많다. 우리나라 강태공들이 들으면 반색할 일이다. 강물은 시멘트를 풀어놓은 것 같은 색이다. 석회질이 많이 섞여 있어 마실 물은 꼭 사먹어야 한단다. 석회질 때문에 이곳 티베트 사람들은 식초를 많이 마신다. 그리고 이곳은 비가 밤에만 조금씩 오고 낮에는 거의 오지 않는다고 한다.

라싸로 가는 길은 강을 오른쪽에 끼고 계속 이어졌다. 그런데 우리 앞에는 셀 수도 없는 군용 트럭들이 같은 라싸 방향으로 가면서 우리 버스의 속도를 느리게 했다. 작년의 소요사태도 있고 해서 무슨 일이 있나 궁금했다.

도로와 강 사이에는 드문드문 살림집들이 있다. 특이한 풍경 하나. 집 마당에 오목렌즈 같은 큰 거울 두 개를 서로 맞보게 세워놓고 그 사이에 주전자를 걸어놓았다. 최군에게 물어보니 찻물을 끓이는 것이란다. 태양열이 강해 그렇게들 많이 한다. 이곳에다 요즘 붐이 일고 있는 태양열 발전소를 지으면 대박일 것 같다.

공가공항을 떠난지 1시간 반쯤 지났을까. 회색도시들이 눈에 들어온다. 티베트의 수도

포탈라 궁에서 내려다본 라싸 시내

인 '태양의 도시' 라싸다. 라싸는 1,400년의 역사를 가진 문화고도다. 633년 토번왕국을 통일한 송첸캄포가 세웠다. 지금의 산난 지역의 야룽에 있던 왕조의 도읍을 현재의 라싸 지역으로 천도했으나 역병이 돌고 크고 작은 사고가 그치질 않았다. 이때 천문과 음양오행에 밝은 문성공주*가 홍산 남쪽의 연못을 메워야 나라가 흥할 수 있다고 제안했다. 송첸캄포가 문성공주의 제안을 받아들여 북방의 펑뽀 지역에서 몰고온 흰 산양들을 부려 흙을 날라다 연못을 메웠다. 그리하여 이 지역을 라싸('산양의 땅'이라는 뜻)라고 부르게 되었다.

라싸 시내에 들어선 지 얼마 되지 않아 아름답고 장엄한 포탈라 궁이 보였다. 먼 길을 달려온 우리에게 선물인 양 포타라 궁은 밝은 햇살을 받아 더욱 아름답게 빛났다. 짧은 순간이지만 전율이 인다.

조캉 사원, 라마불교인데도 석가모니불을 모시다

라싸에서 제일 먼저 찾아간 곳은 밀교인 티베트 라마불교 가운데에는 드물게 석가모니를 모신 조캉 사원이다. 버스를 내려 조캉 사원을 향해 걸어가는데 벌써부터 힘들어하는 사람이 있다. 조캉 사원 앞 광장은 무장한 군인들이 섬뜩한 눈빛을 날리며 순찰을 돈다. 라싸 시내에는 유달리 군부대 막사들이 많다.

문성공주는 연못이 메워진 자리에 석가모니를 모신 조캉 사원을 설립했다. 조캉 사원 앞으로 가자 수많은 티베트 사람들이 오체투지를 하

며 주문을 외운다. 대웅전 같
은 큰 불당 한가운데에는 석
가모니가 모셔졌다. 불당에는
야크 버터로 만든 촛불과 향
타는 냄새가 섞여 야릇한 냄
새가 났다. 일부는 합장으로
예를 올리기도 하고 티베트
사람들에 끼여 마니차를 돌리
며 소원을 빌었다.

조캉사원 앞에서 기도하는 티베트 사람들

바코르 시장, 라싸에서 가장 큰 재래시장

최군이 조캉사원을 둘러싸고 있는 바코르 시장을 시계방향으로 한번 둘
러보라고 권한다. 그러나
벌써부터 호흡이 어려운
몇몇은 그늘을 찾아 주저
앉았다. 우리 부부는 마치
슬로우비디오처럼 천천히
걸으며 이곳저곳을 구경
했다. 마침 가죽 벨트를 파
는 가게가 있어 두 개를 샀

바르코 시장의 모습

다. 말이 안 통하는 이곳에서도 상거래는 가능하다. 이를테면 맘에 드는 물건을 집어들고 손으로 동그라미를 그리면 주인이 얼른 전자계산기를 들고와 팔 값을 보여준다. 나는 고개를 흔들며 사고 싶은 값을 계산기에 때린다. 다시 주인이 안 된다며 중간치 정도로 가격을 내린다. 그래도 나는 전과 같은 가격을 다시 친다. 주인이 역시 안 된다고 한다. 나는 그만 돌아선다. 그때 주인이 우리를 붙잡고 오케이 한다. 이렇게 해서 말이 통하지 않아도 거래가 성립된다.

바코르 시장은 이곳 라싸에서는 가장 큰 재래시장이다. 갖가지 물건들이 골고루 있고, 티베트 사람들은 작은 마니차인 경전통을 돌리며 장을 본다.

장족의 복장은 생각보다 화려하다. 여인들은 누구를 막론하고 우리의 앞치마 같은 것을 입고 있다. 우리네 색동옷같이 화려한 의상도 있다. 햇살이 따가워서인지 거의 다 모자를 쓰고 다닌다. 그리고 여자들은 젊으나 늙으나 머리를 길게 땋았다. 키는 약간 큰 편이며 더러 메부리코도 있다. 또 티베트 사람들이 세수를 잘 안하는 것처럼 보였는데, 사실은 자외선 방지를 위해 선크림 대신 야크젖을 바르기 때문이란다.

라싸 호텔에서 바라본 라싸강과 산들. 산에 나무가 없다.

우리가 묵을 곳은 라싸 강가에 자리한 '강소생태원 호텔'. 3성급 호텔이고 앞마당은 푸른 잔디가 깔려 있다. 혈액순환을 촉진하는 목욕은 가급적 피해 달라는 최군의 부탁이다. 방으로 돌아와 간단히 얼굴과 발만 씻었다. 라싸에서의 첫 날은 '태양의 도시'답게 볕이 따갑고 약간 더웠다. 그러나 땀은 별로 나지 않는다. 공기가 무척 건조했다.

그런데 간단히 씻겠다고 화장실에 들어간 아내가 화장품 가방 안에 있던 선크림이 터졌다고 소리쳤다. 그걸 닦아내느라고 고생한 모양이다. 그뿐이 아니다. 준비해온 커피 봉지가 한껏 부풀어 있다. 산소가 희박한 지역에 오니 모든 포장 물건이 터질 듯 부풀었다. 사람의 머리도 부풀어지는 것처럼 점점 멍해지기 시작했다. 대충 정리를 하고 바깥 공기를 쐬기 위해 창문을 열었다. 멀리 어둠 속에서 야간조명을 받은 포탈라 궁이 신비스러운 모습으로 나타났다. 아내와 나는 감탄을 연발했다.

노블링카 궁, 달라이라마의 여름 궁전

라싸에서의 첫 밤은 머리가 무거워 거의 잠을 이루지 못했다. 뒤척이다가 일어나 산소도 마셔보고 또 잠을 청했지만 밤새 가면상태로 시간을 보냈다. 모닝콜이 오기 전에 자리에서 일어났다.

지난밤 화려한 조명 속에 백옥처럼 빛나던 포탈라 궁을 보기 위해 창가로 갔다. 포탈라 궁은 어둠 속에서 약해진 조명을 받은 채 밝아오는 새벽을 기다리고 있다.

심심하기도 해 CCTV-9 영어채널을 찾아 뉴스를 틀었다. 지난밤 티베트 바로 위 신장성의 성도 우루무치에서 위그르인들의 폭동으로 많은 사람들이 죽었다는 보도가 거듭되었다. 그런데 주로 한족이 테러를 당하는 장면만 되풀이해 보도했다. 2004년 여름, 찾아갔을 때 우루무치의 대 바자르(큰시장)에서 한족의 상권장악에 대한 항의 표시로 위그르인들이 단체로 가게 문을 닫은 현장을 본 적이 있다. 중국 중앙정부에서 보면 우루무치와 라싸는 잠자는 화약고 같은 존재다. 그러나 이곳 라싸와 우루무치의 생각은 다르다. 인종이 다르고 문화가 다르고 그들만의 고유한 언어와 문자가 있다. 따라서 독립을 위한 투쟁은 너무나 당연하다. 내가 돌아본 중국, 동부와 서부의 빈부 차이가 너무 심하다. 경제발전의 혜택은 모두 한족이 차지하고 이곳 서쪽 오지의 소수민족은 빈민과 다름없는 삶을 살아가고 있다.

아침을 먹으러 호텔 식당으로 갔다. 중국 변방 호텔의 아침식사가 다 그러하지만 조금 부실했다. 다행히 흰 쌀죽과 만두가 있어 그런 대로 아침을 먹었다. 우리팀의 마스코트인 호준 군은 먹을 게 없다면서 빵만 먹었다. 아침식사를 하는데 강 건너 산 정상에 하얀 물체들이 있다. 자세히 보니 양떼들이다. 양떼들이 나무 한그루 없는 산에서 풀을 뜯었다. 친구 H는 마치 굼벵이들이 움직이는 것 같다고 했다. 그런데 양떼들은 풀뿌리까지 먹어치우기 때문에 그들이 지나가고 나면 그 일대가 초토화될 수도 있단다. 식당에서 네팔에서 시가체를 경유해 라싸까지 온 한국 사람들을 만났다. 그들이 정말 힘들었다는 얘기를 하자 걱정스런 표정을 짓는 사람도 있다.

식사를 마치고 아침 9시 호텔을 나섰다. 오늘의 메인은 12시에 입장

하기로 한 포탈라 궁이다. 먼저 티베트의 기념품 가게에 들렀는데, 마땅
히 살 만한 물건이 없어 모두들 심드렁하다. 그래도 누군가 티베트석을
사기 시작했고 작은 기념품을 고르자 너도 나도 몰려가 지갑을 연다. 어
디를 가나 충동구매가 문제다. 나는 일찍 밖으로 나와 나무그늘에서 일
행의 쇼핑이 끝나기를 기다렸다.

이어서 찾아간 곳은 달라이라마의 여름 궁전으로 알려진 노블링카.
티베트 말로 '보물의 숲'이라는 뜻을 지닌 노블링카는 포탈라 궁의 서쪽
에 있다.

노블링카에는 전각과
정자가 많고 크고 작은 방
이 400여개나 된다. 정문
으로 가는 오른편에는 우
리식으로 하면 행랑이나
요사채 같은 건물이 죽 늘
어서 있다. 이곳은 당시
지방에서 올라온 승려들
의 숙소란다.

현존하는 달라이라마가 지었다는 노블링카 신궁

정문을 통과해 작은 대
나무숲을 지나자 꽃들이
만발한 정원 뒤로 화려한
금장을 한 2층 건물이 나
타났다. 노블링카 신궁이
다. 지금 인도 다람살라에

노블링카 신궁 안의 호심정

망명중인 14대 달라이라마가 20세에 짓기 시작해 2년 만에 완공한 2층 짜리 금박 건물이다. 이 안에는 사무실과 응접실, 휴게실, 화장실, 욕실, 침실, 강의실과 기도실 등이 고루 갖추어져 있다. 이 신궁의 구조는 몇 년 전 몽골에 가서 본 사찰의 형식과 비슷했다. 물론 티베트와 몽골은 같은 라마불교 국가다.

노블링카 안에는 제법 큰 연못이 있는데 물비린내가 났다. 연못 가운데 섬이 있고 호심정이라는 낡은 정자가 있다. 섬으로 건너가 호심정 근처 그늘에서 쉬었다.

포탈라 궁, 달라이라마의 겨울 궁전

달라이라마의 겨울 궁전이었던 포탈라 궁은 박물관으로 개조되었는데, 하루 입장객을 2,200명으로 제한한다. 칭짱 철도가 개통되던 2006년

매표소 쪽에서 본 포탈라 궁

과 2007년에는 관광객들이 한꺼번에 몰려와 일주일 이상, 심할 때는 보름을 기다려야 입장이 가능했단다. 다행히 우리는 한국을 출발하기 전 현지 여행사에서 미리 예약을 해주어 도착 하루 만에

입장할 수 있었다.

포탈라 궁은 7세기 중반 토번의 국왕 송첸캄포가 축조했던 홍산 궁전 자리에 1,000년 후인 17세기 중반에 제5대 달라이라마가 다시 설립한 건축물이다. 외관은 13층이지만 실제는 9층이며 건물의 높이는 117m, 폭은 110m, 동서의 길이가 360m이고 총면적은 10만 평방미터다.

11시 20분경 포탈라 궁 오른쪽 광장에서 내려 매표소에서 예약표를 받았다. 포탈라 궁으로 오르는데 모두들 가쁜 숨소리를 낸다. 평상시 걸음 같으면 10분 정도에 오를 수 있는 길이지만 모두들 조금씩 오르다 그늘만 있으면 주저앉아 가쁜 숨을 몰아쉰다. 티베트에서는 궁이나 사찰에 입장할 때 반바지와 선글라스, 모자는 안 된다. 물론 사진 촬영도 금지다. 촬영을 하려면 별도의 요금을 내야 한다.

포탈라 궁 안의 백궁

궁 입구에서 12시가 되기를 기다리는데 일단의 승려들이 부지런히 음식물을 나른다. 점심거리다. 정확히 12시 정각에 포탈

포탈라 궁 안의 홍궁

라 궁 입장이 시작되었다. 먼저 가파른 나무계단을 올랐다. 계단이 세 갈래로 나뉘었다. 가운데 계단은 달라이라마와 티베트의 대신들만 이용할 수 있고, 일반인들은 양쪽 두 갈래만 이용할 수 있다. 우리는 이런 나무계단을 몇 개 더 올라 비교적 시야가 좋은 중간광장에 도착했다. 올라온 계단들이 모두 가팔랐다. 캄보디아 앙코르와트의 계단 같다.

포탈라 궁에는 하얀색 건물인 백궁과 붉은색의 홍궁이 있다. 백궁은 종교국가였던 티베트 왕국이 정치를 하던 곳이다. 백궁 입구에서 나무계단을 오르자 대문 앞에 큰 대청이 나온다. 벽에는 우리 탱화의 원조인 탕카 등 벽화들이 그득하다. 이 대청을 지나자 또 하나의 대전이 나왔다. 동대전이다. 17세기 중반 청나라 순치제가 제5대 달라이라마를 책봉한 이후 역대 달라이라마들은 이곳에서 정치를 펴고 의식을 거행했다. 동대전에는 원숭이가 인간의 조상이라고 믿는 티베트 사람들의 전설과 당나라에서 시집온 문성공주의 이야기를 다룬 탕카들이 걸려 있다. 동대전을 나와 다시 계단을 오르자 달라이라마의 침실이다. 이곳이 백궁에서 제일 높은 자리다. 한 계단 내려가니 달라이라마를 가르쳤다는 경사(經師)의 침실도 있다.

홍궁은 부처를 모시고 종교의식을 치르는 곳이다. 여기에는 역대 달라이라마들의 영혼탑 8좌가 있고 각종 불당이 있다. 뿐만 아니라 각종 진귀한 보물도 있다. 이 중에서도 포탈라 궁을 건설한 5대 달라이라마의 영혼탑과 탑전이 가장 컸다. 이 영혼탑의 탑병 안에는 탈수 처리한 뒤 향료를 바른 5대 달라이라마의 유체(遺體)가 그대로 보존되어 있다. 영혼탑은 모두 황금으로 도금되었고 여기에 들어간 황금이 3,400kg이나 된다. 황금이란 말에 호준 군이 입을 크게 벌리면서 많은 관심을 보였다. 황금 외에도 커다란 다이아몬드와 진주, 산호, 비취 등이 무수히 박혀 있다. 5대 달라이라마의 영혼탑이 있는 서대전은 전체 포탈라 궁 안에서 제일 큰 대전이며, 티베트 역사상 공적이 제일 큰 5대 달라이라 마를 추모하기 위해 지은 것이다.

5대 달라이라마는 '겔룩파'를 공격하는 외세들을 제압했고, 전생과 현생을 통해 이어지는 활불의 계승 체제를 확립했다. 국력을 강성하게 해 티베트 사람들이 가장 존경하는 달라이라마다.

서대전에는 5대 달라이라마의 생전 업적을 그린 벽화들도 즐비했다. 5대 달라이라마의 영혼탑보다는 못하지만 13대 달라이라마의 영혼탑도 제법 컸다. 13대 달라이라마의 영혼탑에도 순금 540kg을 녹여 유체를 감싼 뒤 탑 안에 넣은 탑병이 있다.

포탈라 궁을 나오니 언덕 아래 라싸 시내가 한눈에 보인다. 푸른 하늘에는 뭉게구름이 피어나 아름다웠다. 그렇지만 그 하늘 아래 오랜 역사를 지닌 고도 라싸는 숨죽여 울고 있다. 이 평화스러워 보이는 곳에서 불과 1년 전에 피비린내 나는 독립투쟁이 있었다. 상상이 되지 않는다. 라싸의 인구는 20만명 가량인데 그 중 70%가 한족이며 라싸 시내에는 1만 개가 넘는 가게와 식당들이 있는데 대부분이 한족 소유라고 한다.

출구에서 가이드에게 포탈라 궁의 흰색은 어떻게 칠했느냐는 질문을 던졌다. 의외의 대답이다. 외벽의 모든 흰색은 페인트칠이 아니라 야크의 요구르트를 부어서 만들어낸 색깔이다. 신앙의 힘이 그렇게 무섭다는 부연설명이다. 이곳은 아주 건조하기 때문에 벽에 요구르트를 바르면 바로 말라버려 흰색이 되고, 사람들은 마치 불공을 드리고 공양을 하듯 요구르트만 생기면 이곳으로 가져와 벽에 바른다고 한다. 자세히 보니 흰 벽의 두께가 일정하지 않고 마치 초가 녹아내리다 그친 것 같은 모양이다.

가이드가 서둘러 출구에 가서 시간 체크를 했다. 관람시간을 초과하지 않았다는 확인을 받아야 한다. 관람시간은 1시간 반 이내. 이것이 포탈라 궁 박물관의 법칙이다. 위반하면 해당 여행사의 관광객은 당분간 포탈라 궁 입장을 못한다.

드래풍 사원, 저 푸르른 독립의 의지

라싸 시의 서쪽 끝 야트막한 산에 있는 드래풍 사원은 티베트 말로 '쌀 더미'라는 뜻이다. 점심 직후의 더위 때문인지 관광객이 별로 없다. 그런데 사찰 입구에 웬 경찰서가 있다. 의아해 물어보니 이유가 있다.

지난해 라싸에서 일어난 독립투쟁의 진원지가 바로 이곳 드래풍 사원이다. 이 사원의 스님들이 주동이 되어 독립투쟁을 했으며 200명이 넘는 사상자가 났다. 이 사원에서 잡혀간 스님들만 약 200명쯤 되는데 아직 돌아오지

드래풍 사원 내부의 모습

못하고 있다.

이 곳은 티베트 라마불교의 최대 사원이자 역대 달라이라마의 모사(母寺)다. 모두 이곳에서 수행을 하다 달라이라마로 점지되어 나간다는 뜻이다. 그래서 이곳은 티베트 사람들에게는 신앙의 샘이다. 실제로 5대 달라이라마가 포탈라 궁을 건축해서 나가기 전까지 제2, 3, 4, 5대 달라이라마가 여기에서 생활했다. 청나라 때는 등록된 승려수가 7,700명이었고 실제로 거주한 승려는 만 명에 가까웠다.

사원에 들어가기 위해 언덕을 오르는데 날씨는 덥지, 머리는 무겁지, 모두들 진행 속도가 느리다. 입구의 좌측 바위에는 채색된 불상이 있었지만 일행들은 그냥 지나쳤다. 사원의 규모는 대단했다. 그러나 바로 전에 거대한 포탈라 궁을 보고 온 탓인지 일행은 별다른 흥미를 보이지 않았다.

대웅전 앞에는 제법 큰 광장이 있고, 그 옆에는 공양간이 있다. 그 규모 역시 크다. 수행하는 승려가 많음을 짐작하게 해준다. 승려들의 주식은 볶은 보릿가루를 야크나 양의 젖을 바짝 졸여 만든 기름인 '소유차'에 개여 만든 경단 같은 것을 먹는다. 이를 가리켜 '참파'라고 부른다. 대부분의 티베트 사람들은 이 참파와 함께 야크차를 먹는다.

드래풍 사원 중간 광장 아래 숲속에서 이상한 기합 소리와 손바닥을 치는 소리가

드래풍 사원에서 나오다 만난 스님들

들렸다. 스님들이 그 동안 공부한 것을 가지고 나와 서로 확인하면서 화두를 치거나 할(喝)을 하는 것이란다. 언젠가 KBS에서 방영한 '차마고도'라는 다큐멘터리에서 본 기억이 난다.

출구 쪽으로 내려가다 운 좋게도 토론시간을 끝내고 반대편에서 올라오는 스님들을 만났다. 최군이 가르쳐준 대로 스님들에게 "짜시뗄레"(복받으십시오) 하고 합장을 했다. 어떤 스님들은 "짜시뗄레" 하면서 합장을 해주었지만 어떤 스님이 우리말로 "성불하십시오" 하는 게 아닌가. 분명 한국에서 수행하러 온 승려이거나 아니면 한국을 다녀온 티베트 승려이리라.

티베트 민속공연, 화려한 듯 슬픈 듯

드래풍 사원을 나와 잠시 휴식을 취한 뒤 6시 30분에 라싸 시내의 티베

티베트의 민속공연

트 전통 민속공연장으로 갔다. 계획에는 없던 것이었는데 전날 내가 나서서 일행들의 의견을 모았다. 비용이 좀 추가되어도 티베트의 전통공연을 보고 음식을 맛보았으면 좋겠다는 의견들이었다. 최군은 1인당 25달러

씩 더 내란다.

입구에 도착하니 출연 배우들이 손님들에게 반갑다는 뜻으로 흰 명주로 된 '카닥'을 걸어준다. 가까이에서 본 티베트 배우들이 예쁘다.

공연시작 전 티베트 음식이 제공되었다. 삶은 양고기에 양념을 바른 음식과 야크고기와 빵, 야크차 등 몇 가지 티베트 고유음식이 나왔다. 일행의 반응은 별로다. 독특한 향도 그렇지만 산소 부족으로 벌써부터 입맛을 잃었다. 그래도 남자들은 양고기와 야크고기를 먹어치웠다.

공연이 시작되자 티베트 고유 음악이 연주되었다. 먼저 남성 솔로가 유목민 특유의 고음을 내었다. 뜻은 모르겠지만 먼 곳까지 소리가 전해질 듯 청아했다. 어쩌면 슬픈 신음을 길게 토하는 것인지도 모르겠다. 이어서 티베트족의 무용과 음악이 연주되었다. 생각했던 것보다 훨씬 화려한 무대 의상이다. 티베트 여인들의 노래도 훌륭했다. 마지막 공연은 관객들 중 남자 몇 명이 무대로 올라와 힘겨루기를 한 끝에 마지막 승리자가 예쁜 색시(공연배우)를 데려가는 민속놀이다. 티베트의 결혼풍습이란다. 이곳 관객들은 마음에 드는 배우가 있으면 공연 중이라도 무대에 올라가 '카닥'을 걸어주며 호의를 표시한 뒤 같이 사진도 찍는다.

포탈라 궁의 야경, 상아로 빚은 듯 아름다운

먼데 산봉우리가 지고 있는 황금빛 노을을 받아 마치 흰 설산 위에 금박을 입힌 것 같은 착각이 들 정도로 노랗게 빛났다. 이곳은 해가 늦게 진다. 수도인 북경의 시간이 국가 전체의 표준시간이기 때문에 서쪽 끝의 라싸나 우루무치도 밤 9시 30분이 넘어야 어두워진다.

정확히 9시 15분이 되자 서서히 야간조명이 들어왔다. 낮에 가까이에서 본 포탈라 궁과 밤에 보는 포탈라 궁은 느낌부터가 다르다. 야간조명이 켜지자 호준 군은 소리를 질렀다. 여기에 안 왔으면 후회할 뻔했단다. 모두들 좋아했다. 우리는 포탈라 궁을 배경으로 사진을 찍기도 하고 시원한 밤바람을 벗 삼아 삼삼오오 대화를 나누었다. 그런데 단체사진을 찍기 위해 앞줄 사람들이 땅바닥에 앉자 즉시 공안이 달려와 인솔자의 카메라를 압수했다. 이유인즉 신성한 포탈라 광장 앞에서는 앉으면 안 된다고 한다. 공안이 카메라를 확인 후 별 내용이 없는지 카메라를 돌려주었다. 지나친 반응이다.

중국의 다른 도시들은 광장에 가면 양고기도 구워 팔고 술도 팔고 했다. 그런데 이곳은 마치 절대 신성을 강조하는 중세의 종교국가 같다. 공안들의 과잉대응이 불쾌했다. 그리고 우리 일행 중에 꼼짝 못하고 버스에서 기다리는 사람도 있고 해서 일부의 '좀 더 있다가 가자'는 의견을 물은 채 숙소로 돌아왔다. 내일은 시가체(日喀則)로 가는 길이 만만하지 않을 것 같다.

숙소로 돌아와 창문을 열어놓고 마치 상아로 빚은 것처럼 아름다운 포탈라 궁을 바라보면서 잠을 청했다.

야간 조명을 받은 포탈라 궁. 더욱 웅장했다.

수장터, 티베트인이 물고기를 잘 잡지 않는 이유?

전날보다는 그래도 잠을 좀 잤다. 이제 서서히 적응이 되어가는 모양이다. 아침 8시에 버스가 출발했다. 버스 맨 앞자리는 이미 고정 환자로 낙인찍힌(?) 사람들이 당연한 듯 앉았다.

버스는 라싸로 들어왔던 길을 되돌아갔다. 그리고 곧 라싸 강과 얄룽창포 강의 합수 지점을 지났다. 버스는 취수이 대교를 건너지 않고 직진해 한 시간 남짓 달렸다. 조그만 소읍인 취수이 현이 나타났다. 동네를 지나는데 집 담장을 아예 야크똥으로 쌓아놓은 집들이 많다. 어떤 집은 담장도 모자라 집 옆에다 무더기로 쌓아놓았다. 고산지대라 나무가 자라지 않는 이곳에서 야크똥은 절대적인 땔감이다. 이런 풍경은 라싸를 떠나 지방을 여행하

수장터의 장사꾼들. 오른쪽이 수장터

는 동안 계속 이어졌다. 티베트에서는 야크똥을 많이 가지고 있는 것이 곧 부자라는 표시다. 우리 어릴 적 동네에서 제법 산다고 하는 집은 장작을 담장 너머 밖에서도 보이도록 높이 쌓아놓았던 것이 생각나 혼자 웃었다.

취수이 현을 가로질러 동네를 통과한 뒤 얄룽창포 강을 건넜다. 다리

를 건너자 버스가 멈췄다. 이곳이 바로 수장(水葬)터다. 버스를 내리자 어린아이들이 몰려와 시키먼 손을 내밀고 구걸했다. 티베트 여인들은 좌판을 벌여놓고 관광객을 대상으로 물건을 팔았다. 일부는 가방에서 사탕을 꺼내 아이들에게 주고 조금씩 물건을 사주었다.

수장터는 조그만 돌출 바위인데 위에서 내려다보니 바위 밑으로 물돌이가 예사롭지 않다. 옛날에는 어린아이가 죽으면 이곳에서 시체를 토막내 물고기 밥으로 주었다. 그러나 요즘은 아이들도 산 위로 가 조장(鳥葬)을 하고, 수장은 거의 사라졌다.

암트록쵸 호수, 염수와 담수가 반반인 고도 4,400m의 성호

강과 마을을 지나온 버스는 산허리를 거듭 돌면서 고도를 높였다. 이 길은 간바라 산을 넘어 암트록쵸 호수로 가는 고갯길이다. 옛날에는 라싸에서 장쯔를 경유해 시가체로 가는 중요한 도로였다. 더러는 낭떠러지 옆을 아슬아슬하게 오르기도 했다. 우리가 달려온 길들이 저 아래서 굽이친다. 아찔하다. 골짜기에는 옛날 고개를 넘는 사람들을 상대로 먹고 살았을 사람들의 흔적이 만고풍상에 거친 모습으로 남아 있다.

고도가 높아지면서 숨소리들이 거칠어졌다. 몇몇은 산소통을 꺼내 연신 들이마셨다. 버스도 숨을 헐떡이며 수장터보다 고도를 1,000m나 올린 뒤에야 해발 4,600m의 암트록쵸 호수 전망대에 멈춰섰다.

암트록쵸 호수의 맑은 물이 비취색으로 아름다운 자태를 드러냈다.

염수와 담수가 반반인 호수의 고도는 4,400m이고 티베트의 3대 성호(聖湖)다. 암트록쵸 호수 뒤편에는 이 일대에서 가장 높다는 히말라야 산맥의 넨친캉 쌍봉(7,194m)이 보인다는데 구름에 가려 볼 수가 없다. 영봉들은 쉬 얼굴을 내밀지 않는다고 한다.

버스에서 내리는데 나도 어지러웠다. 상당수가 마치 술 취한 사람처럼 비틀거렸다. 그러고 보면 고산증은 남녀노소 관계없이 체질상의 문제다. 한 20여 분 전망대에서 머문 후 다시 길을 재촉했다.

암트록쵸 호수. 구름 뒤가 히말라야 영봉

호수를 끼고 양떼들이 노니는 목장을 지났다. 짙푸른 호수와 노란 유채꽃이 만발한 들판 뒤로 하얀 화관을 쓰고 있는 설산들이 보였다. 사람들은 연신 환호했다. 잠시 고산증도 잊은 것 같다. 아직도 버스가 암트록쵸 호수를 끼고

카뤄라 고개의 빙천들

달리는데 시장기가 느껴졌다.

1차 목적지는 장쯔지만, 가는 중간에 점심을 먹게 되었다. 길가에 드

믄드문 집들이 나타났다. 작은 군락을 이룬 랑카위 현에서 버스가 섰다. 버스가 멈추자 어린아이들이 몰려왔다. 티베트 어린이들 꼴이 말이 아니다. 아무나 붙잡고 구걸했다. 식당으로 들어가도 거기까지 따라왔다. 그러더니 우리보다 먼저 식사를 하고 간 사람들이 남긴 밥과 음식을 종이가방에 담은 뒤 태연히 밖으로 나갔다. 식당 종업원들은 모른 척했다. 이렇게 작은 마을도 식당이나 가게는 모두 한족이 주인이고 티베트 사람들은 한족 밑에서 단순노동을 하거나 구걸을 한다고 한다. 점심을 먹는데 모두들 어지러운지 젓가락질이 시원치 않다.

랑카위 현을 출발해 한 30분 정도 장쯔 방향으로 가는데 버스의 고도가 높아졌다. 협곡에 들어서면서 설산들이 연이어 나타났다. 다시 숨쉬기가 편치 않다. 그래도 설산들은 계속해서 다가왔다. 우리가 설산의 빙설들을 구경하기 위해 머문 곳은 해발 5,042m의 카뤄라 고개다. 카뤄라 고개는 랑카위 현과 장쯔 현 사이의 분수령이다. 카뤄라 고개에 도착해 버스를 내릴 때 호흡 이상을 느꼈다. 얼른 휴대용 산소통을 꺼내 산소를 마셨다. 카뤄라 고개 오른쪽에 있는 카루펑 산(6,629m)에서 흘러내리는 빙천을 감상했다. 대단했다. 그러나 머리는 무거웠다.

바람이 심한 데다 기온도 낮아 그리 오래 머물 수가 없다. 다시 길을 재촉했다. 카뤄라 고개에서부터 눈 녹은 물줄기는 우리를 계속 따라왔다. 카뤄라 고개는 내가 이제까지 밟아본 땅 중에 가장 높은 곳이다.

카뤄라 고개를 출발해 얼마 지나자 골짜기가 끝났다. 이제 물줄기는 커졌고 강을 끼고 드넓은 평원지대가 펼쳐졌다. 푸른 보리밭과 노란 유채꽃이 끝도 없이 이어진다. 가끔 작은 마을들이 나타났다 사라졌다. 카뤄라 고개를 출발한 지 한 시간이 좀 넘었을 때 오래된 큰 마을이 나타났다. 마을 중심에는 요새 같은 성곽이 우뚝 서 있다. 차마고도의 중요한 거점으로 알려진 장쯔다.

백거사, 티베트 불교의 각 분파들이 하나될 수 있을까

이곳 장쯔는 녠츄 강 중류의 북쪽에 있다. 고도는 4,040m이고 유구한 역사를 가진 고도다. 중간 경유지였던 카뤄라 고개에서 1,000m를 내려왔다. 고도가 낮아졌음에도 불구하고 우리 몸 상태는 좋아지지 않았다. 몇 사람은 아주 괴로워했다.

　장쯔는 티베트 제2의 도시 시가체가 발전하기 전까지만 해도 정치, 경제, 교통의 중심지로 번창했던 곳이다. 라싸를 비롯해 티베트 남부 도시인 야뚱과 시가체를 연결하는 교통의 요지였다. 그러나 얄룽창포 강 줄기를 따라 라싸와 시가체 간의 직통도로가 개통된 뒤부터는 도시가 쇠락하기 시작해 지금은 작은 고읍으로 남아 있다.

　장쯔 입구에서부터 눈길을 끈 요새에 대해 물었더니 이 벌판에 우뚝 솟아 있는 산은 쭝산이고, 이 성곽은 장쯔가 번성하였을 때인 14세기에 창건된 지방 영주의 성곽으로 간체종 요새라고 했다. 1904년 영국군 군대가 이곳 티베트까지 쳐들어와 치열한 전투가 있었다. 그러나 당시 부패한 청나라의 낙후한 무기로는 감당을 못해 결국 청나라 군대는 전멸했다. 또 같이 싸우던 티베트 민간인들도 이곳 간체종 요새에서 장렬하게 몸을 던져 최후를 맞았다. 그후 중국 정부는 이곳을 애국교육장으로 만들었다.

우리가 장쯔에서 유일하게 찾아 들어간 곳은 백거사(白居寺)이다. 입구에 도착하자 또 어린아이들이 떼로 몰려와 구걸을 했다. 구걸을 하는 정도가 심했다. 끝까지 들러붙거나 여성들한테는 가는 길을 막고 막무가내로 돈을 달라고 떼를 썼다. 사람들은 오랜 시간의 버스 여행과 고산증에 시달려서인지 백거사에 들어가서도 가이드의 설명은 대충대충 넘기고 그늘을 찾아 쉴 궁리만 했다. 이런 우리에게 한 승려가 밝은 얼굴로 다가와 백거사 중앙에 있

백거사의 펠코르체데 탑

는 펠코르체데 탑에도 올라가 보라고 권했다. 행색은 꾀죄죄한데 우리에게 제법 유창한 영어로 절 구경을 권유했다.

백거사는 티베트말로 펠코르체데이다. 원래의 한자 이름은 '吉祥輪勝樂大寺'라는 설명이 있었다. 이 백거사는 삼면이 산으로 둘러싸여 있었는데 뒤쪽으로는 장쯔의 붉은 옛 성곽 형태가 그대로 남아 있다. 탑은 높이가 35m에 이르고 9층탑으로 되어 있으며 맨 꼭대기 부분은 금박을 입혔다. 그 당시에는 금이 흔했던 것 같다. 이 탑 안에는 108개의 불전이 있으며 크고 작은 불상이 10만 존이나 모셔져 있다고 한다. 그러나 그 탑에 오르려는 일행은 없다. 심신이 모두 지쳐 보였다. 또 이 백거사에는 티베트 불교의 각 교파인 싸자파, 가쥐파, 겔룩파의 불전들이 모두

같이 있다. 이처럼 티베트 불교의 여러 교파가 하나의 사원을 중심으로 통일체를 이루고 있는 것도 백거사의 특징이다.

전날 라싸의 포탈라 궁과 드래풍 사원을 구경해서인지 아니면 몸이 피곤해서인지 백거사도 중요한 유적지라며 열심히 설명을 하는데 사람들은 관심을 보이지 않는다.

백거사를 나와 쫑산 기슭 아래 세워진 전쟁기념비와 기념광장을 스쳐 지나 오늘의 최종 목적지인 시가체로 향했다. 장쯔에서 시가체까지 강을 따라 가는 길은 평탄했다. 비록 4,000m의 고원이었지만 끝도 없이 이어지는 푸른 밀밭과 청보리밭, 너무도 예쁜 노란 유채꽃들이 나의 시각을 즐겁게 했다. 아내는 이곳의 유채꽃에 비하면 우리나라 제주도의 유채는 유채도 아니라고 했다. 아름다운 평원은 우리가 시가체에 당도할 때까지 이어졌다.

버스를 탄 시간을 어림잡아보니 점심을 먹은 랑카츠에서 장쯔까지 거리와 장쯔에서 시가체까지의 소요 시간이 비슷했다. 이곳 장쯔와 시가체 지역에서 나는 식량이 티베트 전체 생산의 60%를 차지한다고 한다. 그만큼 드넓은 농장지대가 이어졌다. 정말 대단했다. 이렇게 높은 4,000m의 고원지대에 이런 평야가 있다니… 또 푸른 들판을 화려하게 수놓은 유채꽃들이며 멀리 이 평원에 젖줄을 대는 설산들의 모습은 환상적이었다. 참으로 아름다운 자연이 내 영혼을 맑게 해주었다. 비록 지금 이 여행이 힘들긴 하여도 티베트에 오길 정말 잘했다는 생각을 거듭 거듭 하였다.

타실룬포 사원, 판첸라마를 내세워 달라이라마를 견제하다

장쯔를 떠난 지 1시간 반쯤 되었다. 평원의 끝에 큰 건물들이 보이고 사람들의 왕래가 잦아지는 도시가 나타났다. 오늘 밤 묵어갈 시가체다. 최군은 시가체는 고도가 3800m로 라싸보다 200m 가량 높지만 사람들이 활동하기가 좀 낫다고 했다. 아마 끝없는 들판에서 자라는 식물들이 배출한 산소가 도움을 주었을 것이라고 짐작했다.

문헌에 의하면 고대 티베트 민족의 전통적인 지역 관념에 따라 지금의 시가체 시를 축으로 하는 주변 일대를 '짱'(藏, 즉 티베트)이라고 부른다. 중국어로 티베트를 일컬을 때 '짱' 자를 사용하여 서쪽의 티베트 '시짱'(西藏)이라고 부르는 것도 이 때문이다.

시가체 시는 티베트에서 두 번째로 큰 도시다. 얄룽창포 강과 장쯔에서부터 따라온 녠추하가 만나는 충적평야에서 나오는 풍부한 곡식과 함께 인구가 약 10만 가까운 큰 도시일 뿐 아니라 티베트와 네팔을 이어주는 교통의 요충지다.

시가체에 도착하자 대표적 사원인 타실룬포 사원을 찾아갔다. 그런데 사원 입구에서부터 무슨 행사가 있는지 교통통제를 했다. 사원 입구에서 좌회전을 해서 차를 세웠다. 일행 중 일부는 도저히 견딜 수가 없다고 호소했다. 타실룬포 사원을 보지 않고 먼저 호텔로 가 좀 쉬겠다면서 아예 차에서 내리질 않는다. 휴식이 필요한 사람들을 태운 버스가 호텔로 떠나고 난 뒤 나머지 사람들은 사원을 향해 걷기 시작했다. 교통통제가 시작된 큰 길가에는 수많은 사람들이 나무그늘에 빈틈없이 앉아

가족 단위로 쉬고 있다.

노인부터 아이들까지 그냥 길바닥에 주저앉아 음식물을 먹기도 하고 대화를 나누기도 하는데 빽빽한 사람들에다 이 사람들을 상대로 먹을 것을 파는 행상까지 겹쳐 가히 인간시장을 방불케 했다. 티베트에 온 이후 최대의 인파를 만났다. 뿐만 아니다. 용변을 볼 데가 마땅치 않은지 남정네는 길가 아무데서나 바지를 내렸고 여자들도 조금 먼 곳으로 가서 엉덩이를 드러냈다. 냄새가 코를 찔렀다.

왜 이렇게 사람들이 몰려왔는지 이유를 물었다. 불과 일주일 전에 그 동안 북경에서 공부하고 있던 제11대 판첸라마가 돌아와 이곳 타실룬포 사원에 머물고 있다고 한다. 그래서 지방에 있는 티베트 사람

타실룬포 사원 내부

들이 가족 단위로 시가체로 몰려와 판첸라마를 보겠다며 기다리고 있단다. 티베트 사람들의 정신세계를 그 동안 자본주의를 살아온 나는 도저히 이해할 수가 없다.

타실룬포 사원은 티베트 라마불교 중 가장 교세가 큰 '겔룩파'의 양대 활불 중 달라이라마 다음 서열인 판첸라마가 있는 사원이다. 판첸라마는 이곳 시가체 지역 일대를 관장한다. 사원 안에는 1989년에 입적한 10대 판첸라마를 위해 중국 정부가 만들어준 금장 영혼탑이 있다. 여기

에는 황금 614kg과 각종 보석 1만 점이 들어갔다. 그야말로 초호화 금장 영혼탑이다. 중국 정부가 라싸의 포탈라 궁에 있는 5대 달라이라마의 영혼탑을 의식해 거금을 들여 지어준 것이다. 수많은 티베트 사람들이 10대 판첸라마의 영혼탑을 끝도 없이 합장을 하면서 돌았다.

중국 정부는 인도 북부 다람살라에 망명정부를 세우고 독립투쟁을 하고 있는 사실상의 티베트 불교 법왕인 14대 달라이라마를 배척하고 아직 어린 11대 판첸라마를 적극 지원하고 있다. 티베트 사람들의 정신적 지도자를 대체하려는 공작이다. 그렇지만 달라이라마 입장에서는 중국 정부가 옹립한 현재의 11대 판첸라마를 인정하지 못할 것이다. 실제로 베이징올림픽을 전후해 라싸에서는 수많은 인명이 희생되는 독립투쟁이 벌어졌다. 그러나 이곳 시가체 지역은 별다른 동요가 없었다니 시쳇말로 중국 정부의 꼭두각시 아닌가.

타실룬포 사원은 그 규모가 대단했다. 거의 모든 대전들의 지붕이 금박으로 씌어졌고 불전과 불당이 3,000곳이 넘으며 말사(末寺)가 51채에다 여기에 속하는 승려도 5천 명이 넘는다. 사원 뒤편에는 거대한 성벽같은 것이 있다. 그 안에도 부처가 있는데, 승려들의 수도장이다. 아마도 우리나라 스님들의 동안거나 하안거같이 수도를 위해 쓰이는 곳 같다. 가이드는 이곳을 쇄대불 담장이라고 했다.

중국 정부의 지원 아래 이곳 타실룬포 사원은 성장세를 보였다. 14대 달라이라마가 살던 포탈라 궁이 박물관으로 변신한 것과는 대조적이다. 사원이 번창하고 있음은 근처에 운집한 사람들만 보아도 알 수 있다.

여행 나흘째인 오늘이 가장 힘든 날이었고 최악의 컨디션이었다. 가장 긴 버스여행을 했고 5,000m가 넘는 카뤄라 고개를 넘어왔다. 저녁식사를 마치고 호텔에 돌아와 오늘 탈이 난 사람들 방에 가보니 3명 모두 링거 주사를 맞으며 잠들어 있다. 제발 아무 탈 없이 모두 같이해야 할 텐데 걱정이다. 우리 부부도 방으로 돌아와 지친 몸을 눕혔다.

시가체에서 라싸로, 조장터, 차마고도, 오체투지, 민가

아침식사를 하기 위해 식당에 가보니 어젯밤의 환자들이 모두 기력을 회복했다. 정말 다행이다. 티베트의 현지 의료진들에게는 고산증 치료를 위한 특별한 그들만의 처방이 있다. 나중에 호텔 프런트에서 계산할 때 보니 치료비로 1인당 중국돈 400위안, 우리 돈으로 8만원을 따로 받았다. 인솔자가 치료비는 한국에 돌아가 여행자 보험으로 처리해주겠다고 했다. 이래 저래 아침 9시가 넘어서야 호텔을 나섰다.

마마사로바 호텔을 출발한 버스는 도시 외곽으로 빠져나와 다시 라싸로 돌아가는데 어제와는 다른 길을 달렸다. 어제보다는 평탄한 길로 간다고 한다. 그래도 4,000m의 고산지대를 계속 달리는 것은 마찬가지다. 버스는 시가체 시를 벗어나자 곧바로 얄룽 창포 강을 따라 난 포장도로

마마사로바 호텔

를 달렸다. 얄룽창포 강은 라싸 쪽으로 흐르다가 취수이 현에서 라싸 강을 만나 티베트 남부의 국경을 넘어 인도와 방글라데시로 흘러간 뒤, 이름을 브라마푸트라 강으로 바꾸고 방글라데시의 수도 다카를 거쳐 인도양으로 흘러간다.

강가를 따라 이어지는 도로 양쪽으로 밀밭과 보리밭이 계속 이어졌다. S는 얄룽창포 강의 물을 끌어다 쓰기 위한 관개시설을 눈여겨보면서 중국의 농업기술도 상당한 수준에 와 있다는 평가를 했다.

출발한 지 한 시간 조금 지났을까 버스가 조그만 화장실이 있는 도로변에 멈춰섰다. 그곳에서 1시 방향에 작은 산봉우리가 있다. 최군이 저 봉우리가 조장(鳥葬)터고 시가체 지역에서는 하나뿐인 조장터라고 한다. 물론 조장터에 오르기도 힘들겠지만 우리 같은 외국인은 말할 것도 없고 티베트의 일반인들에게도 절대 공개를 하지 않는다고 한다.

시가체 인근 산봉우리에 있는 조장터

조장은 라마승 가운데 조장 전문가인 '조자바'에 의해 집행된다. 망자의 근친들은 조장터 근처에서 돌아가고 조자바들이 시체를 조장터로 옮긴 뒤 살갗을 벗기고 독수리가 먹기 좋게 뼈와 살을 발라놓는다. 내장과 골수들도 뿌려놓는다. 뼈는 빻아서 보리가루에 버무려 독수리밥을 만들어준다. 시신으로 배를 채운 독수리가 하늘 높이 나르면 망자의 영혼도 하늘을 향하며, 조장을

96

통한 마지막 선행으로 망자가 부활한다고 굳게 믿고 있다.

조장터를 한참 관찰하자 봉우리에 사람들이 움직이는 것이 보였다. 독수리 한 마리가 봉우리 위를 선회하면서 날았다. 독수리를 부르기 위해 약초 같은 것을 태워 연기를 피우면 멀리서 독수리들이 그 냄새를 맡고 몰려온다고 한다. 아니나 다를까. 봉우리에서 이내 연기가 오르고 또 한 마리의 독수리가 나타나 비행을 했다. 이미 시체 절단을 마치고 독수리를 부르는 것이다.

우리는 그곳에 마냥 지체할 수가 없어서 버스를 출발시켰다. 버스가 조장터 봉우리를 끼고 도는데 도대체 오르는 길이 보이지 않아 더욱 궁금했다. 조장터 앞을 떠난 지 얼마 되지 않아 길가 그늘에 버스가 멈췄다. 최군이 우리에게 수박을 대접하겠단다. 모두들 버스에서 내렸다. 여기도 우리와 비슷하다. 수박 재배농민이 사람의 왕래가 빈번한 길가에 판매대를 만들어 파라솔을 펴놓고 수박

강 건너 차마고도의 흔적. 왼쪽 중간에 사람이 있다.

을 판다. 그늘에서 수박을 먹었다. 수박이 사발만한 크기였지만 달고 맛있다.

수박을 먹고 쉬는데 동네 꼬마들이 손에 무엇을 들고 와 가이드에게 사라고 졸랐다. 자세히 보니 참외다. 그런데 동네 꼬마들과 현지 가이드가 의사소통이 전혀 안 되었다. 아이들은 티베트 말로 말하는데 가이드

가 티베트 말까지는 모르고 있었다. 가이드 설명으로는 티베트의 도시에 가면 그래도 중국말이 통하는데, 시골로 나오면 90% 정도가 중국말을 모른다는 것이다. 아직도 티베트 지역 전체로 보면 문맹률이 80%가 넘는다고 한다. 티베트 사람들이 꼭 독립을 해야 하는 이유가 아닌가.

라싸 쪽으로 길을 재촉하는데 넓은 평원을 흐르던 강폭이 좁아지면서 협곡들이 나타났다. 거대한 흙탕물이 빠른 속도로 협곡을 흐르면서 더러는 폭포를 이루기도 하고 깊고 큰 물돌이를 만들기도 했다. 강 건너에는 옛날 차마고도 시절부터 사용했음직한 작은 산길들이 이어졌다. 산비탈 길은 강 위로 출렁다리를 만들어 새로 난 포장도로와 길을 잇기도 했고 더러는 길이 끊긴 흔적도 있다. 실제로 우리가 달리는 이 새 길이 나기 전에는 라싸에서 시가체로 가는 길은 전날 우리가 넘었던 4,600m의 간바라 산을 넘어 장쯔를 경유하는 길이었다고 한다. 이 신작로 개설도 무척 힘든 난공사였으리라는 생각이 든다. 절벽을 절개해 길을 낸 곳이 많고 길 아래로 낭떠러지가 이어져 위험한 곳도 많다.

시가체에서 라싸로 가는 직행로에는 교통량도 생각보다 많다. 이 새 길이 나기 전까지는 고도(古都) 장쯔가 번성했다는 얘기도 설득력이 있다. 그런데 전날 시가체로 가는 길도 그랬지만 가는 곳마다 검문이 거듭되었다. 그때마다 가이드나 운전기사가 가서 신고를 하고 다시 출발했다. 북쪽의 우루무치 사태 때문에 그런 것인지 아무튼 검문이 좀 많다.

용변을 해결하기 위해 중간 지점에서 섰는데 우리 버스 옆에 대형 트럭 한 대가 멈췄다. 나는 차에서 내리지 않고 그 트럭의 운전석 내부를 들여다보았다. 운전석과 조수석 뒤에는 잠을 잘 수 있는 공간도 있다. 운전석 실내에는 냄비도 걸려 있고 여러 가지 살림살이들이 즐비했다.

워낙 오랜 시간 장거리를 달려야 하는 중국의 트럭 운전수들로서는 만반의 준비가 필요할 것이다.

휴식 후 다시 출발. 그런데 금방 사람들이 탄성을 질렀다. 반대편에서 실제 오체투지를 하는 사람이 오고 있다. 리어카 한 대가 앞서고 오체투지를 하는 사람이 그 뒤를 따른다. 몇 걸음을 한 뒤 몸을 길게 엎드려 온 몸을 땅에 던지는 오체투지 일행은 시가체 쪽을 향해 마치 슬로우 비디오처럼 다가왔다. 라싸에서 첫날 조캉 사원에서 오체투지를 보긴 했지만 외딴 시골길에서 TV에서나 보던 오체투지의 현장을 본 것이다.

왜? 성지를 향해 평생의 소원으로 수많은 시간을 들여 저렇게 죽음을 무릅쓴 고행을 하는 걸까. 무엇이 그들의 정신세계를 지배하는 걸까? 혹 지금 사는 현생이 너무 고달프기 때문에 돌아올 내세에 대한 기대가 너무 큰 건 아닐까?

조장 풍습도 그렇고, 멀고 먼 오체투지의 고행도 그렇고, 시가체의 타실룬포 사원 일대에 모여든 티베트 사람들도 그렇고, 그들의 독특한 정신세계는 21세기를 살아가는 나로서는 수긍하기가 쉽지 않았다.

이런 저런 생각을 하는데 민가를 방문한다며 길가의 조그만 마을 앞에 멈췄다. 가이드가 길가에 있는 집들은 전시를 위해 모두 중국정부가 지어준 것이고, 그 안에 들어가보면 도와주고 싶

티베트 오지 민가의 할머니와 손자

은 생각이 절로 날 거라고 했다. 우리 부부는 한국을 떠날 때 티베트 사람들을 주겠다고 준비해온 옷가지들을 전날 큰 가방에 둔 채로 가져오지 못했다. 다른 사람들은 학용품과 과자, 옷가지 등을 들고 나서는데 우리 부부는 아무것도 없다.

겨우 옆 사람의 도움을 받아 연필 몇 자루를 들고 차에서 내렸다. 그 민가에 가보니 좁은 마당에 마른 보릿대들이 깔려 있다. 마당 한 모퉁이의 외양간에는 소 몇 마리가 앙상한 몸체를 가누지 못하고 누워 있다. 살림집은 2층에 있는데 사다리를 타고 올라간다. 집에는 남자들이 안 보인다.

할머니가 어린손자를 안고 우리를 반갑게 맞았다. 내실 한쪽에는 불상이 모셔져 있다. 활불인 판첸라마를 모셔놓았다. 티베트의 모든 가정 집에는 이렇게 부처가 모셔져 있다고 한다. 그들에게 집은 가정이기도 하지만 불당이기도 하다. 나이를 종잡을 수가 없다. 얼굴이 너무 그을려 알아볼 수 없다. 야크차는 약간 짜고 비릿했지만 마실 만했다. 우리는 각자 준비해온 선물을 아기를 안고 있는 할머니에게 주었다. 할머니가 "짜시뗄레"를 연발했다. 선물을 받아 기분도 좋겠지만 할머니의 표정이 너무 밝다.

민가의 옥상으로 올라가 가옥의 구조를 살펴보았다. 집의 구조는 일단 돌과 벽돌로 2층까지 쌓아 올린 뒤 평평한 진흙 지붕을 얹어놓았다. 진흙 지붕 한쪽에는 배수구가 있다. 이곳은 강우량이 많지 않아 이런 평지붕이 가능할 것이다.

민가를 먼저 나와 길을 건너 밭이랑을 타고 약간 멀리 소변을 보러 갔다. 산에서 내려오는 물이 밭이랑 사이의 수로를 타고 조잘대며 흘렀다. 소변을 보고 돌아오는 길, 밭에 보라색과 하얀색이 잘 어우러진 무우 장다리꽃이 환하게 피었다. 꽃들이 예쁘다. 청보리와 유채꽃도 그렇고 이곳의 7월은 우리의 봄날과 같다. 나는 장다리꽃 하나를 따다 버스에 있는 아내에게 바쳤다. 모두들 부럽다고 야단이다.

암트록쵸 발전소, 세계에서 가장 높은 곳의 수력 발전

협곡지대를 지난 야룽창포 강은 다시 평원을 만나면서 라싸 쪽으로 쉼 없이 흐른다. 얼마쯤 지났을까… 그리 오래지 않아 전날 우리가 넘어갔던 간바라 산이 강 너머로 보인다. 그런데 간바라 산 한쪽 끝에서 길고 큰 파이프가 강 쪽으로 깔려 있다. 마치 우리나라 정읍의 칠보수력발전소 같다. 그러나 그 규모는 비교도 안 될 정도로 웅장하다. 나중에 알아보니 그곳은 암트록쵸(羊湖) 발전소였다(암트록쵸 호수를 중국어로 羊湖라고 표기한다). 우리가 본 암트록쵸 호수와 얄룽창포 강 사이에 간바라 산이 있고 호수와 강 사이의 가장 가까운 거리가 6km다. 그래서 암트록쵸 호수의 물을 끌어와 얄룽창포 강으로 떨어뜨리는데 호수와 강의 낙차가 840m나 되고 수량 역시 풍부하다. 발전 용량은 9천만 킬로와트로 티베트 남부의 주요 에너지 공급원이다. 현재까지는 세계에서 가장 높은 곳에 위치한 수력 발전소다.

　암트록쵸 발전소를 지나자 전날 건넜던 다리와 수장터가 멀리 보인다. 점심을 먹기 위해 라싸의 바로 아랫동네인 취수이 현에 멈췄다. 여행 계획서에는 현지식이라고 되어 있지만 대부분 중국 음식이다. 티베트 고유음식은 맛보기 어렵다. 한족은 큰 자본을 들여다 티베트 곳곳에 대형식당을 차려놓았다. 여행사는 단체 관광객의 편의를 위해 그곳에 갈 수밖에 없다.

취수이 현에서 점심을 먹고 버스에 오르는데 우리 팀의 유일한 대학생인 김군이 검정색 야크가죽 모자를 20위안에 샀다면서 싱글벙글이다. 모자를 판 아가씨는 김군이 맘에 들어 그런 건지 물건을 팔아 좋아서인지 가게 앞까지 나와 활짝 웃었다. 자칫 충동구매가 일어날 뻔했다. 그 모자가 좋아 보여서인지 몇몇이 출발하려는 버스를 다시 세우려고 했다. 내가 그러지 말고 라싸의 큰 시장에 가서 사자고 달랬다.

버스가 취수이 현 외곽에 있는 검문소에서 멈췄다. 의례적인 검문이려니 했는데 그게 아니고 속도위반에 걸렸다. 적당히 해결되겠거니 하고 기다리는데 그게 아니다. 시간이 제법 걸렸다. 붙잡아도 그냥 가버리지 왜 섰을까, 라고 말하자 L이 말하기를 수년 전 소주에서 공장을 할 때 본 건데 정지명령을 했는데도 그냥 가다 잡히면 중국 경찰이 운전기사를 개 패듯이 때린다고 했다. 그래도 이곳의 공권력은 기강이 서 있다. 스피드건을 노트북 PC에 연결해 속도위반을 적발하는데, 이미 PC에 저장되어서 봐줄 수가 없단다. 벌금 300위안이 떨어졌다. 중국도 이제는 오지에까지 노트북 PC를 가지고 교통위반을 적발하는 수준이 되었다. 또 적당히 보아주기가 통하지 않는다니 몇 년 사이에 엄청난 개혁을 했다. 그 동안 잘 웃던 운전기사의 표정이 어두워졌다.

오후에는 라싸 입구에 있는 티베트 전통찻집에 들렀다. 모두들 한국에 돌아가 지인들에게 나눠줄 선물에 신경을 썼다. 찻집의 한쪽 방으로 안내된 우리는 중국차에 대한 설명을 듣고 여러 가지 차를 마셨다. 이어 여기저기서 차를 주문했다. 나도 티베트 야생 녹차에 관심이 있어 값을 물었다. 제법 비쌌다. 그런데 웬일인가. 어제까지 기진맥진하던 장선생이 찻값을 거의 3분의 1 수준으로 후려쳤다. 그 가격이라면 사겠단다. 물론 안 된다고 했다. 그런데 우리가 자리를 뜨려고 하자 같은 종류로 5개 이상 사면 그 가격에 팔겠다고 하지 않는가. 장선생의 할인 실력에 모두들 놀랐다. 나도 장선생 덕을 좀 보았다.

우리는 전통찻집을 나와 전에 묵었던 강소생태원 호텔로 와서 방 배정을 받았다. 이번에는 2층 객실이 배정되었다. 호텔에 맡겼던 큰 가방들을 다시 찾아 짐 정리를 한 뒤 다시 로비로 나가 버스를 기다렸다. 그런데 언제 정보가 샜는지 모자장수가 모자를 들고 로비에 있는 우리 앞에 나타났다. 알고 보니 버스 운전수가 자기 친구에게 연락을 해 모자를 가져오게 한 모양이다. 한 개에 25위안씩, 제일 먼저 마스코트 호준 군이 5개를 샀다. 할아버지, 아버지, 담임 선생님 등에게 선물할 거라면서. 기특했다. 몇 사람도 따라서 모자를 샀는데 우리 동창생 홍여사가 나도 하나 사주었다. 객지에서 횡재했다.

저녁은 라싸 시내에 있는 한식집 '아리랑'으로 가서 삼겹살과 김치, 된장찌개를 먹었다. 입맛이 돌아왔다. 그런데 라싸에 도착해 또 한 명의 환자가 발생했다. 이분도 이곳 호텔의 의무실 신세를 지며 저녁식사에 나타나지 않았다.

저녁식사 후 나는 라싸의 마지막 밤을 그냥 보내기 아쉬워 몇 사람을 호텔 근처 강가의 카페로 불러 맥주를 마셨다. 그런데 홍여사가 삼촌이라는 사람이 사실은 천주교 신부라고 했다. 어떻게 알았느냐는 질문에

라싸로 오는 비행기의 옆 좌석에 앉았는데 하는 행동이 영락없는 신부
님 같아 본인에게 확인했더니 어떻게 알았느냐며 시인했단다. 홍여사,
길은 잃어버려도 눈썰미 하나는 좋다. 우리는 어두워진 강가를 걸어 호
텔로 돌아와 티베트의 마지막 밤 속으로 들어갔다.

칭짱 열차, 고원을 달리고 또 달리다

아침 8시 30분에 출발하는 T28 칭짱 열차를 타기 위해 적어도 8시까지
는 라싸 역에 도착해야 한다. 아침식사를 하는데 이제까지 잘 견뎠던 호
준 군 할머니가 탈이 났다고 한다. 밤새 화장실에 들락거렸고 아침을 걸
렀다. 급성 장염 증세가 보인다. 영 말씀이 아니다. 전날 시가체에 다녀
오던 날, 호텔 로비에 있는 음료수대에서 물을 마신 것이 아무래도 좀
이상하다고 한다.

가이드에게 그 동안 우리를 위해 애썼다는 치하를 하고 혹시 치료비
와 산소 값은 제대로 받았느냐고 물었다. 울상을 지으며 산소 값이 3개
가 부족하단다. 식당에서 일행에게 산소값들을 잘 계산했느냐고 물었을
때 모두 계산을 했다고 했다. 산소 부족으로 모두 제정신들이 아니다.
자기가 산소를 몇 개 썼는지도 모른다. 어린친구가 여기까지 와서 애쓰
는데 손해를 입혀서는 안 되겠다는 생각이 들어 라싸 역으로 가는 버스
에서 내가 최군에게 모자라는 산소값을 주었다. 얼마 후 L 부인이 내가
준 돈을 거두어 가지고 왔다. 좀 쑥스러웠다.

호텔을 출발한 지 20분 정도 지나 좀 특이한 건축양식을 가진 라싸 역에 도착했다. 여기도 공안들이 쫙 깔렸다. 경비가 삼엄했다. 우리는 라싸 역에서 그 동안 우리를 위해 헌신적으로 애쓴 현지 가이드 최군과 작별했다. 최군은 같은 날 저녁에 또 다른 한국 관광객을 맞아 계속 바쁠 예정이다.

라싸 역에서부터는 현지 여행사의 다른 가이드인 이군이 우리를 안내했다. 이군은 최군보다 한 살 위고 역시 중국 동포다. 고향은 연변이고 광주 조선대학에서 1년간 유학했다. 내가 최군하고 고향이 같다고 했더니, 아니란다. 자기는 연길 시내고 최군은 용정 출신이라고 한다. 최군을 자신보다 촌놈이라고 생각하나 보다. 우리 젊었을 때와 비슷해서 잠시 웃었다.

칭짱 철도의 출발점. 라싸 기차역

그런데 우리 일행의 기차표가 일관되지 않아 문제가 생겼다. 나중에 안 일이지만 칭짱 열차의 1등칸인 4인 1실의 표를 구하기는 하늘의 별따기란다. 그래서 현지 여행사는 요금보다 훨씬 많은 웃돈을 주고 표를 구한다. 일단 열차에 오른 뒤 이군이 이리저리 뛰어다니며 애쓴 보람이 있어 우리 자리가 잘 정리되었다.

몇 년 전 우루무치에서 돈황까

칭짱 열차의 특등실

지 장시간 기차여행을 했을 때도 그랬지만 중국 침대열차 특등실인 4인 1실은 내용이 좋다. 실내가 깨끗하고 창가 조그만 탁자 위의 화병에는 생화도 있고 벽에는 TV도 걸려 있다. 2층의 침대 머리맡에는 산소 배출구도 있다.

열차는 8시 30분에 정시 출발했다. 많은 추억을 만들어준 라싸를 떠난다는 아쉬움도 있지만 그토록 타보고 싶던 칭짱 열차가 출발한다는 기대가 그 아쉬움을 덜어주었다.

칭짱 열차는 칭하이 성에서 시짱까지 연결되는 열차를 약칭을 따서 칭짱 열차라고 부른다. 정확하게 2001년 6월 29일 착공하여 2005년 10월 15일에 완공했고, 칭하이 성의 거얼무에서 티베트의 수도 라싸까지 1,142km의 거리다. 이 구간의 교량만도 640개에 이르며 철도의 고도는 80% 이상이 4,000m가 넘는다고 하니 얼마나 힘든 공사였는가는 가히 짐작이 간다.

우리가 탄 T28 여객열차는 모두 15량이고 한 번에 900명이 탄다. 특등석인 4인 1실은 2량이며 1량에 8실로 32명이 정원이고, 2등석인 6인 1실은 모두 48명이 정원으로 7량, 그리고 나머지는 일반석이다. 기차의 속도는 시속 80km에서 최고 160km까지 낼 수 있으나 대개 100km를 전후해 달린다. 중국 여행을 하면서 가끔 느끼는 것이지만, 이런 대형 토목공사를 해낸 것을 보면 중국 사람들 참 대단하다는 생각이다.

칭짱 철도는 티베트를 여행하는 사람들에게 대단한 선물이다. 그러나 티베트 민족에게는 이 철도를 통한 중국화의 촉진으로 티베트 고유의 특징을 말살시키는 한맺힌 철길이 될 수도 있을 것 같다.

다른 얘기지만 중국의 티베트 침략은 우리와도 연관이 있다. 1950년

6월 북한이 남침을 하자 미국과 유엔의 즉각 참전으로 공산군이 압록강까지 패퇴했다. 그러자 중공군이 전쟁에 개입해 인해전술로 압록강을 넘어 남쪽으로 밀고 내려오자 연합군은 '흥남철수'와 '1·4후퇴'를 했다. 세계의 이목이 한반도에 집중되었을 바로 그때, 모택동은 1년 전부터 공작해오던 티베트 침공을 완성시키기 위해 군대를 증파해 티베트를 완전히 점령해버렸다. 당시만 해도 티베트는 세계인의 관심 밖이었다.

열차가 출발하자 나는 한국에서 준비해온 중국 지도를 펼쳐놓고 그동안 우리가 지나온 곳들을 설명해주었다. 시안에서 비행기를 타고 탕구라 산맥을 넘어 라싸로, 장쯔와 시가체로, 또 시가체에서 네팔로 가는 길 등. 그리고 앞으로 갈 곳도 일러주었다. 지도를 펴놓았는데 중국 땅 옆의 우리 한반도가 너무 작아 보였다.

열차 안 표지판이 열차의 현재 고도와 바깥 온도를 알려준다. 칭짱 열차에는 산소가 계속 공급되기 때문에 안에서는 절대 금연이다. 애연가들이 걱정이다. 마스코트 호준 군이 이방 저방을 돌아다니며 서로 맛있는 것들을 날라다 주었다.

열차는 온천지대로 유명한 양바징(羊八井) 역을 지나치고 한참을 가다 당슝(當雄) 역에서 반대쪽으로 오는 열차와 교행을 위해 잠시 정차했다. 물론 열차문은 안 열렸다. 차창 왼쪽으로 멀리 녠칭탕구라 산맥의 설봉들이 보인다. 당슝 역을 감싸고 있는 드넓은 초원은 끝이 없다. 당슝 고원에는 고원에서만 생존이 가능하다는 야크와 양떼들이 한가로이 풀을 뜯고 있다. 당슝 고원은 라싸 지역 최대의 목장지대다.

당슝 역을 출발한 뒤 바로 옆의 식당 칸에 가서 맥주를 사다 마셨다. 한 병에 10위안. 남은 과자와 술안주가 될 만한 것들을 모아 맥주를 마시니 긴장감이 조금 덜어졌다. 부인들은 커피를 마시겠다고 해 보온병을 가지고 가 뜨거운 물을 받아다 주었네.

현지 시간으로 낮 12시가 채 되지 않았는데 이군이 각 방을 돌며 점심 도시락을 나누어주었다. 그런데 우리방의 두 여자 분은 컵라면을 먹겠단다. 결국 도시락 2개는 버렸다. 다른 방에서는 아예 손도 대지 않고 버렸다. 쓰레기통에 가보니 포장도 뜯지 않은 채 버려진 도시락이 많다. 점심을 마치고 난 뒤 나는 인솔자와 가이드를 불러 이렇게 먹지도 않을 걸 무조건 시키지 말라고 했다. 희망자에 한해서 도시락을 주고 다른 메뉴가 있으면 그걸 대신 주문해주라고 했다. 그들은 금방 수용했다.

점심을 먹고 얼마 되지 않아 열차가 나취(那曲) 역에 섰다. 이 역에서는 내리고 타는 여객이 많다. 잠시 열차가 정차하는 사이 애연가들은 참았던 니코틴을 마음대로 섭취했다.

나취 읍은 옛날부터 북부 티베트에서 가장 중요한 교통의 요지이자 유통의 중심지다. 지금도 티베트에서 칭하이 성과 쓰촨 성으로 가는 도로의 분기점이다. 나취는 그 옛날 실크로드에서 토번국에 이르는 길목에 자리한 주요 나루터였다. 한때는 나취를 흐르는 강물이 검다하여 이곳을 헤이하(黑河)라고 부르기도 했다. 기록상으로 이곳에 사람들이 모여 살기 시작한 것은 18세기 중엽부터이고, 현재는 상주 인구가 1만 명이 넘고 유동인구도 많은 티베트 북부의 주요 도시다. 도시 외관과 생활 여건이 균형 있게 성장하고 있는 고원의 신도시다.

나취 역을 떠난 기차는 다시 끝도 없는 고원을 달렸다. 기찻길가에는 낮은 키의 들꽃들이 나와 반기며 나그네의 여심을 훈훈하게 해준다. 열차가 상대편에서 오는 열차와 교행을 위해 호수가 있는 역에 정차했다. 취나후(錯那湖) 역. 칭짱 철도의 정거장 가운데 유일하게 호수를 끼고 있다. 정거장의 표지판을 보니 고도가 4,594m이다.

취나후는 백두산 천지보다 2배나 높은 곳에 자리한 호수다. 푸른 물빛의 취나후를 감싸고 있는 산 위로는 하얀 뭉게구름이 덩실덩실 떠돈다. 취나후는 그리 큰 호수는 아니다. 호수의 끝이 보인다. 그렇지만 신께서 지구상에서 가장 성스러운 땅, 이곳 티베트의 고원지대에 떨어뜨린 눈물 한 방울처럼 맑고 아름답다. 취나후에 취해 한참을 바라보는데 갑자기 오래 전에 돌아가신 아버지 생각이 났다.

"아버지! 생각만 해도 가슴이 아려옵니다.

오늘 이 행복 이 즐거움 속에 갑자기 아버지가 생각납니다.

어릴 적부터 공부는 안 하고 딴 짓거리만 하려던 저를

끝까지 붙잡아주고 바르게 키워주신 아버지.

취나후와 역 표지판

제가 정상적인 사회인으로 성장하도록 지극정성을 다하셨던 아버지!

유난히 자식 사랑이 깊으셨던 아버지!

이제 60이 넘어 아버지의 넓고 깊은 은혜를

이곳 티베트의 아름다운 풍경을 보면서 새삼 되새깁니다.

저의 오늘은 모두 아버지가 하늘에서 내려주신 것입니다.

아버지! 정말 감사합니다. 고맙습니다."

갑자기 가슴이 뜨거워지면서 눈시울이 적셔진다. 옆의 아내는 피곤한지 졸고 있다. 남편의 격정을 읽을 리가 없다.

애연가들 입장에서는 기차가 멈출 때마다 담배를 피었으면 좋겠지만 상대편 열차가 언제 올지 몰라 그런지 열차의 출입문은 쉽게 열리지 않는다. 취나후 역에 머물던 열차가 움직였다. 아름다운 취나후는 점점 멀어져갔다.

칭하이 성에서 티베트로 가는 도로 칭짱공로

언제 다시 열차가 멈출지는 알 수 없다. 칭짱 철도의 정차역은 아무리 간이역이라도 역과 역 사이의 거리가 최소한 100km는 될 것 같다. R이 자기만 술 살 기회가 없었다고 우리를 식당 칸으로 이끈다. 식당 칸에는 이미 많은 중국 관광객들이 음식을 사먹으며 수다를 떨고 있다. 달리는 차 안에서 마시는 맥주는 더 맛있다. 그것도 얻어먹는 술은…

기차는 북 티베트의 관문 안둬(安多) 역을 지난다. 고도계는 4,800m를 가리키고 있다. 외계 온도는 대낮인데도 섭씨 12도. 시속은 86km다. 오르막을 달리는 것 같다. 안둬는 티베트의 현(縣)급 도시 중에서 가장 높은 곳에 있다. 우리가 달리는 칭짱 철도를 따라 철도보다 훨씬 먼저 길이 트였을 도로가 멀리 가까이로 동행한다. 사람들은 이 도로를 칭짱 공로(靑藏公路)라고 부른다.

안둬 역을 지나 얼마 후 기차가 서행한다. 칭짱 철로 가운데 가장 높은 곳에 위치한 정거장인 탕구라 역을 아주 서서히 통과하는 중이다. 역 플랫폼에 세워진 안내판에 고도 5,072m가 적혀 있다. 칭짱 철도 중에서 가장 높은 지점이다. 그러나 이곳에는 사람이 살지 않아 무정차역이다. 이곳은 칭짱 철도 완공기념탑과 함께 세워진 기념역이다.

기차도 고개를 넘었다. 이제부터 내려가는 길이다. 우리가 진행하는 왼쪽으로 눈 덮인 탕구라 산맥의 설봉들이 끝도 없이 이어진다. 그런데 기차가 탕구라 역을 지난 뒤부터 철로 부근에 시멘트로 만든 지주가 이어졌고 지주에 철망을 친 뒤 부직포 같은 것을 걸어놓았다. 우리는 동물들이 철길에 왔다가 희생당하는 것을 방지하기 위한 동물 보호대일 것이라는 의견을 나눴다.

양쯔강 발원지인 퉈퉈하와 설산들

가이드 이군은 고원지대에는 바람이 아주 세기 때문에 바람을 타고 모래들이 날아와 모래톱을 만들어 철길을 덮기도 하는데, 이를 방지하기 위한 방사벽이라고 했다. 실제로 방사벽 근처에 상당량의 모래가 쌓여 있는 모습이 보였다.

기차는 이미 티베트를 떠나 칭하이 성 구역에 접어들었다. 식당 칸에서 맥주를 마신 나는 졸음이 와 먼저 일어났다. 내 자리로 돌아오다가 대학생 조카와 같이 여행 온 신부님을 만났다. 신부님은 복도에서 차창 밖의 풍경들을 무심히 바라보고 있다. 내가 먼저 말을 걸었다.

"신부님! 참 아름답죠?"

"정말 대단합니다. 제가 유럽에 공부하러 가 몇 년간 머물렀는데, 그때 유럽 여행 좀 했습니다."

"그럼 알프스하고 이곳 티베트를 비교하면 어때요?"

거얼무 역 표지판

"글쎄요. 알프스의 설산들은 섬세한 아름다움이 있지요. 그런데 이곳 설산들은 그 규모가 거대하고 끝도 없어 장엄하다고 할까요. 이렇게 높은 곳에 있는 지평선을 저는 처음 봅니다. 정말 스케일이 다르네요."

"저도 알프스를 가보았지만 티베트는 정말 대단하죠?"

"그럼요. 제가 그 동안 몸은 힘들었지만 정말 좋은 여행 합니다."

신부님과 대화를 나누고 있는데 이군이 다가와 조금 전에 지나간 강이 양쯔강의 발원지인 퉈퉈하라고 알려주었다.

다시 침대칸으로 돌아와 차창 밖을 보는데 왼쪽 멀리 야생 당나귀 무리들이 노닌다. 여기가 커커시리 자연보호 구역이고 야생 당나귀 말고도 야생 야크도 있는데 어떤 놈은 무게가 1,000kg이 넘는다고 한다.

가이드와 인솔자가 저녁식사 주문을 받았다. 우리는 밥 대신 대용식 빵 2봉지와 맥주 2병을 주문했다. 점심때와 같은 낭비를 막아야 했고 가지고 온 컵라면을 처치하기 위해서다. 온수대에 가 뜨거운 물을 받아왔다. 저녁으로 빵이 나왔는데 빵 봉지가 터뜨리기가 힘들 정도로 부풀어 있다. 주문한 맥주가 떨어졌다며 그 대신 달작지근한 차가 나왔다. 컵라면 국물에 빵을 적셔서 라면과 함께 먹었는데 괜찮았다. 다른 칸에서도 도시락 대신 빵을 주문했다. 저녁을 먹고 나서 이군에게 칭짱 철도의 끝점인 거얼무 역에는 언제 도착하느냐고 물으니 밤 11시가 되어야 할 것 같다고 한다. 기차는 계속 원의 중심을 달렸다.

날이 저물기 시작했다. 땅거미가 길어지고 어둠이 묻어오는데 차창 오른쪽으로 새로운 설산들이 다가왔다. 중국의 고대사에도 나오는 전설적인 쿤룬 산맥이다. 쿤룬 산맥은 전설 속을 헤집고 나와 하얀 산들을 머리에 이고 나와 함께 산과 산을 타며 계속 달렸다. 정말 장관이다. 가슴이 후련했다.

쿤룬 산맥이 시야에서 멀어지자 짙은 어둠이 사방으로 내려왔다. 기차는 어둠 속을 쉼없이 달렸다. 나는 2층 침대에 올라 뒤척이다 잠이 들었다. 얼마쯤 잤을까.

칭짱 철도의 종점 거얼무(格爾木) 역이다. 애연가인 K가 재빨리 기차에서 내렸다. 나도 따라 내렸다. 바깥공기가 차갑고 바람이 심했다. 플랫폼엔 우리 애연가들이 다 모였다. 50대 중반의 두 여자친구도 얼굴을 돌리고 맛있게 담배를 피웠다. 마스코트 호준 군이 이리 뛰고 저리 뛰며 제일 좋아했다. 하루 전까지만 해도 빌빌하던 녀석이다. 개찰구 근처에는 야식을 파는 가게도 있다.

여객들도 많이 내리고 많이 탔다. 역의 안내판은 2,892m의 고도를 표시한다. 기관차에 주유를 하는지 아니면 기관차를 바꾸는 것인지 시간이 꽤 걸렸다. 밤 11시 30분이 다 되어서야 기차가 움직였다. 2층 침대에 올라 잠을 청했다. 잠자리가 편했던지 바로 잠이 들었다.

여명이 밝아오자 잠에서 깨었다. 한국에서 더러 지방 출장을 갈 때 야간 침대차를 타면 철도 레일의 이음새 때문에 덜컹거려 쉬 잠을 못 이루었는데 그런 게 전혀 없다. 잠을 잘 잤다. 같은 방의 K는 먼저 일어나 복도에서 차창 밖의 풍경을 즐긴다. 이내 다른 문들이 열리고 부스스한 얼굴들을 내밀며 서로 아침 인사를 한다. 열차의 고도판을 보았다. 아직도 3,150m를 가리키고 있다.

거얼무 역이 2,892m라서 계속 내려가기만 한 줄 알았는데 그것도 아니다. 오른쪽 창 너머로 멀리 거대한 호수가 보인다. 호수의 끝이 안 보였다. 중국 최대의 소금 호수인 칭하이 호(青海湖)다. 호수의 고도는 3,200m라고 한다. 중국은 뭐든지 크다.

몰골을 보니 말씀이 아니다. 면도는 포기한 채 양치를 하고 세수를 했다. 그때 가이드가 찾아와 아침인사를 하며 오전 9시 반경에 칭하이 성의 성도인 시닝(西寧)에 도착한다고 알려주었다. 또 지금부터는 열차 내 산소 공급이 없으니 객차의 연결 부분에서는 담배를 피워도 된다고 했다. 애연가들 얼굴이 환해졌다. 아침은 쌀죽이 나와 중국 짜짜이와 함께 먹었다.

시닝, 초대 달라이라마 쫑카바를 모신 타얼스

시닝에 가까울수록 제법 큰 마을들이 나타났다. 푸른 보리밭과 유채꽃이 들판을 수놓았다. 우리를 태운 T28 열차는 9시 20분이 조금 넘어 우리를 시닝 역에 내려놓았다. 오랜만에 도시의 땅을 밟았다. 그 동안 고산증으로 고생했던 분들도 상태가 나아졌다. 시닝은 고도가 2,100m이며 인구는 200만 명이 넘는다. 4,000m 고지를 엿새간 헤매다 2,000m 대로 내려왔다. 많이 내려왔지만 그래도 높은 편이다.

티베트와 칭하이 성의 지형을 보면 서고동저(西高東低) 현상이 나타난다. 티베트의 고원지대애서 발원한 양쯔강이나 황하가 칭하이 성과 쓰촨 성을 거쳐 흐르기 때문에 칭하이 성은 습지가 많다. 건조했던 티베트와는 기후가 완전히 다르다.

시닝의 날씨는 구름이 짙게 깔렸고 비가 내릴 것 같다. 시닝에는 티베트 사람인 장족 이외에 회족도 살고 있다. 어느 건물에 '시닝회족중학'이라는 간판이 크게 걸렸다. 길거리에도 빵떡모자를 쓰고 다니는 회족들이 눈에 띄었다.

지난해 라싸에서 티베트 독립을 위한 투쟁이 있을 때 시닝에서도 큰 소요사태가 있었다. 본래 시짱은 물론 이곳 칭하이 성 전부와 신장성, 쓰촨성, 윈난성, 깐수성의 일부 까지도 티베트 사람들의 땅이었다. 옛날에는 이러한 티베트 땅을 가르켜 대장구(大藏區)라 했으며 중국 전체 면적의 4분의 1이 티베트 땅이었다. 그 동안 중국이 티베트를 얼마나 잠식하고 약화시켰는지 짐작이 간다.

이 거대한 땅에 숨어 있는 무궁무진한 지하자원과 중국 양대강인 황화와 양쯔강의 발원지인 티베트의 풍부한 수자원이 앞으로 중국 경제발전에 미칠 영향은 상상이 안 된다. 중국이 티베트를 포기할 수 없는 또 다른 이유일 것이다.

우리는 시닝 최대의 사원인 타얼스(塔爾寺)로 향했다. 버스는 시닝 시내를 빠져나와 외곽 고속도로를 달렸다. 유채꽃이 만발한 들판을 가로질러 시닝 역을 출발한 지 한 시간쯤 지나 우리를 타얼스 앞 주차장에 내려주었다. 먹구름은 이내 비가 되었다. 주차장에서 타얼스로 가는 길목에는 각종 가게와 노점상이 즐비하다. 우리는 우비를 쓰거나 우산을 들고 타얼스 안으로 들어갔다. 우중인데도 관광객이 꽤 많다.

비 오는 타얼스 입구

타얼스는 중국 라마 불교의 6대 사원 중 하나로 초대 달라이라마로 추앙받은 쭝카바를 모신 사원이다. 티베트 족과 한족 모두의 성지다. 일행은 그 동안 많은 사원들을 본 탓인지 가이드가 타얼스에 대해서 열심히 설명을 해도 건성건성이다.

타얼스 대불당 안에는 나한상을 수놓아 만든 거대한 탕카가 108개나 걸려 있어 보는 이를 감탄시켰다. 나는 불당에 들를 때마다 야크 버터로 만든 촛불과 향료를 태우는 냄새 때문에 속이 좋지 않았다. 고산증에도 견디었던 머리까지 아파왔다.

　타얼스를 나오다가 길가 좌판에서 감자를 사서 나누어 먹었다. 시장
했던지 맛이 있었다. 다시 시닝 시내로 나와 점심을 먹으러 갔다. 시닝
의 거리 모습은 변방의 도시답게 소박했다. 늦은 점심을 마친 우리는 버
스를 식당 주차장에 둔 채 우산을 쓰고 재래시장을 찾았다. 이곳에서 살
만한 물건 중에 야크뿔로 만든 빗이 있다고 했는데 재래시장으로 가는
길 왼편에 한문으로 '한국성'(韓國城)이라는 간판이 보였다. 그 밑에는
한글로 '남한의류전문점'이라 쓴 옷가게가 보였다.

　반가웠다. 이곳에도 대한민국의 상품이 좋은 대접을 받고 있다. 재래
시장에 간 일행은 야크뿔로 만든 빗을 선물용이라며 경쟁하듯이 샀다.
그러나 빗을 제외하고는 마땅히 살 만한 물건은 없었다.

　재래시장을 들러본 후 버스는 시닝 공항으로 향했다. 중국의 최종 기
착지인 시안으로 가는 비행기를 타기 위해서다. 시닝 공항에 내려 이틀
동안 우리를 위해 애쓴 이군과도 작별했다. 이군은 다시 라싸로 돌아간
다. 칭짜 열차 여행을 하는 동안 그에게서 많은 도움을 받았다.

　시닝 공항에는 계속 비가 내렸다. 공항 대합실에서 비행기 보딩 티켓
을 들고 탑승을 기다리는 사이 부인들은 기념품을 샀다. 아내도 작은 손
자에게 주겠다며 펜더곰 인형이 붙은 작은 가방을 하나 샀다. 이곳 칭하
이 성은 중국이 자랑하는 펜더곰의 서식지가 30 군데나 된다.

　그런데 비행기가 출발 시간인 오후 6시가 지났는데도 소식이 없다.
결국 예정 시간보다 1시간 넘게 연발해 7시 20분에 우리를 태운 중국
비행기 ZH9836은 빗속의 시닝 공항을 이륙했다.

비행기에서 일행의 좌석은 여기저기 흩어져 이산가족을 만들어놓았다. 모두들 비행 시간이 1시간 정도이니 그냥 가자는 듯 좌석을 바꾸지 않았다. 물론 나도 아내와 떨어졌다.

우리가 시안의 함양 공항에 도착한 시간은 저녁 8시 반이 넘어서였다. 시안 가이드 김여사가 마중 나왔다. 지난 번보다는 표정이 밝다. 그런데 티베트로 출발하기 전 예약해놓은 저녁식사가 문제가 되었다. 우리가 찾아갈 시안의 만두집 '덕발장'의 영업시간은 10시까지이고 버스는 빨라야 9시 반쯤에 도착할 것이란다. 그래도 시안 시내로 가 종각 근처에 있는 덕발장으로 갔다.

식당에 가니 1층은 이미 영업이 끝났고 우리는 2층으로 안내되었다. 자리에 앉자마자 종업원들이 미리 준비한 만두를 계속 내놓기 시작했다. 퇴근길이 바쁜지 음식이 너무 빨리 나왔다. 서로 대화할 시간도 없이 18가지의 만두를 먹었다. 먹는 중간에는 그 맛이 그 맛 같았다. 음식을 가져다주는 사람도, 먹는 사람도 너무 서둘렀다. 저녁식사를 마치고 근처의 야시장을 보기로 했지만 비가 와서 그냥 호텔로 갔다.

이번 여행의 마지막 밤을 보낼 호텔은 5성급의 시안 쉐라톤 호텔이다. 역시 호텔 규모가 종전보다는 컸고 시설도 좋다. S는 인천공항을 출발할 때 그곳에서 발렌타인 한 병을 사가지고 왔다. 그의 생각으로는 도착한 날 저녁에 우리끼리 단합대회를 하면서 마실 계획이었다. 그런데 고산지대에 가기 전에 음주는 무리라는 가이드의 충고 때문에 마시질 못하고 이제까지 들고 다녔다. 현지 가이드에게 호텔에 얘기해서 얼음을 가져오도록 부탁했다.

밤 11시. 각자 안주감이 될 만한 것을 가져와 17년산 양주를 따라 티베트의 무사여행을 자축하며 건배했다. 인솔자도 신부님도 50대 중반의 여자 친구들도 맛있게 마셨다. 양주는 쉽게 바닥이 났지만 술자리는 12시가 넘어 새로 1시가 되어서야 끝났다.

슬픈 티베트

알콜 탓도 있었겠지만 밤새 단잠을 잤다. 식당으로 내려가니 이제까지의 아침 메뉴보다는 음식이 좋다. 그런데 몇몇 일행이 보이지 않았다. 먼저 와서 먹고 갔겠지 했다. 8시 30분에 출발하기 위해 버스에서 인원을 체크하는데 50대 아주머니 두 분이 안 보였다. 가이드가 전화를 해보니 아직도 자고 있다. 술에 취해 모닝콜 소리를 못 들은 것 같다. 놀란 두 사람이 화장도 못한 채 버스에 뛰어올랐다. 버스는 예정보다 30분 늦은 9시에 호텔을 나섰다.

가이드가 30분이 늦었기 때문에 시안 성곽은 못 올라간다고 한다. 버스가 성곽 옆으로 주행할 테니 그냥 버스 안에서 성곽을 보란다. 아쉽지만 할 수 없다. 시안에 처음 온 사람들은 정말 아쉬워했다. 그런데 한번쯤 생각해볼 일이다. 쇼핑 매장의 시간을 지켜주기 위해 주요 관광지를 그냥 스친다는 것. 이렇게 되면 관광이 우선인지 쇼핑이 먼저인지 헷갈린다.

실크공장에서는 실크를 만드는 과정을 일일이 설명했지만 사람들은 건성이다. 호준 군은 신기한 듯 열심히 듣는다. 한 시간 넘게 실크 공장에서 머문 뒤 귀국을 위해 공항으로 향했다. 함양 공항에서 시안 가이드와 작별을 했다.

우리를 태운 KE808기는 예정 시간보다 약간 늦은 시간인 12시 반이 넘어서야 중국 땅을 이륙했다. 비행기에서 생각해보니 이번에 우리가 찾아간 곳은 묘하게 시안, 시짱, 시닝이다. 한마디로 중국 서쪽 지방을 누볐다. 그러나 분명한 것은 시안을 제외한 시짱과 시닝이 본래는 중국의 땅이 아니라는 사실이다. 여러 차례 외세의 지배를 받은 작은 나라의 국민으로서 티베트 사람들에게 많은 연민이 간다. 티베트 사람들의 정신적 지주인 포탈라 궁 밑에 중국 티베트군 총사령부의 지하 벙커가 있다는 사실이 슬프다. 잠시 눈을 감고 티베트 사람들의 독립투쟁이 언제까지 이어질 것인가 생각했다.

1959년 겨울, 달라이라마를 따라 눈 덮인 히말라야 산맥을 넘어 인도 땅 다람살라로 간 8만 명의 티베트 사람들. 그들이 가까운 장래에 자기들 땅으로 돌아와 같은 민족과 함께 인간다운 삶을 살기를 기원한다.

---

*문성공주(625~680) : 중국을 위협할 정도로 세력이 커진 토번왕국의 송첸감포를 회유하기 위해 그곳으로 시집 보낸 당나라 태종의 딸. 문성공주의 출가는 티베트에 중국 문화를 유입시킨 계기가 되었다.

나의 영혼을 맑게 해준 이번 티베트 여행은 비록 힘은 들었지만 환상
적이었다.

드넓은 청보리밭과 노란 유채꽃,

쪽빛 하늘을 터뜨리며 그림을 그리는 뭉게구름,

맑고 푸른 호수,

푸르다 못해 시린 하늘,

끝도 없이 이어지는 설산,

그 대자연 속에서 한가로이 풀을 뜯는 야크와 양떼들.

그러나 그 아름다운 자연 속에 사는 가난한 사람들의 찌든 삶.

어린아이들의 처량한 눈망울과 때 묻은 손.

어느 사원 어느 모퉁이에서 숨어 부르는 독립의 노래들.

아름다움 속에 가려진 슬픈 이야기들을 읽을 수 있었다.

이번 티베트 여행의 잔상들은 긴 시간 나의 뇌리에 남아 있을 것이다.

#영혼의 호수 홉스골을 가다

- 몽골 여행기

몽골인들의 수호신 뭉크 텡그린을 말없이 안고 있는 홉스골

몽골, 위대한 영웅 칭기즈칸을 키워낸 땅으로

오래 전부터 몽골은 단순한 호기심 이상의 뭔가 다른 느낌의 나라였다. 2005년 봄 미국의 인류학자 잭 웨더포드가 쓴 《칭기즈칸, 잠자는 유럽을 깨우다》라는 책을 읽고 나서는 그리움마저 생겨버린 듯했다. 그해 여름 서강대 STEP 5기 멤버들과 몽골의 수도 울란바트르를 거쳐 러시아 땅 시베리아에 있는 이르쿠츠와 바이칼 호수를 여행하고 돌아왔다. 그러나 갈증을 풀기엔 부족했다.

2년 뒤 다시 몽골여행을 준비했다. 오래 전부터 나의 몽골 여행담을 듣고 동행을 원한 사람들이 함께했다. 이번 여행의 목적지는 오랫동안 몽골 사람들의 정신을 지배해온 샤머니즘의 고향, 홉스골 호수.

830년 전 칭기즈칸의 아버지 예수게이는 몽골 동쪽 타타르 지방에서 멀리 북쪽에 있는 메르키드 부족으로 시집을 가는 후엘룬을 납치하여 두 번째 아내로 삼았다. 훗날 메르키드 족은 이에 대한 보복으로 칭기즈칸의 아내 부르테를 납치한다. 후엘룬과 부르테는 지난 천년의 세계사에서 가장 빛나는 영웅 칭기즈칸을 만들어낸 두 여인이다. 그런데 메르키드 족이 살던 곳이 바로 홉스골 호수이다.

홉스골 호수는 지금도 몽골인들에게는 대단한 영적인 대상이다. 말 그대로 그들의 영혼을 담은 영호(靈湖)다. 지금도 홉스골 호수 근처에는 대대로 이어온 무당들이 그대로 살고 있어 세계의 인류학자와 종교학자들이 많이 찾아온다.

그 동안 찾아다녔던 수많은 문명국 여행에 비해 몽골 여행은 원시적인 것을 찾아 자연을 느끼고 사라진 역사를 찾아보는 여행이라고 할 수 있다. 그것이 내가 몽골 여행에 더욱 큰 의미를 두는 이유다. 뭔가 색다른 것을 느낄 수 있을 것 같은 기대를 가지고 그 신비의 호수를 향한 나의 여정은 7월 20일 저녁부터 시작되었다.

약 3시간 비행 후 현지 시간으로 12시가 넘어 몽골의 수도 울란바토르 공항에 도착했다. 몽골의 대표적인 공항임에도 아직 수하물 취급 시스템이 거의 수동식이다. 버스를 타고 20분쯤 달려가 울란바토르 외곽에 있는 선진그랜트 호텔에 도착했다. 시내에서 유일한 5성급 호텔이라는데 다른 용도로 쓰던 건물을 리모델링했고, 특이한 것은 한국 사람이 투자한 호텔이라고 한다.

울란바토르, 유목을 버리고 정착으로

나이 탓인지 6시가 되기도 전에 눈을 떴다. 그러나 장거리 여행에는 잠이 최고라며 다시 잠을 청했다. 얼마를 잤을까? 아직 모닝콜 시간은 안되었지만 8시가 가까워졌다. 서둘러 일어나 세면을 한 뒤 가방을 꾸리고 1층 식당으로 내려갔다. 반찬이 한국 사람들이 좋아하는 김치와 콩나물을 비롯해 먹을 만한 게 많다. 식사를 마치고 여행 목적지인 홉스골로 가기 전 시티투어를 위해 10시쯤 호텔을 떠났다.

제일 먼저 간 곳은 자이산 전망대다. 울란바토르 시내 남쪽에 위치하고 있다. 전망대로 가는 남산의 양쪽 언덕에는 하얀 돌로 칭기즈칸의 초상화와 우리의 태극문양과 비슷하게 물고기 두 마리가 들어가 있는 몽골 국기가 그려져 있다.

가는 길에 작은 강을 하나 건넜다. 물이 참 맑다. 이름하여 툴라 강. 톨 강이라 부르기도 한다. 울란바토르 동북쪽 100km 지점에 있는 테를지 국립공원에서부터 발원하여 울란바토르 시내를 관통한 뒤 저 멀리 바이칼 호수까지 흘러간다.

전망대 중턱에서 버스를 내려 걸어서 올라가는데 날씨가 제법 덥다. 전망대 입구에는 상점과 좌판 장사도 있었는데 카자흐 족 청년 한 명이 독수리를 들고 와 같이 사진을 찍으라고 한다. 한 번 찍는 데 1달러라고 한다.

자이산 전망대는 일종의 승전기념탑이다. 러시아 군대와 함께 일본군을 물리치고 승리를 쟁취한 몽골의 무명용사와 전쟁영웅을 기리는 곳이다. 이 탑은 러시아가 세워주었다. 여기에서는

자이산 전망대에서 바라본 울란바토르 시내

울란바토르 시내가 한눈에 내려다보인다.

그러나 우리가 내려다본 울란바토르 시의 모습은 목가적인 초원의 도시는 아니다. 시내 중심은 스모그가 끼어 뿌옇고, 시 외곽 산비탈은 끝도 없는 판자촌이다. 몽골의 인구가 280만 명이라고 하는데 수도인 울란바토르에만 120만 명이 산다. 유목민의 정주민화가 급속도로 진행되는 현장이 생생하다. 전망대 정상에는 전승기념탑이 있고 그 뒤에는

샤머니즘의 결정체인 어버(한국의 서낭당과 같음)가 있다.

경희대에서 2년간 유학했다는 현지 가이드 아기 군은 우리말이 서툴다. 먼저 몽골에 와본 경험이 있는 내가 보충설명을 했다. 그런데 나도 그만 지나친 것이 있다. 몽골에 와서 처음 본 어버에 공을 들이고 소원을 비는 것을 빼먹고 말았다. 돌 하나씩을 어버에 얹어놓고 시계 방향으로 3번 이상 돌면서 무사여행을 빌어야 하는데 그걸 잊은 것이다. 몽골 사람들은 어디를 가나 이 어버를 보면 돌을 얹어놓거나 푸른 천을 매달거나 신선한 우유나 마유를 뿌리며 행운을 빈다.

이태준 열사, 몽골의 슈바이처

전망대에서 내려오는 길에 조그만 공원이 하나 있는데, 이태준 열사를 기리는 곳이다. 공원 안으로 들어가니 이태준 선생에 관한 각종 자료들이 전시되고 있다.

기념비문에 따르면, 이태준 선생은 세브란스 의전 출신으로 학생시절부터 독립운동의 뜻을 품고 있었다. 졸업 후 중국 난징으로 건너가 활동을 하던 중 처사촌인 독립지사 김규식 선생의 권유로 1914년 몽골에 와 동의의국이라는 병원을 개설했다. 그리고 당시 몽골에 창궐했던 매독을 구제하는 데 온힘을 쏟았으며 몽골의 마지막 왕 복트 칸의 어의가되었다. 또 선생은 몽골 사람들의 민족혼을 위한 계몽에도 헌신하였다.

그러나 이러한 선생의 헌신적인 활동과 몽골 사람들의 추앙을 시기

이태준 열사 기념공원

하던 일본의 사주에 의해 당시 반혁명 세력이던 백러시아군에게 총살당하고 말았다. 당시 선생의 나이가 38세의 젊음이었다.

간단사, 절을 중심으로 도시가 형성되다

간단사는 몽골 최대의 사원이다. 16세기부터 몽골에 전파된 라마불교는 처음에는 유목민을 따라 절이 이동했다. 그러나 18세기 들어와서 절이 커지면서 이동할 수 없게 되었고 자연히 큰 절을 중심으로 사람들이 모여들면서 도시가 형성되었다.

간단사는 1913년 관음상을 세우면서 생긴 절인데, 1938년 러시아 군대에 의해 파괴된 것을 1996년에 복원했다. 우리는 간단사 입구에 있는 오체투지대에 엎드려보았다. 또 불경을 새겨놓아 한 번 돌리면 불경을 읽은 것과 같은 효과가 있다는 전경(轉經)인 마니차를 돌리면서 경내로 들어갔다. 간혹 꾀죄죄한 모습을 한 라마승들이 눈에 띄었다. 본당 안에는 높이 26m짜리의 거대한 관음보살상이 위용을 자랑했다. 나는 일행과 관음상을 둘러싸고 있는 전경을 손으로 돌리며 소원을 빌었다.

간단사

간단사를 나와 자연사 박물관을 찾았다. 몽골에서 서식했거나 현재 살고 있는 동물과 식물을 박제해놓았는데, 볼 만한 것이 많다. 특히 이곳 몽골 고원에서는 공룡의 화석이 많이 발견되었다고 한다. 공룡 화석이 있는 곳에서는 사진촬영에 5달러를 내라고 한다. 몽골은 땅이 넓어서인지 별의별 동물들이 다 산다. 늑대는 말할 것도 없고, 한대지방의 순록에서부터 열사지방의 낙타까지 많은 동물들이 분포되어 있다. 특히 서부 알타이 산 쪽에는 휘귀한 동물이 많이 사는 것 같다.

많은 것을 보았더니 다리도 아프고 배도 고팠다. 한강식당으로 가서 김치찌개와 된장찌개로 허기진 배를 채웠다. 서울을 떠난 지 24시간이채 안 되었는데도 김치타령들이다.

홉스골 가는 길, 초원이 바로 길이고 도로가 되다

식사 후 홉스골로 가기 위해 무릉 행 비행기를 타러 울란바토르 공항으로 갔다. 울란바토르 시 외곽으로 나가니 오전에 자이산 전망대에서 보았던 판자촌이 하나 둘 다가왔다. 검게 그을린 몽골 처녀들이 버스 정류장에서 차를 기다리고 있다. 도로변에는 드문드문 나무를 심어놓았는데. 살아 있는 나무가 별로 없다.

공항은 시내에서 버스로 25분 가량 떨어진 곳에 있다. 몽골의 자연환경이 다 그렇지만 별다른 토목공사 없이 활주로를 깐 것이 아닌가 하는 생각이 든다. 공항 내로 들어가 한참을 기다린 후 짐을 부치는데 손가방까지도 올려놓으라고 한다. 이유인즉슨 손가방까지 일정 무게가 넘으면 요금을 더 물리겠다는 것이다. 보안 심사도 제법 까다로웠다.

2년 전 러시아의 이르쿠츠에 가기 위해 울란바토르 공항에서 에어로 몽골 항공의 프로펠러 45인승을 탄 적이 있다. 얼마 전 캄보디아에서의 프로펠러 비행기 사고도 있고 해서 큰 비행기를 탈 수 있도록 해달라고 여행사에 부탁했었다. 다행히 폴란드제 120인승 제트 여객기다.

에어로 몽골 항공의 MO87 비행기는 푸른 초원의 상공을 힘차게 날았다. 무릉까지 가는 동안 사막지대는 없었다. 그 옛날 칭기즈칸의 군대는 이 초원을 거침없이 달리면서 유라시아 대륙 정복의 꿈을 키웠을 것이다. 45인승 프로펠러 비행기로는 1시간 반 정도 걸린다고 하는데 제트 여객기는 단 55분 비행 끝에 몽골 북쪽의 작은 도시 무릉공항에 우리를 내려놓았다. 참고로 몽골에는 활주로가 있는 공항이 울란바토르와

무릉공항 두 곳뿐이라고 한다. 다른 공항들은 그냥 풀밭에 비행기가 랜딩을 하기 때문에 제트 비행기는 불가능하고 45인승 이하 프로펠러 비행기만 내릴 수 있다. 그나마 비가 오면 착륙이 어렵단다.

무릉공항 대합실로 나오니 한 여성이 아기 군과 인사를 했는데, 자동차 4대를 이끌고 왔다. 공항을 나오니 넓은 초원이 펼쳐졌다. 차는 우리 지프차와 봉고차의 중간 정도로 보였다. 바퀴가 높고 투박했으며 대체로 차들이 낡고 시트는 딱딱했다. 한 대에 6명씩 타고 다른 한 대에는 가방을 실었다. 그런데 특이한 것은 운전수들이 앞 좌석에 자기 가족들을 태우고 있었다. 무릉에서 3시간 넘게 가야 하니 심심할 수도 있을 것이고 자식들에게 비행기도 보여주고 무릉 구경도 시켜주려는가 보다.

차가 달리는 데는 시작부터 간단치가 않았다. 단순한 비포장도로도 아니고 초원을 달리면 그것이 바로 길이고 도로였다. 이 끝도 없는 초원을 4시간 가까이 달려야 우리가 머무를 캠프가 있다고 한다. 자동차가 풀밭을 달리다가 구덩이를 지나면 엉덩방아는 물론 머리까지 찧었다. 자연히 우리의 양쪽 팔에는 힘이 들어가고 온몸은 계속 긴장상태를 유지할 수밖에 없었다.

차가 20분 이상 달리자 초원 저 멀리 게르들이 간간이 보였다. 게르 멀지 않은 초원에서 한가로이 풀을 뜯는 양떼와 염소 혹은 소와 말들이 반복해서 시야에 들어왔다가 사라졌다. 자동차는 초원을 지나 구릉을 넘고 마른 개천을 건너기도 하면서 쉬지 않고 출렁거리며 달렸다. 특이한 것은 가끔 물이 없는 건천(乾川)을 만나기도 했는데, 교량이 모두 목조였다. 물론 이곳 오지까지 시멘트 자재를 가져오는 것보다는 가까운 곳에서 얻을 수 있는 침엽수 재목이 더 유용했을 것이다.

영혼의 호수 홉스골에 도착하다

출발한 지 2시간이 넘었다. 고개 하나를 넘으니 이상한 검문소가 나왔다. 지금부터가 홉스골 관리 구역으로 1인당 3,000원 정도의 입장료가 있다고 하였다. 우리식으로 말하면 국립공원 입장료다.

잠시 차에서 내려 초원을 배경으로 사진을 찍기도 하고, 일부는 멀리 떨어져 있는 간이 화장실을 다녀오고 휴식을 취하면서 초원의 맑은 공기를 들이마셨다. 우리 앞차에는 꼬마가 한 명 타고 있었다. 빡빡머리에 그을린 모습이 우리 어릴 적 모습과 같다. 이 꼬마도 오랜만에 세상 구경을 해서인지 싱글벙글 이리 뛰고 저리 뛰었다. 나이를 물으니 열 살이라고 한다. 누군가 1달러를 주자 좋아서 어쩔 줄 모르며 곧장 제 엄마에게 달려간다.

홉스골 관리 구역에 들어오니 가끔 울창한 침엽수림이 있고 구릉도 높아지면서 종전의 끝도 없는 풀밭과는 다른 아름다운 풍광이 나타났다. 누군가 이 정도면 스위스에 비해 손색이 없다는 이야기도 하였다.

홉스골 관리 구역 안에는 노란색의 몽골 땅쥐인 타르박들이 몸을 세우고 좌우를 살피다가 자동차가 다가가면 이내 땅속으로 숨어버렸다. 또 땅쥐를 잡아먹으려고 큰 새들이 공중을 선회하기도 했다. 이 타르박은 칭기즈칸이 유럽을 정벌할 때 흑사병의 중간 숙주로 쓰이기도 했다.

검문소를 지난 뒤 2시간 넘게 달려가자 오른쪽에 조그만 강이 보였다. 이 강은 유일하게 홉스골 호수에서 흘러 나와 바이칼까지 흘러간다. 그 강을 건너고 조그만 언덕을 넘자 드넓은 초원이 펼쳐지고 푸른 호수가 보이기 시작했다. 우리가 불원천리 찾아온 영혼의 호수 홉스골이다.

우리가 도착한 곳은 몽골 달라이 캠프. 홉스골 호수 맨 남쪽에 위치한 조그만 언덕의 침엽수림 사이에 있다. 몽골어로 달라이는 '바다'라는 뜻이다. 그러니 우리 캠프의 이름을 직역하면 '몽골 바다 캠프'가 된다. 이곳은 외국인 전용 캠프라고 하는데, 입구에는 우리보다 먼저 온 외국인들이 야생화를 채취하고 있었다.

홉스골 호숫가, 야생화와 양들의 목가

우리가 배정받은 게르의 주변도 야생화의 낙원이다. 이름 모를 작은 들꽃들이 서늘한 미풍에 하늘거리며 아름다움을 뽐내면서 우리의 눈을 즐

우리가 묵은 게르

게르까지
찾아온
양들

겁게 한다. 잠시 휴식을 취하는 사이 한 떼의 양들이 우리가 있는 게르로 올라와 사람들을 의식하지 않은 채 한가로이 풀을 뜯는다. 그야말로 멋진 목가풍의 그림이다. 시리도록 맑은 물과 호수를 안고 있는 산, 그 산의 허리를 수놓고 있는 침엽수림이 정말 장관이다.

저녁식사는 몽골 전통식이었다. 시큼한 귀리 빵과 야채수프, 밥 그리고 소시지류 정도다. 멀리 달려오느라 시장했는지 모두들 잘 먹었다. L 이 별도로 쇠고기를 주문하여 쇠고기 파티까지 했는데 저녁식사가 끝나고 게르 바로 밑에 있는 캠프파이어장에서도 계속 이어졌다.

밤 10시쯤 되어서야 어둠이 내리기 시작했다. 이곳은 위도가 30도선 상이고 북극이 가까워 여름에는 백야와 비슷한 현상이 일어나고 밤이 짧다. 캠프파이어장에서 침엽수 가지들을 모아 불을 피우고 한쪽으로 잔불들을 모아 석쇠에다 고기를 구우며 둘러앉아 소주잔을 기울이니 신 선놀음이 따로 없다.

먼 나라 몽골의 가장 북쪽, 영혼의 호수 홉스골의 깊어가는 밤.

어두운 호숫가 언덕에서 타는 불꽃들이 하늘로 치솟을 때마다 여성 들은 탄성을 아끼지 않는다. 이국의 별 헤는 밤. 사랑스런 여인들의 탄 성을 벗삼아 술잔을 기울이는 남자들이야말로 축복받은 사람들이 아닐 까. K는 마지막까지 남아 불타는 나뭇가지들을 휘저으며 불티를 날렸 다. 하늘로 올라가는 불티가 마치 영혼을 부르는 것처럼 보였다.

밤이 깊어지자 기온이 떨어지기 시작했다. 게르로 가자 빨간 스웨터 를 입은 아가씨가 장작을 한아름 안고와 난로에 불을 지폈다. 열대여섯 쯤 되어 보이는데 볼이 발그스레하다. 이곳이 시베리아 지방이고 해발 2,000m의 고원인 데다가 호숫가이니 밤만 되면 기온이 급 강하해서 난로 없이 는 잠자기가 어렵다.

홉스골의 첫날, 캠프파이어와 함께 밤이 깊어가다

새벽 4시쯤 되었 을까. 전날 밤은 여

독에다 캠프파이어와 소주 덕분에 쉬 잠에 떨어졌다. 아침이 되니 추워서 더 이상 잠을 잘 수가 없다. 눈을 떴으나 밖은 칠흑 같은 어둠이다. 다시 잠을 청했지만 이미 물 건너 간 상태다. 문을 열고 나갔더니 빨간 스웨터 아가씨가 문 밖에서 기다리고 있다. 자세히는 모르겠지만 우리가 깨기를 기다렸던 것 같다. 밝은 표정으로 인사하는 모습이 귀엽다. 아가씨가 난로에다 불을 지피자 게르 안은 금방 온기가 돌았다.

나는 다시 밖으로 나가 밝아오는 여명과 함께 맑은 호수의 기운을 깊게 들이마셨다. 이슬을 밟으며 게르의 바로 뒤편에 있는 언덕으로 올라갔다. 북쪽으로는 호수가 끝도 없고 남쪽으로는 초원이 펼쳐졌다. 문득 〈사운드 오브 뮤직〉의 영화 장면이 생각났다. 초원에는 말들이 이른 아침부터 풀을 뜯었다. 어제 우리가 타고 온 차의 바퀴자국이 희미하게 보인다.

우리가 묵는 몽골 달라이 캠프의 위치가 너무나 좋다. 언덕을 내려오니 여기 저기 게르에서 인기척이 났다. 빨간 스웨터 아가씨는 열심히 장작을 나르면서 불을 피우고 만나는 사람마다 웃으면서 인사를 했다. 몽골 사람들이 친절하다는 것은 알고 있었지만 여간 친절하고 상냥한 것이 아니다. 내가 1달러 한 장을 건넸더니 여기저기서 팁을 준다. 나중에 알아보니 열일곱 살이고 인근 고등학교에 다니는 학생인데 방학 동안 친구들과 이 캠프에서 아르바이트를 하고 있단다.

캠프에는 별도의 건물에 화장실과 샤워실이 붙어 있다. 남녀가 같이 쓰도록 해서 조금 민망하고 불편했다. 9시에 먹기로 한 아침식사도 좀 늦은 감이 있어 조정을 해 30분 정도 앞당겼다.

갈매기 섬, 갈매기들의 천국 그 이상은 아닌

9시 반에 우리 일행과 아기 군, 캠프의 여직원 오카 양(대학 3학년인데 역시 방학을 이용해 아르바이트를 하러 옴) 등 20명을 태운 배는 통통거리며 닻을 올렸다. 배는 미지의 갈매기 섬을 향해 홉스골 호수를 미끄러져 갔다. 호수의 물은 배가 한참을 나갔을 때까지도 밑바닥이 보일 정도로 맑았다. 그러나 배가 낡아서인지 뿜어나오는 매연이 좋지 않다.

이름 모를 야생화를 찾은 나비

에델바이스와 쑥부쟁이

홉스골 호수는 그 넓이가 제주도의 1.5배나 되고 둘레가 380km나 되는데도 그렇게 잔잔할 수가 없다. 2년 전 바이칼에 갔을 때는 1m가 넘는 파도가 일어 뱃멀미를 한 사람도 있었다. 홉스골은 잠자는 호수 같다. 호수의 양편에는 그리 높지 않은 산들이 이어지고 산기슭을 새기는 침엽수림이 한 폭의 그림 같다.

호수 앞쪽으로 끝없는 수평선이 펼쳐졌다. 하늘에는 뭉게구름이 수를 놓았다. 더러 높은 산들이 보였지만 산 위로는 풀이 자라지 않는지 하얀 머리를 이고 있다. 마치 백두산처럼. 호수 수면이 해발 1,600m가 넘는다고 하니까 웬만한 산은 2,500m가 넘겠다는 생각을 했다. 나중에 알아보니 하얀 산에는 형광물질을 캐는 광산이 있다고 한다.

캠프를 출발한 지 30분 쯤 지났을 때 호수의 오른쪽 바위에 몇 명의 낚시꾼들이 보였다. 전에 홉스골에 대한 검색을 하다가 한국의 낚시 매니아들이 여름에는 이곳까지 진출한다는 글을 읽은 적이 있다. 혹시 한국 사람들이 아닐까? 한국인의 극성이 아니고서는 이렇게 먼 곳까지 와

홉스골 호수 선상

갈매기섬의 파수꾼

서 저토록 위험해 보이는 바위에 걸터앉아 낚시를 할 사람이 있을까.

배를 두 시간이나 탔는데도 갈매기 섬은 보이지 않았다. 다시 30분쯤 더 갔을 때 아기 군이 앞에 보이는 섬을 가리켰다. 남이섬같이 크고 아름다운 섬일 거라고 생각했는데 의외로 작다. 섬에 도착하니 이미 배가 한 척 와 있고 사람들이 갈매기 섬에서 돌아나오고 있는 중이었다.

배에서 내려준 사다리 널판을 타고 서로 손을 붙잡으면서 섬에 올랐

다. 조그만 섬에 오르니 온통 갈매기 천지다. 이제까지 보지 못했던 야생화도 있고 숲속에는 갈매기 새끼며 알들이 눈에 띄었다. 어미 갈매기들은 우리가 접근하자 소리를 지르며 경계했고, 곳곳에서 꼼짝 않고 보초를 서면서 침입자들을 경계했다. 새끼들이 있는 쪽으로 다가가는 사람한테는 낮게 날아와서 바로 쪼아댔다. 용감한 C가 새끼들에게 접근하자 갈매기들의 표적이 되어 곤욕을 치렀다.

이들은 겨울에는 남쪽으로 갔다가 여름철이 되면 이곳 북위 30도선까지 날아와 알을 낳고 부화해 새끼를 키운 뒤 다시 추워지면 남쪽으로 내려간다. 갈매기의 배설물 때문인지 벌레들이 들끓었다. 진정 환상의 갈매기 섬은 아니었다. 3시간 가까이 달려와서 보기엔 좀 그렇다.

순록떼와 차탕 족을 찾아서

갈매기 섬을 떠난 배가 1시간 넘게 통통거리자 멀리 침엽수 사이로 간혹 사람들이 눈에 들어오고 차탕 족의 주거 형태인 오르츠가 보였다. 오르츠는 우리가 영화에서 많이 보았던 아메리카 인디언의 천막이다. 나무 기둥을 삼각형으로 세우고 그 위에 동물의 가죽이나 천을 둘러 지붕을 대신하는 주거 형태다. 우리는 조심스럽게 배를 대고 내렸다. 가까운 곳에 풀밭이 있어 나무 그늘을 찾아 자리를 잡았다. 호숫가 풀밭의 그림같은 소풍놀이가 될 것 같았다.

그러나 그렇지는 못했다. 찾아간 나무그늘에는 여기저기 동물의 배설물이 널려 있었다. 대충 마른자리를 잡고 준비해온 도시락을 나누었다. 캠프에서 따라온 오카 양이 싱글벙글하며 점심시중을 든다. 젊은 아가씨가 이웃집 처녀같이 생긴 데다 인상이 참 좋다. 역시 캠프에서는 소고기를 잔뜩 구워 보냈다.

점심을 마치고 우리는 산책하듯이 아기 군과 오카 양을 따라 숲이 있는 쪽으로 걸어갔다. 그러나 순록떼는 보이질 않았다. 무슨 장사치들이 땅바닥에 물건을 널어놓고 손님을 기다렸다. 그런데 한쪽에서 "와! 순록이다!" 하고 소리쳤다. 순록은 맞았다. 그런데 순록떼는 없다. 차탕족 마을도 없다. 차탕 족 일가족이 오르츠 한 채와 순록 몇 마리를 가지고 관광객에게 사진을 찍게 하고 돈을 받는 관광 사업을 하고 있다.

차탕 족 아이들은 벌거숭이로 돌아다녔고 순록은 주인에게 끌려나와 우리들 양편에서 사진 모델이 되었다. 실망이 컸다. 아기 군은 차탕 족 마을은 깊은 산 속에 있어 차로 1시간 이상 더 들어가야 만날 수 있다고 했다. 그리고 차탕 족은 항상 이동하기 때문에 쉽게 찾지를 못한단다.

알아본 바로는 현재 차탕 족 수는 200명 내외이고 몽골어로 '차'는 순록이라는 뜻이고 '탕'은 따르는 사람이라는 뜻으로 '차탕'이란 뜻은 '순록을 따라다니는 사람'이란 뜻이다. 이들은 홉스골 근처에서 순록과 함께 월동하는데 그 수가 매년 줄면서 멸족의 위기까지 와 몽골 정부에서 특단의 대책을 세우고 있다고 한다.

홉스골에서 조난을 당하다

배로 다시 돌아와 캠프를 향해 출발한 시간이 오후 3시. 나는 내심 멋진 저녁식사를 상상하며 기대감에 부풀었다. 그러나 그런 기대도 잠시, 출발한 지 얼마 지나지 않아 이상하게 배가 속력이 떨어지며 약간 기우는 듯했다. 배가 고장이 난 것이다. 한 선원이 기관실로 내려가 고쳐보려고 했지만 허사였다. 그러는 사이 배는 점점 육지에서 멀어지면서 호수 중심으로 빨려드는 듯했다. 정말 난감했다. 밖으로 조난 사실을 알릴 통신 수단이 없었다. 배에는 무전기도 없었고 휴대폰도 아무 쓸모가 없다. 문명의 이기를 벗어나니 우리가 얼마나 나약한 사람들인가를 실감했다. 화재 위험이 있어 일단 엔진을 껐다.

그러기를 2시간 넘게 있었을까. 죽으라는 법은 없었다. 저 멀리에서 움직이는 물체가 하나 보였다. 자세히 보니 모터보트였다. 양 선생이 배의 가장 높은 곳으로 올라가 붉은 양산을 휘저으며 구조를 요청했다. 모터보트가 다가와 우리가 탄 배 옆으로 붙었다. 어린아이들을 데리고 보트놀이를 나온 가족들이었다.

아기 군이 잘 얘기해 그 배를 빌리기로 했다. 아기 군과 여자들을 먼저 내보내 우리 캠프에 조난 사실을 알리도록 했다. 아기 군은 모터보트 사람들에게 100달러를 주면 된다고 하면서 떠났다. 위기를 만나면 사람의 진면목을 알 수 있다고 했다. 모두들 침착하게 서로 돕고 양보를 하면서 위기를 극복해 나갔다. 상황이 나쁜데도 가슴은 따뜻했다.

잠시 후 배가 다시 돌아와 남자들이 타고 가려고 하는데 문제가 생겼다. 모터보트는 8인승이었는데, 남아 있는 인원이 오카 양을 비롯해 10명이었다. 그들은 인원이 초과되어 한 번 더 갔다와야 된다고 했다. 그런데 타협이 잘 안 되었다. 결국 돈을 더 달라는 것이었다. 한참이나 실랑이를 한 끝에 세 번 오가는데 300달러를 주기로 하고 두 번째 배가 출발했다. 돈 앞에서는 몽골 사람도 예외가 아니다.

육지로 나오니 부인들의 표정이 어두웠다. 그 사이 아기 군은 우리를 블루 펄이라는 외국인 캠프에서 쉬도록 하고 자신은 오토바이를 빌려타고 우리 숙소인 몽골 달라이 캠프로 떠났다. 그곳에 가서 우리를 데리고 갈 차량을 가지고 오겠다는 것이다.

오후 4시 반쯤 우리 캠프에 도착해 휴식을 취한 뒤 멋있는 호숫가에서 저녁을 먹겠다는 꿈은 여지없이 무너졌다. 언제 올지 모를 차와 아기 군을 기다리면서 블루 펄 캠프에 들락거리는 사람들이나 기웃거리고 있으니 한심했다. L은 혼자 호숫가로 나가 발을 벗고 앉아 사색을 즐겼다. 이번에 안 사실이지만 L은 굉장히 감성이 풍부한 사람이다.

아기 군이 떠난 지 3시간이 지났는데도 우리를 데리러 오는 차는 보이질 않았다. 블루 펄 캠프의 홀에서는 9시 전부터 민속공연이 시작되었다. 일부는 무료함을 달래기 위해 공연을 보았다. 그러나 아내는 그 공연장엘 들어가지 못하고 나의 뒤에 저 만큼 떨어져 초초해하는 남편을 측은한 듯 지켜보았다.

9시가 넘어서자 나는 더 초조해졌다. 오늘 중으로 캠프에 돌아가지 못하는 것이 아닐까, 곧 날이 어두워질 텐데 비포장 길을 제대로 갈 수 있을까, 위험할 텐데, 혹시 아기 군이 캠프로 가는 도중 무슨 사고가 있었나, 이렇게 늦을 리가 없는데⋯ 별의별 생각을 다하고 있는데 9시 10

분 넘어 호수 한가운데 물체가 하나 보였다. 움직이는 배였다. 나는 호숫가로 달려갔다. 우리를 데리러 오는 배였다.

배가 호숫가로 접안하자 배에서 내린 여사장은 연신 허리를 굽혀 "쏘리"를 연발했다. 그녀는 우리가 블루 펄에서 마신 음료값을 지불하고 주인에게 감사하다는 인사를 했다. 모두들 서둘러 배에 올랐다. 20인승 쾌속선으로 1시간 정도 가면 캠프에 닿을 수 있단다.

배는 산 위에 걸친 노을을 뒤로 한 채 호수를 가르기 시작했다. 배에 오른 일행들은 지쳤는지 아무 말도 하지 않았다. 밤 10시가 넘자 호수에는 빠르게 어둠이 내렸다. 약간은 배가 불러진 상현달이 호수 위로 떠올랐고, 호수는 달빛을 받아 반짝였다. 내가 무거운 분위를 바꾸어보려고 "달빛 참 아름답다. 이렇게 달빛 고요히 흐르는 북방의 호수에 언제 다시 배를 띄어볼까?" 하고 화두를 쳤지만 아무도 대꾸하지 않았다. 그야말로 썰렁했다.

배는 10시 25분에 이미 어두워진 캠프에 도착했다. 걱정들이 되었는지 캠프의 온 식구들이 나와 우리를 반겼다. 여사장이 다시 "쏘리"를 연발하며 사과하는 의미로 오늘 저녁의 술은 자기가 대접하겠단다. 그러더니 아기 군을 통해 모터보트 비용 300달러를 지불하겠다고 했다. 나는 뜻은 고마우나 이미 끝난 일이니 그렇게까지 할 필요 없다고 정중히 사양했다. 그리고 우리 일행이 일시적으로 조난을 당했지만 아기 군과 여사장이 잘 대처해주어 그나마 다행이었다고 했다. 그렇지만 다음 손님들에게는 그런 낡은 배를 태우지 말라고 충고했더니 여사장 표정이 어두워졌다.

허르헉과 떼를 지어 흐르는 별무리

저녁에는 특식으로 몽골 전통음식인 허르헉이 나왔다. 허르헉은 돌을 불에 달군 뒤 그 돌과 함께 양고기, 감자, 당근 등을 넣고 다시 한번 찐 '양고기 달군 돌찜 요리'다. 사실은 몽골군의 전투비상식량으로 개발된 것이라고 한다.

같이 고생했던 오카 양이 몽골 복장으로 갈아입고 나와 허르헉을 먹기 전에 달군 돌을 양 손바닥을 번갈아 가며 덥히면 건강에 좋다며 돌들을 나누어 준다. 그러나 그 돌들이 너무 뜨거워 손 위에 오래 올려놓을 수는 없었다.

허르헉이 나오고 L이 사둔 소고기 수육이 나왔지만 저녁이 워낙 늦어서인지 별로 먹지를 않았다. 내가 보드카 병을 들고 이 자리 저 자리를 돌았지만 낮에 조난으로 고생이 심했는지 술이 안 팔렸다.

저녁식사 후 게르 쪽으로 올라와 다른 게르들을 돌아보는데 5호 게르 앞 풀밭에 누군가 가만히 누워 있다. 가까이 가보니 L이 누워서 별을 보고 있다.

"저거 보십시오. 저런 별들을 저는 평생에 한 번도 본 적이 없습니다" 하고 감탄을 연발했다.

나도 L 옆 풀밭에 누웠다. 하늘을 보는 순간, 감정이 격해졌다. 결코 알코올 탓만은 아니었다. 짙은 어둠 속에 푸른빛이 도는 하늘에는 수많은 별무리들이 떼를 지어 흘렀다. 구름인지 별무리인지 분간이 안 되었다. "야, 정말 대단하다. 나도 어릴 적 시골에 살았지만 내 기억으로 이런 별무리는 처음 본 것 같아. 야! 정말 좋다!"

그러자 L이 화답했다. "이 별무리들을 본 것만으로도 이번 여행의 진수는 다 맛본 것 같습니다. 대단합니다. 정말 좋습니다."

전날 마신 보드카 때문인지 추워서인지 일찍 잠에서 깼다. 게르 안의 공기가 싸늘하다. 손전등을 찾아 난로로 가서 쏘시개에다 불을 붙였다. 여기서 쏘시개는 침엽수에서 떨어진 잔가지와 솔방울들이다. 화력이 제법 좋았다. 장작으로 불이 번지면서 금방 게르 안이 훈훈해졌다.

밖으로 나오니 새벽공기가 차갑다. 그런데 바로 우리 게르 앞에 언제 올라왔는지 야크 한 마리가 풀을 뜯고 있다. 어둠 속에서 시커먼 야크를 보니 조금 무서웠다. 야크가 사람 기척을 의식했는지 언덕 쪽으로 올라갔다. 나는 손전등을 야크 정면에 비쳤다. 야크는 당황한 듯 손전등 불빛을 한참 응시하더니 언덕 뒤로 사라졌다.

다시 게르로 돌아와 난로에다 장작을 넣고 잠을 청했지만 잠은 오지 않았다. 여성들은 이른 아침부터 다시 야생화 채집에 나섰다. 아침식사를 할 무렵 전날과 같이 각자 야생화 한 묶음씩을 들고 나타났다. 정말 즐거운 표정들이다. 아침식사에도 어김없이 소고기가 나왔다.

뭉크 텡그린, 영원하며 푸른 하늘이 곧 신이다

식사를 마치자 아기 군이 10시부터 캠프 입구에서 말타기를 하겠단다. 캠프 입구에는 이름 모를 야생화들이 아침 햇살을 받아 아름다운 자태를 뽐냈다. 야생화 밭에서 20마리 이상의 말떼들이 우리를 기다리고 있다. 아기 군은 이곳 홉스골의 말들은 약간 거칠어 잘 다루어야 한다는 주의를 주었다. 나는 처음 말을 타는 사람들이 많으니 마부들이 말고삐를 잡아주라고 했다. 만에 하나 낙마사고라도 나면 큰일이다. 호수를 감싸고 있는 드넓은 초원을 우리는 말 등에 올라 거닐었다.

초원으로 나가니 그 고귀하다는 에델바이스가 지천으로 깔려 있다. 고도가 2,000m에다 위도가 30도선이니 그럴 만도 했다. 에델바이스는 물론 갖은 야생화들이 난쟁이 키를 자랑하면서 바람에 살랑거린다. 넓은 초원이다. 우리 말을 끌던 젊은 마부가 초원에서 무슨 풀을 하나 따 나에게 준다. 자세히 보고 냄새를 맡아보니 파였다. 우리네 쪽파 크기의 파가 이곳 북쪽의 고원지대에서 자생하고 있다.

아기 군은 말을 아주 잘 탔다. 어릴 때부터 탔다고 한다. 그는 말을 타고 우리들 외곽을 달리면서 말떼들의 방향을 이끌었다. 1시간 가까이 말을 타고 초원에서 맑은 공기를 마시니 운동도 되고 정신도 맑아졌다. 멀리 초원과 호수 사이 언덕에 있는 우리 캠프가 평화롭게 보였다.

말고삐를 돌려 호수가로 갔다. 호수는 높고 푸른 하늘을 그대로 품에 안고 있다. 하늘에 질서 없이 흩어진 구름까지도 안고 있다.

몽골 사람들의 수호신. 영원하며 푸른 하늘인 '뭉크 텡그린'. 그 푸른 하늘을 잔잔한 홉스골은 말없이 안고 있다. 깊고 푸른 호수에 안긴 뭉크 텡그린. 왜 몽골 사람들이 홉스골을 신성시 하는가가 어렴풋이나마 느 낌이 왔다.

툴라 강가에서 낚시를

점심을 먹고 차를 타고 홉스골 호수에서 남쪽으로 흐르는 작은 강가로 갔다. 우리가 몽골 달라이 캠프로 올 때 건넌 그 강이었다. 나는 그저 낚 싯대만 내려놓으면 고기가 와서 잡히는 줄 알았다. 그러나 캠프에서 가 져온 낚싯대는 최근에 사용한 적이 없었는지 줄도 제대로 풀리지 않았 고 미끼도 없다. 그렇다고 포기할 한국 사람들이 아니다. 더군다나 포상 금이 걸려 있는데 말이다.

　미끼는 점심 때 먹다 남아 낚시를 하면서 술안주 하려고 가지고 온 고기를 썼다. 추가 없어서 낚싯줄 끝에 돌멩이를 매달아 강물에 던졌다. 아기 군이 미끼에 쓰라고 작은 메뚜기 몇 마리를 잡아왔다. 가장 입질이 없을 시간이기도 하지만 낚싯대와 미끼가 제대로 없으니 물고기가 잡힐 리가 없다.

　낚시의 포인트가 좋지 않다고 해서 내가 차를 타고 이동해 물살이 빠 른 쪽으로 가서 다시 낚싯대를 던졌지만 물고기는 나타나지 않았고 맑 은 강물만 속절없이 흘러갔다.

캠프에서 출발할 시간이 다가오자 사람들은 주변을 산책하거나 언덕에 올라가 호수와 초원을 내려다보았다. 막상 떠날 때가 되니 모두들 서운한 모양이다. 게르 안의 작은 의자들을 꺼내다 침엽수 밑 그늘에 둘러앉아 이런 저런 얘기를 나누었다. 언제 다시 홉스골에 오겠는가. 5시가 가까워지자 캠프에서 일하는 사람들이 우리 게르 쪽으로 와 기웃거렸다. 눈치로 보아 빨리 게르를 비워주기를 바라는 것 같아 서둘렀다.

우리가 말을 탔던 홉스골 호숫가

툴라 강가에서 낚시하는 일행들

다시 무릉에서 울란바토르로

캠프를 떠난 지 두 시간 가까이 달렸을까. 초원에서는 보기 드물게 오른쪽 언덕에 차량들과 사람들이 몰려 있는 모습이 보였다. 가까이 가서 보니 버스 한 대가 휴지조각처럼 구겨져 있었다. 견인차들이 버스를 끌어내고 있었다. 아침에 식당에서 만난 일본 사람들이 목격했다는 사고 버스가 치워지고 있었다.

나중에 안 사실이지만 그때의 버스 사고로 20명이나 죽었다고 한다. 노후 차량이 브레이크가 고장나 내리막길에서 사고를 냈다고 한다. 무릉공항이 가까워졌는지 길가에 시멘트로 만든 전신주들이 일정한 간격으로 누워 있다. 기존의 나무로 된 낡은 전신주를 교체하려고 실어다놓은 것이다.

몽골 달라이 캠프를 떠나 몇몇 차량의 고장을 겪으며 3시간 30분을 달려와 무릉공항에 도착했다. 수하물을 부친 뒤 구내식당으로 갔다. 말이 공항식당이지 초라했다. 그러나 다른 선택의 여지가 없었다. 아기 군이 야채 수프를 시키고 도시락을 배급했다. 웬것이냐고 물었더니 캠프 여사장이 가는 도중에 먹으라고 싸준 것인데 먹을 데가 마땅치 않아 여기까지 가져왔다고 한다. 도시락을 열어보니 나름대로 정성을 들였다. 역시 구운 소고기는 빠지지 않았다. 야채수프와 함께 도시락을 먹으니 배가 든든했다.

식사를 마친 뒤 공항 대합실이 너무 답답해 모두 밖으로 나왔다. 조그만 정자가 있어 그곳으로 가 담소를 나누면서 시간을 보냈다. 그 틈에도 일부는 공항 앞 광장을 거닐면서 소화를 시켰다. 일찍이 본 적이 없는 정말 한적한 시골 공항이다. 밤 10시 30분에 우리는 울란바토르로 가는 에어로 몽골 항공의 MO88 비행기에 올랐다. 10시 45분 비행기는 이미 어두워진 무릉공항을 이륙했다. 무릉에 올 때와는 달리 울란바토르로 가는 비행기는 만석이다. 이륙으로부터 1시간 후에 비행기는 울란바토르 공항에 우리를 내려주었다. 수하물을 찾아 여행사에서 나온 버스를 타고 호텔에 도착하니 12시 반이 넘었다.

전날 밤 너무 늦게 잠자리에 든 탓인지 7시가 다 되어서야 눈을 떴다. 그러고 보니 이번 여행에서 울란바토르 도착시간은 계속 깊은 밤이었다. 칭기즈칸 호텔은 2년 전에도 투숙한 적이 있었다. 조금은 친근한 느낌이다. 칭기즈칸 호텔도 한국 사람들이 많이 오는지 김치를 비롯해 콩나물국 등 입에 맞는 반찬들이 많다. 계란 프라이를 해주는 젊은 요리사는 익숙한 우리말로 "한 개요? 두 개요?" 하고 묻는다. 그 젊은이에게 한국에 갔다 왔느냐고 물었다. 한국에는 가본 적이 없고 호텔에 취업한 뒤 독학으로 한국말을 배웠단다. 그만큼 한국 관광객이 많이 오고 있다는 반증이다.

아침식사를 한 뒤 9시 반 호텔을 출발했다. 울란바토르 시내를 빠져나가 한 30분쯤 갔을까. 고갯마루가 나오고 거기에는 우리네 서낭당 같은 큰 어버가 돌무덤 위에 푸른 깃발을 나부끼며 서 있다. 차를 멈추게 한 뒤 모두들 내려 어버로 갔다. 어버는 마을의 수호신이기도 하고 초원의 이정표 역할도 한다. 또 재앙을 막아주는 액땜의 역할도 한다.

몽골 사람들은 이 어버 위에다 푸른 천을 감아놓는다. 푸른 천은 몽골 사람들의 수호신인 영원하며 푸른 하늘인 '뭉크 텡그린'을 상징한다. 따라서 몽골 사람들은 푸른색을 굉장히 신성시한다.

나는 일행에게 지난번 몽골 도착 다음날 아침에 올라간 자이산 전망대의 어버에게 행운을 비는 주문을 하지 않았기 때문에 홉스골에서 사고가 났다며 이제라도 무사여행을 빌자고 제안했다. 몇이서 어버에 얹어놓을 돌을 찾았는데 하도 많은 사람이 다녀가서인지 돌덩어리가 별로 없다. 하는 수 없이 두 손을 모아 합장한 채 어버를 끼고 시계 방향으로 세 번을 돌면서 무사여행을 빌었다.

클랙션을 울리자 혼비백산하는 소들

테를지 국립공원의 상징 거북바위

다시 버스에 올라 고개를 내려갔다. 큰 내가 하나 나왔다. 울란바토르를 관통해 바이칼 호수까지 흐르는 툴라 강의 상류다. 다리를 건너자 검문소가 나왔다. 여기서도 역시 홉스골 갈 때와 같이 국립공원 입장료를 1인당 3,000원씩 냈다. 별로 시설도 해놓지 않고 검문소만 세워놓고 돈만 징수했다.

'테를지'로 가는 길. 우리 앞에 한 떼의 소가 지나간다. 태연하게 길가를 걷던 소들이 자동차가 크랙션을 울리자 혼비

백산해 이리 뛰고 저리 뛰었다. 놀라 뛰는 것이 참 귀여웠다.

　호텔을 나선 지 1시간쯤 되었을까, 테를지 국립공원이 나타났다. 길 좌우에 기암괴석과 숲이 보였다. 관광객을 위한 캠프가 드문드문 지나 갔고 18홀짜리 골프장도 있다. 자세히 살펴보니 골프장에 나무 한 그루 없다. 한국 사람들일 것 같은 2팀이 골프를 치고 있다. 골프장을 만들 때 토목공사비는 별로 들지 않았을 것 같은데 잔디가 별로 없다.

　좁은 포장도로를 달리던 차가 먼지 날리는 왼쪽의 비포장도로로 핸 들을 돌렸다. 앞에 큰 바위가 나타났다. 테를지 국립공원의 상징인 거북 바위다. 서둘러 내려 거북바위를 보고 버스로 돌아왔다. 별로 시원하지 않은 에어컨이지만 더운 바깥 날씨보다는 버스 안이 나았다.

승마, 직접 말고삐를 잡다

거북바위를 보고 다시 고개를 또 넘어 국립공원 안쪽으로 15분 정도 더 들어가니 길 오른쪽에 골프 연습장이 있고 왼쪽에 말떼들이 있다. 거기 에서 버스가 멈추더니 아기 군이 내리라고 하였다. 이번 여행에서 두 번 째 승마체험이다. 모두들 길을 건너 말떼가 있는 곳으로 갔다.

　홉스골의 승마는 호수를 끼고 평지를 돌았는데 이번은 언덕도 있고 조건이 달랐다. 아기 군은 이곳 말들은 많은 관광객들 덕택에 훈련이 제 대로 되었다고 하였다. 나는 이번에는 남자들은 직접 말고삐를 잡도록 하고 여자들만 마부가 도와주도록 했다. 지난번처럼 아기 군의 설명이 따른다.

"말을 탈 때 절대로 말 뒤로 가거나 오른쪽으로 가지 마세요. 먼저 말 안장 왼쪽 발걸이에다 왼쪽 발을 걸고 올라타셔야 돼요. 내릴 때도 왼쪽으로 내리셔야 됩니다. 잘못하면 말에게 채입니다."

말 한 필씩을 차지한 우리는 아기 군이 이끄는 대로 언덕 위로 갔다. 언덕 밑에는 또 다른 초원이 우리를 기다렸다. 평지에서 타는 것보다는 스릴이 있다. 그리고 다른 사람의 도움 없이 말을 타고 있다는 사실에 남자들은 흐뭇해했다. 조심스럽게 언덕을 내려오면서 말채찍을 몰아치며 "추~추~" 소리를 질렀다. 그렇게 달리기를 재촉해보았지만 말들의 반응은 별로였다.

말을 타는 초원에 게르가 하나 있었다. 게르 앞에 다다르자 모두 말에서 내렸다. 게르의 주인이 큰 주전자와 주발을 들고 나와 막걸리 같은 것을 따라주었다. '아이락'이라고 하는 마유주다. 한잔을 받아 마셨다. 약간은 시큼했다.

아이락은 말젖을 발효시켜 만든 것으로 몽골인들의 전통 음료다. 약간의 알콜기가 있지만 7~8도를 넘지 않는다. 그런데 아이락을 먹고 취하면 술이 늦게 깨기 때문에 많이 안 마시는 것이 좋다.

돌아오는 길. 버스가 고개를 오르는데 멀리 산 능선에 마치 사람이 손을 모아서 기도를 하는 것 같은 형상을 한 바위가 보였다. 아기 군은 그 바위를 가리켜 '소녀의 기도'라고 했다. 가져다 붙이기도 참 잘한다.

다시 거북바위 입구를 지나고 골프장 옆을 지나자 버스는 왼쪽 길로 접어들어 산골짜기로 들어갔다. 길이 끝날 무렵 왼쪽에 큰 바위가 있고 여러 채의 게르가 있다. 여기가 오늘 점심을 먹을 곳이다. 게르 안은 더운 바깥 날씨와는 달리 선선하다. 살펴보니 게르 밑 부분을 열어놓아 바람이 잘 통했다.

몽골 지방은 습도가 높지 않아 그늘에만 들어가면 시원했다. 이 식당 게르도 통풍이 잘 되도록 밑 부분을 열어놓았다. 점심 메뉴는 몇 차례 먹어본 허르헉이 나왔다. 허르헉은 찜통에서 바로 나온 것으로 김이 모락모락 나는 것이 맛이 있다. 이번 허르헉은 만들어놓은 지 오래 된 것 같다. 양고기를 너무 태웠고 전통방식으로 요리한 것이 아니었다. 그 동안 두 차례 몽골을 찾아와 먹어본 허르헉 가운데 가장 맛이 없었다.

복트 칸의 겨울 궁전

테를지 국립공원 안에 있는 캠프에서 점심을 먹은 뒤 울란바토르로 돌아왔다. 오는 길에 버스 안에서 낮잠을 즐겼다. 울란바토르로 오는 버스에서 아기 군에게 오후 스케줄을 물어보니 대답이 애매했다. 마땅히 갈데가 없는 것 같았다. 그래서 몽골제국 마지막 왕(칸)인 복트 칸이 살던 겨울 궁전으로 가자고 했다.

가끔 여행을 하다보면 현지 여행사측에서 관광 입장료를 아끼려고 꼭 가보아야 하는데도 빠트리는 경우가 있다. 그래서 입장료를 우리가 더 내기로 하고 복트 칸의 겨울 궁전으로 갔다.

몽골제국은 원나라 멸망 후 16세기부터 티베트에서 라마불교가 빠르게 유입되기 시작했고, 1639년 라마승인 자나바자르가 제1대 황제로 등극한 뒤 마지막 황제(칸)인 8대 복트 칸이 러시아에 의해 살해되기까지 라마승들이 지배했던 불교국가였다.

복트 칸의 겨울 궁전은 울란바토르 중심가에서 툴라 강 쪽으로 가는 길의 오른쪽에 위치하고 있는데 궁의 규모는 작았다. 유목민족의 특징이기도 하다. 그러나 옛날에는 궁을 둘러싸고 수없이 많은 게르들이 있었다고 한다. 또 여름 궁전은 이동이 편리하게 수많은 게르로 구성되어 있었으나 지금은 그 흔적이 없다고 하였다.

1901년에 러시아 사람들에 의해 지어진 겨울 궁전의 양식은 중국 풍과 러시아 풍이 혼재되어 있으며 궁 안에는 마지막 황제의 사진과 유품들이 전시되었다. 가장 욕심나는 물건은 중앙몽골의 어느 부족장이 선물로 보냈다는 눈 표범 150마리의 가죽으로 만들었다는 게르이다.

아기 군은 라마 불교와 이 라마승들이 몽골을 이렇게 쇠약한 국가로 만든 장본인들이라며 비난했다. 사실인즉 명나라 때부터 라마불교가 몽골에 유입되었고 몽골을 무너뜨린 중국은 몽골인 말살 정책의 하나로 몽골 가족 중에서 장자를 제외한 모든 사내를 라마승으로 만들어 인구가 저절로 감소되도록 유도했다는 설이 있다. 실제로 칭기즈칸 이후 몽골의 통치를 받던 피지배국들은 몽골이 패망하자 무자비할 정도로 피의 보복을 했다. 그뿐 아니라 몽골족 말살정책을 세우고 다시는 몽골족들이 발흥하지 못하도록 한 증거들이 지금 많이 남아 있다. 어찌 보면 우리나라 경복궁의 한 모퉁이만도 못한 것 같은 복트 칸의 겨울 궁전을 구경하고 나니 날씨가 무척 더웠다.

　다시 버스를 타고 고비 캐시미어 공장으로 갔다. 몽골 캐시미어가 싸고 좋다는 이야기를 들어서인지 모두들 반겼다. 서울의 절반 값도 안 된다면서 쇼핑을 즐기는 사람들을 보면서 잠시 우리 세대의 변화를 생각했다.

　어릴 적 털실을 손으로 떠서 옷을 만들어주셨던 어머니. 그래도 다른 친구들보다는 좀 형편이 나아 따뜻한 털셔츠를 입고 겨울을 나던 시절. 몇십 년이 지난 지금 우리는 그 시절에는 생각하지도 못했던 머나먼 이국땅 몽골까지 왔다. 몽골의 캐시미어 제품을 놓고 컬러와 디자인이 맘에 들지 않는다고 하고 있지를 않은가. 세월도 많이 지났지만 우리의 생활 수준도 크게 높아졌다.

　캐시미어 공장에서 쇼핑을 마치고 아기 군이 우리를 데려간 곳은 서울식당이었다. 이제까지 몽골에 와서 가본 식당에서 가장 고급스런 식당이다. 식당 앞마당까지 버스가 들어갔고 울란바토르 시내에서는 흔하지 않은 고급 외제 승용차도 많았다. 1층에 있는 과자점과 일본 식당을 지나 2층에 있는 한식 뷔페식당으로 갔다. 음식 메뉴도 다양했고 손님도 몽골의 상류층 인사들로 보였다. 오랜만에 미역국을 맛보았다.

민속공연, 마두금, 림베, 야닥, 후미

몽골 전통 민속공연을 보기 위해 서둘러 저녁식사를 마쳤다. 우리 일행이 찾아간 전통 민속공연장은 전면에 무대가 있고 객석은 살롱 식으로 테이블이 나누어져 있었다. 우리 일행은 두 테이블에 나누어 앉았다. 이내 종업원이 와서 음료 주문을 받았다. 극장 안에는 한국 사람들이 많은 것 같았다.

전통공연은 우리에게 잘 알려진 '마두금'을 비롯해 입으로 불어서 쇠를 울려 여운이 긴 소리를 내는 '림베'와 '야닥'이 공연되었다. 목구멍 안에서 울려나와 약간은 목이 쉰 듯한 소리를 내며 아주 먼 곳까지 들리는 '후미' 연주에 강한 인상을 받았다. 마지막에는 신선과 도깨비, 사천왕 같은 가면을 쓰고 나와 관객들에게 즐거움을 주었다.

우리 일행은 울란바토르에서 가장 번화가인 몽골텔레콤 로터리의 노천 카페로 갔다. 5박 6일 간의 몽골 여행의 마지막 밤이다. 전에 이곳에 왔을 때 독일식 흑맥주가 맛있었다. S가 울란바토르의 마지막 밤은 본인이 사겠다고 나섰다. 우리는 노천 카페의 길가 쪽 자리에 앉아 남자들은 흑맥주를, 여자들은 칵테일을 시켰다. 우리 좌석 주위를 둘러보니 이곳은 울란바토르의 젊은 멋쟁이들의 집합 장소였다.

만치르 사원터, 러시아 군대가 몽골의 라마승들을 학살하다

전날 밤 이른 잠에 든 탓인지 아침 일찍 눈을 떴다. 오늘은 몽골 여행을 마치고 서울로 돌아가는 날이다. 9시 반 호텔을 나서 전날 갔던 테를지 국립공원과는 정 반대 방향에 있는 북홋드항 국립공원에 위치한 만치르 사원으로 향했다.

울란바토르 시내를 벗어 난 버스는 공항 방향으로 한 참을 달리다 울란바토르 공 항이 보이는 지점에서 좌회 전해 초원으로 난 좁은 포장 도로를 달렸다. 길 좌우에는 말떼들이 한가로이 풀을 뜯는 평화로운 모습이 이어졌다. 다 른 초원처럼 양떼들은 별로 없다.

옛날의 모습이 사라진 만치르 사원터

1시간 남짓 가자 제법 큰 마을이 나타났다. 그 마을 입구에서 다시 통행료를 냈다. 아기 군의 표정이 영 시무룩하니 말도 없고 관광이 제대로 될 리 없다. 다행히 이 사실을 눈치 챈 몇 사람이 지갑을 열었다. 내가 원래 아기 군에게 주려던 팁을 더해 아기 군에게 주었다. 그리고 너무 걱정하지 말고 가이드를 잘 하도록 부탁했다. 돈이 좋긴 좋다. 아기 군의 얼굴에 금방 생기가 돌더니 예전의 그로 돌아갔다.

마을을 통과한 지 얼마 지나지 않아 숲이 보이고 홉스골에 갈 때 본 몽골 땅쥐 타르박들이 땅에서 올라와 인사를 한다. 아기 군 말로 이곳 숲에는 늑대나 여우들도 산다고 한다.

숲을 지나자 산중턱에 사원의 흔적이 남아 있다. 만치르 사원 유적지다. 아기 군의 설명에 의하면 이 만치르 사원은 몽골제국 최대의 사원으로 한 때는 만 명 가까운 스님들의 도량이었다고 한다. 그런데 러시아군들이 쳐들어와 난도질을 한 뒤 폐허가 되었다.

러시아 군대는 몽골의 국교인 라마불교를 말살하기 위해 몽골 국왕인 복트 칸을 총살했고, 몽골 전체 라마승들을 중국의 스파이라는 올가미를 씌워 35,000명이나 학살했다. 또한 몽골의 모든 사원에 불을 질러 없애버렸다. 이 만치르 사원에서도 2,000명이 넘는 라마승들이 러시아 군대에게 학살되었다고 한다.

인류의 전쟁사를 보면 십자군원정 때도 그랬고 서양인들의 만행이 동양인이나 이슬람인들과 비교할 수 없을 만큼 잔혹하고 비윤리적이다. 만치르 사원 유적지를 돌아보면서 씁쓸한 생각이 들었다. 서양이 지배하고 있는 지금의 세상은 승리자인 그들의 기록만 남아 정당화되고 미화되고 있다.

폐허가 되어버린 만치르 사원 마당에 우리나라 제주도의 돌하루방 같은 석인상들이 있다. 스님들의 공양을 했을 큰 청동솥과 맷돌도 입을 벌린 채 덩그러니 남아 하늘을 보고 있다.

작은 전시관에 들러 이 일대에서 서식했던 동물들의 박제도 보았다. 산 중턱에 있는 사원에도 갔다. 날씨가 너무 더웠다. 몇 명은 더워서 오르기가 힘이 드는지 숲속으로 몸을 숨겨 나무들에게 인조비료(?)를 뿌린 뒤 휴식을 취했다.

산 중턱에는 1993년에 관광용으로 복원한 사원 한 채가 있다. 규모는 그리 크지 않았다. 오히려 폐허가 된 옆 건물이 더 크다. 사원 안으로 들어가니 맨 처음 만치르 사원을 창건한 스님의 존영과 그가 사용하던 의자들이 있었다. 불교 그림인 탱화도 몇 점 있는데 별다른 특징이 없다. 2층으로 올라가니 사람의 뼈에 구멍을 내 만든 퉁소가 있고 해골로 만든 바가지도 있다.

라마승들은 삶과 죽음을 동일시한 것 같다. 지금도 티베트에 가면 작은 계곡 하나를 사이에 두고 죽음과 삶이 갈리며 죽은 시체를 토막내 독수리에게 뿌리는 조장을 행한다. 또한 시체만 전문으로 자르는 라마승들도 있다.

만치르 사원 2층 베란다로 나가니 바람이 시원하다. 일대가 한눈에 보였다. 사원 바로 옆에는 큰 계곡도 있다. 옛날에는 많은 승려들이 사용할 물이 흘렀을 것이다. 더운 날씨에 약간 지친 기색들이다.

몽골을 떠나며, 뭉크 텡그린을 간직하다

점심식사는 내가 전에 가본 적이 있는 말고기 전문 식당으로 가자고 했다. 말고기라는 말에 여자들은 선뜻 내키지 않아했다. 그렇다고 리더의 생각을 바꾸기도 어려울 것 같고 울며 겨자 먹기로 따르는 것 같다. '입에서 살살 녹는다'는 감언이설까지 하면서 말고기 전문점 경복궁 식당으로 갔다. 점심 메뉴로는 말고기 육회, 말 갈비찜, 말 곰탕이었다.

먼저 말고기 육회가 나왔다. 보드카를 한 병 시켜서 말고기 육회를 안주로 마셨다. 남자들은 말고기 육회가 입에서 녹는다며 한 접시를 더 시켰다. 여자들도 금방 접시를 비웠다. 생각보다는 말고기가 연하고 맛있다고 하였다. 몽골은 말의 나라다. 그만큼 말요리도 발달하였다. 일본의 홋카이도나 규슈에 가서 먹어본 말고기보다 몽골의 말고기가 훨씬 맛있었다. 처음 먹어본 말고기인데도 다들 맛있게 먹었다. 다행이다.

점심을 먹고 나서 울란바토르에서 제일 크다는 백화점으로 갔다. 규모도 그렇지만 물건들이 별로였다. 서울의 백화점과는 비교가 되지 않는다. 백화점 여기저기에서 우리 일행들을 만났지만 물건을 놓고 흥정하는 사람은 별로 없다. 전날 캐시미어 공장에 가서 대충 쇼핑을 한 탓도 있다. 몽골은 공업국가가 아니고 목축이 주된 산업이다 보니 공산품은 대부분 중국산이다. 그러니 우리 한국 손님들의 손이 쉽게 가지 않는 것도 당연하다. 나는 백화점 5층 코너의 휴게실 벽에 걸린 대형 몽골 지도를 보면서 다음 몽골 여행을 구상했다.

몇 차례 울란바토르 공항 가는 길을 오고가고 해서인지 공항 가는 길이 낯설지 않다. 공항에 도착해 짐을 부치고 아기 군과 작별했다. 공항 대합실에서 우리 여자동창 싱글 3명이 일행을 구내 커피숍으로 안내했다. 그 동안 신세 많이 졌다며 커피를 대접해주었다.

우리를 태운 몽골항공의 OM307 비행기는 정확히 몽골 시간으로 저녁 7시에 울란바토르 공항 활주로를 이륙해 기수를 서울로 향했다.

이번 여행은 당초 생각대로 순수한 자연을 찾아가 나름대로 느낌은 좋았지만 많은 고생을 했다. 정보가 좀 부족했고 그래서 시간을 낭비하기도 했다.

하지만 몽골은 무엇과도 비교할 수 없는 깨끗한 자연의 나라였다. 그들이 수호신으로 믿는 뭉크 텡그린. 그 영원한 하늘에서 쏟아지는 별들을 몽골이 아니고선 어디서 볼 수 있으랴… 그 하늘을 영혼의 호수 홉스골은 말없이 안고 있었다.

나의 이기심으로, 우리의 이기심으로 마음이 복잡해질 때는 늘 몽골의 뭉크 텡그린이 기억나리라.

\# 신들의 나라, 신들의 사람들

– 인도 여행기

갠지스 강 성수에서 정신의 때를 씻어내는 인도 사람들

혜초의 천축국 인도로 향하다

"여행과 변화를 사랑하는 사람은 생명이 있는 사람이다"라는 리하르트 바그너(독일의 작곡가이자 수필가)의 말처럼 나도 살아 있음을 확인하기 위해 어디론가 떠나고 싶은 걸까….

1,400년 전 신라의 고승 혜초가 죽을 고비를 넘기면서 다녀온 천축국(天竺國) 인도. 그곳을 가기 위해 우리는 밤 8시경 인천공항을 이륙해 인도의 델리로 향했다.

델리까지는 8시간여가 걸리는데 오늘은 바람을 안고 가기 때문에 9시간 정도 걸릴 거라는 기장의 안내방송이 나온다. 비행기는 어둠 속을 시속 700km대를 유지하며 날고 있다. 소등이 되자 억지로 눈을 붙였다.

얼마가 지났을까. 눈을 뜨니 비행기는 이미 인도 상공을 나르고 있다. 문명의 이기란 이런 건가… 몇 년에 걸쳐 구법수행을 하며 인도를 다녀온 혜초 스님과 새삼 비교가 된다.

입국 절차를 마치고 대합실로 나오니 새벽 2시가 넘었다. 우리 말을 할 줄 아는 인도인 현지 가이드 미스터 모누가 우리를 반갑게 맞이했다.

모누에 의하면 인도의 면적은 남한의 33배이고 인구는 13억이라고 한다. 11억 정도로 알고 있었는데 2억 명을 더 붙인다. 그런데 인도에서 쓰이는 언어가 1,652개나 된다는 사실은 말하지 않는다. 인도의 복잡함은 설명하기 싫은 건지….

공항에서 약 40분 거리에 있는 크라운 플라자 호텔에 도착했는데 입구부터 보안 검색이 철저하다. 그만큼 인도에 종교와 인종분쟁 관련 테러가 많다는 얘기다. 터번을 쓴 보안 요원이 "탱큐 써~"를 연발해도 그리 유쾌하지 않다. 그런데다 인도의 호텔에서는 여권검사까지 하는 모양이다.

바라나시, 이곳을 보았다면 인도를 다 본 것이다

모닝콜 소리에 눈을 떴지만 잠을 설쳐서인지 몸이 무겁다. 다시 가방을 챙기고 식당으로 내려갔다. 먼저 인도를 다녀온 사람들이 먹거리가 걱정이라고 했는데 오늘 아침 호텔 뷔페는 썩 괜찮다.

아침식사를 끝내고 서둘러 델리 공항으로 향했다. 길가에는 이른 아침부터 우유차를 만들어 파는 작은 가게들이 보였다. 가게 앞에 남자들이 담요를 뒤집어쓰고 삼삼오오 모여 있다. 여기도 아침저녁으로 일교차가 심한 것 같다. 인도 국내선 탑승도 보안검사가 철저했다. 기관단총을 든 경비원들이 아예 티켓이 없는 사람은 공항청사에 들어가지도 못하게 하고 그 안에서도 보안검색이 철저하다.

잠을 설쳐 약간은 피곤했지만, 그 동안 그림으로만 보아왔던 갠지스 강을 보러 간다는 희망으로 견딜 만했다. 어떤 여행자들은 갠지스 강이 흐르는 바라나시를 가리켜 "바라나시를 보지 않았다면 인도를 본 것이 아니다. 바라나시를 보았다면 인도를 다 본 것이다"라고 했다.

많은 여행 전문가들이 꼭 권하는 도시 바라나시. 그곳에 가는 방법은 여러 가지다. 대개는 기차를 탄다. 델리에서 바라나시까지 13시간이 걸린다지만 인도 기차 역시 믿을 만한 것이 못된다. 기차로 19시간이나 걸렸다는 사람들도 있다. 우리는 1시간 20분 걸린다는 인도 국내항공을 선택했다. 탑승 예정 시간보다 약간 늦게 비행기에 오르자 인도의 젊은 스튜어디스들이 "굿 모닝!" 한다. 비행기 안에는 우리 말고도 중국인 같은 동양계 사람들이 드문드문 보였다.

이륙 후 한 시간이 지났을 때 곧 착륙하겠다는 기내방송이 나왔다. 창밖을 내다보니 끝없는 평원이 펼쳐졌다. 땅이 큰 나라를 여행할 때는 그 넓은 땅이 부럽고, 영토가 작은 우리나라가 아쉽다. 그런 면에서 인도도 부러운 나라다. 오전 11시가 조금 넘어 바라나시 북쪽 18km 지점에 있는 바빳푸르^{Babatpur} 공항에 착륙했다. 일부 승객은 내리지 않고 카주라호까지 간다. 공항이 참 작다. 몇 년 전 몽골 북쪽의 무릉공항을 가본적이 있는데 그보다는 좀 컸지만 그래도 유명한 관광지의 관문치고는 작고 비좁았다.

앞으로 인도도 관광 인프라에 많이 투자해야 할 것이다. 중국이 베이징올림픽 이전까지 열악했던 지방공항들을 중앙정부가 과감히 투자해 환골탈태시킨 것처럼. 화물 찾는 곳으로 가 짐을 기다리는데 콘베어 시스템이 낡아 시간이 걸렸다. 이곳 공항도 보안 검색이 철저하다. 인도에 온 지 불과 하루인데 보안검색이 생활화가 되어버렸다. 모누가 이 지방 출신이라고 한다.

바라나시는 기원전 600년경 당시 지배종교였던 브라만교에 실망한 새로운 사상가들이 이곳 갠지스 강가에 모여들어 서로의 사상을 토론하면서 도시가 형성되었다. 부처님이 최초로 설법한 녹야원이 이곳에서 불과 30분 거리에 있는 것도 이 도시의 생성과 밀접한 연관이 있다.

바라나시라는 지명을 갖게 된 것은 식민지 시절 영국 사람들이 이 도시를 끼고 흐르는 갠지스 강의 지류인 북쪽 강 바루나 강과 남쪽 강 아시 강의 이름을 따서 바라나시로 명명하면서 시작되었다. 현재 인구는 약 120만 명 정도다.

호텔로 가는 동안 시골마을이 보였다. 푸른 밀밭이 이어지고, 늙은 소는 대책 없이 달리는 버스를 가로막고, 아낙들은 땔감을 머리에 이고 무작정 걷고, 어떤 곳에서는 여자들이 소똥을 주물러 팬케이크처럼 만들고 있었다. 대조적으로 남자들은 가게 앞에 몰려앉아 놀고 있었다. 남자들은 놀고 여자들은 일하고 무언가 이상하다는 느낌이 든다. 인도에서 여자로 살아간다는 게 무척 힘들어 보인다.

사이클 릭샤, 세상에서 가장 복잡한 도시를 누비다

점심 때가 다 되어 바라나시 시내로 들어섰다. 거리에는 사람들이 어찌나 많은지 축제날 같다. 우리의 시골 장날이 연상된다. 우리는 바라나시의 기차역인 정선역과 인도관광청 건물 사이에 있는 라마다 바라나시 호텔에 도착했다. 5성급 호텔이라는데 수준이 델리의 호텔만 못하다. 점심식사를 한 뒤 전날 잠을 설친 탓에 금방 잠이 쏟아졌다. 달디단 오수를 즐겼다.

얼마가 지났을까 눈을 뜨니 오후 4시가 다 되었다. 바라나시의 날씨는 일교차가 심하기 때문에 해가 지고 나면 조금 쌀쌀해질 수 있다고 해

겉옷 하나씩을 준비했다. 호텔 입구 쪽으로 인력거 비슷한 사이클 릭샤 13대가 무리지어 기다리고 있다. 인도의 중요한 교통수단인 사이클 릭샤는 자전거 뒷바퀴 위에다 2인용 좌석을 부착해 사람의 힘으로 움직이는 소위 자전거 인력거다. 한 대에 2명씩 올라타는데 공기가 좋지 않으니 가능하면 마스크를 착용하라고 했다. 나와 아내는 젊고 튼튼해 보이는 사이클 릭샤 운전수를 골라 탔다. 그런데 두 사람이 앉기에는 자리가 좁았다. 어쩔 수 없이 엉덩이의 한쪽만을 자리에 걸친 채 아내의 어깨를 안고서야 중심을 잡을 수 있었다.

호텔을 나선 일행의 사이클 릭샤 무리는 곧 길거리의 긴 행렬로 바뀌

바라나시 거리를 누비는 일행의 사이클 릭샤

었다. 우리는 거리를 누비는 인도 사람들을, 인도 사람들은 낯선 이방인들의 사이클 릭샤 행렬을 서로 구경하는 처지가 되었다. 바라나시는 '사이클 릭샤의 도시'라는 이름답게 자전거 인력거가 정말 많았다. 라마다

바라나시 호텔에서 갠지스 강까지는 제법 먼 거리다. 숨을 헐떡이며 페달을 밟는 운전수와는 달리 사람들은 행복한 얼굴로 오고가는 거리의 행인과 풍경을 감상하기에 바빴다. 반대로 거리의 인도 사람들은 마스크를 쓰고 떼지어 사이클 릭샤를 타고 가는 우리를 신기한 눈빛으로 쳐다보았다.

바라나시 거리는 정말 복잡했다. 60세 넘게 살아오면서 이렇게 복잡한 거리는 처음이다. 살아있는 모든 것이 거리로 쏟아져나온 것 같았다. 질서? 다른 데 가서 알아볼 일이다. 이곳에서는 인간을 포함해 생명 있는 모든 게 제멋대로 움직이는 느낌? 더러 신호등이 있었지만 별로 지켜지지 않았다. 간혹 교차로에는 장총을 거꾸로 멘 통제자가 있기는 했다. 군인인지 경찰인지 복장도 그렇지만 긴장감이란 없는 듯했다. 교통 소통에는 별 관심 없고 하나같이 핸드폰에다 대고 무언가 소리친다.

사이클 릭샤 행렬은 점점 더 복잡한 인파 속으로 빨려들었다. 한 20분 넘게 달려왔는데 뒤를 따르는 릭샤가 보이지 않았다. 앞뒤를 둘러보아도 일행을 태운 릭샤가 보이지 않자 슬슬 걱정이 되었다. 혹시 우리가 길을 잘못 든 건 아닌지. 운전수가 진행을 멈추고 다른 릭샤를 기다렸다. 그도 힘이 들었는지 땅에 내려 땀을 닦았다.

사이클 릭샤 운전수 가운데도 리더가 있는 모양이다. 조금 뒤 제법 나이 든 운전수가 와서 무어라 하니 우리 운전수가 고개를 끄덕이고 다시 편대를 구성해 사이클 릭샤 행렬이 움직였다.

어디까지 가는지는 몰라도 출발한 지 제법 시간이 지났다. 다른 외국인 관광객들은 거지떼가 우글거리는 거리를 웃으면서 걸어다녔다. 우리도 시간이 허락한다면 릭샤에서 내려 복잡한 거리를 사람 냄새와 숨결을 느끼면서 걸었으면 하는 아쉬움이 들었다. 항상 단체여행을 하다 보면 편하기는 한데 개별행동이 제한되기 때문에 현지 사람들을 직접 만나는 그런 체험이 아쉬울 때가 있다.

호텔을 출발한 지 50분이 지나 바라나시의 갠지스 강 가까운 사이클 릭샤 주차장에 도착했다. 모누 군은 호텔에 돌아갈 때에도 같은 사이클 릭샤를 타야 하니 운전수를 잘 기억하라고 했다. 그리고 호텔에 돌아가서는 승객 1인당 1달러씩 팁을 주라고 했다. 사이클 릭샤를 내리니 오른쪽 고관절 부분이 약간 뻐근하다.

복잡한 거리를 잠시 걸어서 갠지스 강가로 향했다. 인파 속을 헤쳐 나가자 곧 모든 인도 사람들의 성수인 갠지스 강이 우리 눈에 들어왔다. 그 유명한 가트에 도착한 것이다.

다샤스와메드 가트, 창조의 신 브라흐마가 제사 지내다

우리가 찾아간 곳은 바라나시에서 제일 큰 다샤스와메드 가트^{Dasaswamedh Ghat}였다.

전설에 의하면 이 가트는 창조의 신 브라흐마^{Brahma}가 10마리의 말을 바쳐 제사를 지낸 곳이라고 한다. 어원 역시 10=das, 말=aswa, 희생=medh가 들어가 있어 이를 증명한다.

가트로 가서 나룻배를 탔다. 주위를 둘러보니 한쪽에 대나무 우산도 펴져 있고, 각종 플라스틱과 놋쇠로 된 물건들을 들고 다니며 호객을 하는 사람, 하얀 수염에 이상한 터번과 복장을 한 수행자들도 있다. 나는 그 수행자의 사진을 한 컷 찍으려다 그만두었다. 아무래도 그 사람이 모델비를 달라고 할 확률이 높았다. 나중에 모두 군에게 물어보니 그렇다고 한다.

강가로 가니 수많은 나룻배꾼들이 손님을 부른다. 여기에서도 경쟁은 치열했다. 생과 사를 초월한 사람도 있는 것 같지만 다른 한쪽에서는 한 푼이라도 더 벌어보겠다고 소리를 지른다. 이런 삶, 저런 삶이 공존한다.

우리는 제법 큰 배를 탔다. 배는 노를 저으며 서서히 갠지스 강 중심

다샤스와메드 가트

으로 나아갔다. 조금 전 승선했던 다샤스와메드 가트가 점점 멀어지고, 황금 800kg을 탑에 부어 지었다는 황금사원도 보였다.

강 건너에는 어둠이 스며들기 시작했다. 저녁 기도를 준비하고 있는

다샤스와메드 가트 제단에 조명이 켜졌다. 다시 뱃머리를 돌려 그 유명한 갠지스 강의 화장터가 있는 마니까르니까 가트^{Manikarnika Ghat}로 접근했다. 우리가 배를 탄 가트에서 그리 멀지 않았다.

모누 군이 화장터의 사진촬영은 절대 안 된다고 강조했다. 가까이 가보니 시체들은 관도 없이 천으로 싸인 채 대나무로 만든 들것에 실려왔다. 가트로 내려와 시체를 물에 몇 번 담근 뒤 친족들이 망자의 주위를 맴돌다 타고 있는 불 위에 올려놓는 것으로 화장은 시작된다.

나는 비록 잠시 동안이었지만 뱃머리로 가서 까치발을 한 채로 이 광경을 자세히 지켜보았다. 한 생명으로 태어나 만고풍상을 겪고 한줌의 재로 변하는 것을 보니 삶의 덧없음이 느껴졌다.

이곳 사람들은 마니까르니까 가트를 매우 신성한 곳으로 여기기 때문에 여기에서 화장된 뒤 성스러운 갠지스 강에 뿌려지면 영원히 다시 태어난다고 믿는다. 나중에 들은 이야기지만 이곳에서도 빈부의 차는 피할 수 없다.

돈이 많은 사람은 화장할 장작을 많이 사 시체를 제대로 태워 완전히 재가 된 상태에서 갠지스 강에 뿌리지만, 가난한 사람들은 장작을 살 돈이 없어 남의 곁불 쬐듯이 타다 만 상태로 강에 버려지기도 한다. 화장터를 떠날 때 나는 몰래 카메라를 꺼내 셔터를 눌러댔지만 이미 어두워졌고 거리가 멀어 화장하는 불더미들만 사진에 찍혔다.

화장터를 떠나 다시 다샤스와메드 가트 제단 쪽으로 왔다. 강 중심에 배를 띄워놓고 기다리자 힌두교도들의 저녁기도 의식인 아르띠 뿌자^{Arti Pooja}가 시작되었다. 멀리서 보니 화려한 복장을 한 힌두교의 최고 계급인 브라만 사제 7명이 나와 갠지스 강을 향해 무어라고 주문을 외며 소리

높여 의식을 진행했다. 제단 근처에는 수많은 사람들이 몰려와 이 의식을 구경하고 있었다. 이곳에서 그리 멀지 않은 좌측에도 같은 종류의 제사의식이 거행되고 있었으나 규모는 작았다.

한동안 제사의식을 본 뒤 시장거리를 조금 걸었다. 길거리에는 작은 나뭇가지를 잘라 묶어놓고 팔고 있었다. 모두 군이 '님'이라는 나무로 치약 대용품이라고 했다. 어두워진 거리에도 많은 사람들이 넘쳐나고 있었다.

줄지어 손을 내미는 거지떼들, 사이클 릭샤꾼들, 거리를 배회하는 늙은 소들, 소똥, 배낭을 메고 기웃거리는 외국인 관광객까지 마치 만물시장 같다. 그 거리에는 그렇게 사람들과 생물들이 같이 살고 있었다. 우리는 겨우겨우 사이클 릭샤 주차장을 찾아가 타고 왔던 운전수의 릭샤에 올랐다.

올 때는 밝기라도 했는데 이미 어둠이 깔린 길을 전조등도 없는 사이클 릭샤가 어떻게 갈까 걱정이 되었다. 그러나 기우였다. 사이클 릭샤꾼들은 어둡고 복잡한 거리를 요리조리 헤치면서 잘도 달렸다. 딱 한 곳. 중간쯤에서 오르막이 있는지 잠시 페달을 밟지 못하고 내려서 힘들게 자전거를 밀었다.

올 때는 갈 때보다 거리가 덜 복잡해 조금 빨리 갔다. 호텔 가까이 와서 내가 운전수에게 이름이 무어냐고 물었는데도 대답이 없다. 다시 몇 살이냐고 물었다. 그랬더니 뒤를 돌아보며 "노 잉글리쉬!" 하는 게 아닌가. 잘은 모르겠지만 교육을 못 받은 계층 같다. 정말 힘들게 일을 한다. 호텔 입구에서 내려 2달러를 주었다. 그러자 무표정하게 고개를 끄덕이

더니 사라졌다. 우리가 조금 무거웠나? 아니면 팁이 부족했나?

식사 후 잠시 휴식을 취했지만 그래도 피곤함이 몰려왔다. 내일은 갠지스 강의 일출을 보기 위해 새벽에 호텔을 나서야 한다. 정말 강행군이다. 방에 들어와 더운 물로 샤워를 하고 나니 하품이 귀에 걸린다.

갠지스 강의 일출

오늘도 예외는 아니다. 해 뜨는 갠지스 강과 인도 사람들의 목욕 장면을 보기 위해서 새벽 모닝콜은 어김없이 울렸다. 그러나 어쩌랴. 그렇게도 그리던 갠지스 강의 새벽 풍경을 보기 위해 이곳까지 온 것 아닌가. 정확히 5시 30분에 버스가 출발했다. 전날 갔던 길을 이번에는 사이클 릭샤가 아닌 버스를 타고 갔다.

아직도 거리에는 어둠이 그대로 남아 있다. 전날 밤만 해도 온갖 사람들과 아우성이 넘쳐나던 거리는 숨을 죽이고 아침을 기다리고 있다. 간간이 삼륜차를 택시로 개조한 오토 릭샤의 희미한 불빛만이 홀로 달리는 우리 버스를 응원하듯 반기고 있다. 한 20분 정도 왔을 때 모두 군이 내리란다. 좁은 길에는 버스가 들어갈 수 없다며 이제부터는 걸어서 간다고 한다. 어제 찾았던 다샤스와메드 가트까지 가야 하는데 길이 어두우니 앞사람을 놓치지 말란다.

거리에는 구걸을 하던 거지들이 처마 밑에 담요 같은 것을 덮은 채로 잠을 잔다. 불쌍하다. 이들은 대부분 인도의 최하위 계급인 불가촉천민들이다. 태어나면서부터 천형을 안고 살아가는 가엾은 삶이다. 저들은 인도의 전통적인 계급사회인 4대 카스트에도 들지 못하는 그야말로 아웃 카스트인 제5의 인생들이다.

사람의 생명은 태어날 때부터 고귀한 것인데 어찌 저리 찌든 삶을 숙명처럼 안고 살아가는가. 한 세상을 살다보면 부귀하고 영화로운 삶도 있고 더러는 비루하고 굴욕적인 삶도 있지만, 어제 저녁 화장터에서 보니 모두 장작더미 위에서 한줌 재가 되어 강물에 뿌려지는 인생인 것을….

모누 군은 골목 어귀의 우유차를 파는 늙은이 앞에서 우리를 세우더니 우유차를 한 잔씩 권했다. 찻잔은 이곳 진흙으로 만든 일회용 잔이다. 이른 아침 공복에 따뜻한 우유차 한잔을 마시니 속이 따뜻했다. 더운 우유차는 달짝지근해서인지 마실 만했다. 다 마신 흙잔은 길가에 버렸다. 쉽게 깨어졌다.

일부 여성들은 꺼림칙했던지 우유차를 사양했다. 새벽 갠지스 강가 길목에서 잠깐 동안 인도 사람과 같이 얼굴을 맞대고 숨 쉬면서 그들이 만들어준 우유차 한잔을 마신다… 어쩌면 소중한 추억으로 남을 텐데도 말이다.

우유차를 마시고 길을 걷는데 어떤 여성이 소리를 꽥 질렀다. 소똥을 밟았다는 것이다. 길 위에는 아직 치우지 않은 소똥들이 있었다. 소똥. 요즘에야 우리도 살기가 나아져서 그렇지 옛날 시골에서는 흔히 보던 소똥이다. 그렇게 요란을 떨 일은 아니었다.

전날과 같이 갠지스 강가의 다샤스와메드 가트에 도착했다. 강가에는 담요를 쓰고 잠을 자는 사람도 있고 벌써부터 장사를 시작한 사람도 있다. 우리는 큰 배 하나에 모두 올랐다. 곧 모두 군이 무슨 물건 하나씩을 나누어 준다. 꽃을 꽂아 만든 조그만 종이배에 촛불을 꽂은 디아Dia다. 이 디아에 불을 붙여 갠지스 강에 띄우고 소원을 빌면 소원이 이루어진다고 한다. 나도 아내와 같이 촛불을 붙여 디아를 강에 띄웠는데, 내 디아는 금방 뒤집어졌다. 그 당시 뚜렷한 소원이 없어서 그랬을까? 아무튼 내 촛불은 강 속으로 사라졌고, 아내와 다른 사람들의 소망의 촛불 디아는 작은 꽃배가 되어 유유히 흐르는 갠지스 강 위를 기도처럼 떠다니며 새로운 아침을 불렀다.

열은 어둠마저 사라지자 만물이 움직이기 시작했다. 강 가운데로 나가자 조그만 배들이 우리 배를 따라 붙으면서 갖가지 물건을 팔았다. 전날 보았던 놋쇠와 플라스틱 용기는 말할 것도 없다. 이 용기들은 성스러운 갠지스 강 물을 떠다가 집에서 힌두교 의식을 행할 때 성수로 쓰라는

갠지스 강의 일출

것이다. 몇몇이 장식용으로 쓰겠다며 샀다. 어떤 배는 비닐봉지에 작은 물고기들을 넣어와 '일 달러!'를 외쳤다. 아마 우리나라 사람들이 더러 이 물고기를 사서 방생한답시고 이곳에다 보시를 한 것 같다.

강을 건너가 바라나시 시가 아닌 강 건너 마을인 나므나가르샤의 땅을 밟았다. 그쪽 마을 사람들은 강아지까지 끌고 와서 신기한 듯 우리를 쳐다보았다. 해 뜨기 직전 물안개 위로 펼쳐진 다샤스와메드 가트와 바라나시를 감상했다. 참으로 평화로워 보였다. 나므나가르샤의 땅에서 갠지스 강을 배경으로 기념촬영을 했다.

다시 뱃머리를 돌려 강 가운데로 나오자 해가 솟아올랐다. 갠지스 강의 일출이다. 낮게 깔린 구름 위로 떠오르는 태양은 마치 구름이 불을 떨치고 일어나는 것처럼 힘차게 솟아올랐다. 아쉬움이 있다면 태양이 떠오른 곳이 물 위가 아니고 지평선 위라는 것. 그래도 우리는 탄성을 지르기도 하고 카메라를 꺼내 셔터를 눌러 갠지스 강의 일출을 담았다. 어떤 이는 손을 모아 떠오르는 태양을 향해 기도했다.

갠지스 강의 목욕, 정신의 때를 씻어내는 종교의식

다시 출발점으로 왔다. 수많은 사람이 강으로 내려와 목욕을 한다. 나는 그 동안 인도 사람들이 까무잡잡한 얼굴을 하고 다녀서 목욕을 자주 안 하는 것으로 생각했다. 그런데 그렇지는 않았다. 다만 갠지스 강의 강물이 더러워 보이는데 이런 데서 목욕을 한다는 것이 좀 그랬다. 물론 우리 기준으로 이곳 사람들을 재단해서는 안 되겠지만….

그들은 남녀노소 할 것 없이 강으로 들어가 중얼거리면서 기도하고 목욕을 했다. 심지어 어떤 사람은 손으로 강물을 떠서 입으로 가져가 마시기도 했다. 또 어떤 여인들은 이 남녀혼탕에서 빨래를 하기도 했다. 아주 가까운 곳에서는 제법 배가 나온 중년의 남자가 팬티만 걸친 채 목욕을 했다. 몸을 물속으로 몇 번 담구고 일어나 손을 팬티 앞쪽으로 집어넣은 뒤 한동안 손동작을 하고 나서 다시 물속에 몸을 집어넣었다. 여성들이 웃어대도 그는 전혀 개의치 않고 성스럽게 목욕을 계속했다.

인도 사람들에게 목욕은 단순히 위생을 위한 행위이기보다는 정신의 때를 말끔히 씻어내는 종교의식인 것 같다. 아침에 강으로 나와 몸을 담그고 해가 뜨는 동쪽을 향해 합장하는 모습이 그런 것을 말해준다.

뭍으로 올라온 우리 앞에는 수학여행을 온 인도 여학생들이 해가 뜬

새벽, 갠지스 강에서 목욕하는 사람들

갠지스 강을 바라보며 선생님의 설명을 열심히 듣고 있다.

거리로 나오니 새벽녘 처마 밑에서 잠을 자던 거지들이 일어나 구걸을 하기 시작했다. 어디에서 왔는지 소들도 다시 거리를 배회한다. 원숭이들도 일어나 떼를 지어 소리 지르며 건물과 건물 사이를 날아다니며 자기네들도 이곳에서 살고 있음을 시위한다.

베나레스 힌두대학, 두르가 사원

베나레스 힌두대학은 인도에서 다섯 손가락에 들 정도로 캠퍼스가 크다. 인도 독립의 아버지 마하트마 간디의 친구인 빤디트 말라비야가 바라나시의 마하라자로부터 기증받은 땅에 세운 대학으로 인도 내에서도 산스크리트, 전통예술문화에 상당한 두각을 나타내고 있다.

버스를 타고 대학 정문을 통과해 한참을 달렸다. 캠퍼스 경내에는 제법 큰 가로수가 있었는데 모누 군은 그 나무가 칫솔나무인 '님'나무라고 알려주었다. 큰 망고나무들도 많았다. 또 모누 군은 인도라는 말은 힌두와 같은 어원으로 알렉산드로스의 군대가 인더스 강 연안에 당도했을 때 그곳에 살

대학 구내의 뉴 비쉬와나트 사원 입구

고 있던 사람들을 힌두(신두), 그리고 그들이 사는 땅을 힌도(인도)라고 부른 데서 시작되었다고 설명했다.

캠퍼스 내에 있는 힌두 사원인 뉴 비쉬와나트 사원은 이슬람의 자나바피 모스크를 짓기 위해 파괴한 비쉬와나트 사원을 복원한 것이다. 대학의 설립자인 빤디트 말라비야의 아이디어에 벌라 재단^{Birla Foundation}이 자금을 제공해 만들었다.

원래는 힌두교도가 아니면 힌두 사원은 들어갈 수 없다고 한다. 그러나 이곳은 설립자의 뜻에 따라 종교와 계급에 관계없이 들어갈 수 있다. 다만 신발은 벗고 양말이나 맨발로 들어가야 한다. 사원 앞에서 신발을 벗고 조심스럽게 힌두 사원 안으로 들어갔다. 사원 안에는 브라만 사제들이 엄숙히 기도를 하고 있고 아침부터 나온 부지런한 힌두교도들이 사제들을 향해 큰절을 올리고 있었다.

사원을 나오니 모누 군이 아이스크림 가게에서 파는 따끈한 우유차를 한 잔씩 권했다. 새벽녘에 노인에게서 사먹던 것보다 잔이 컸고 위생 상태도 한결 좋았다. 약간은 출출했는지 새벽녘 골목길에서 우유차를 사양했던 사람들도 마셨다.

베나레스 힌두대학을 나와 두르가 사원으로 향하는데, 우리 버스를 보고 길가의 어린 집시소녀가 냄비를 두들기고 재주를 넘으며 일행을 향해 구걸을 했다. 하지만 버스가 잠시 멈추었다 가는 바람에 어떻게 도와줄 방법이 없었다.

일명 원숭이 사원으로 알려진 두르가 사원으로 가는 길은 비좁고 복잡했다. 길가에는 우유를 사고파는 우유시장이 있었다. 자전거나 수레에 우유통을 싣고 나와 손으로 찍어 맛을 보면서 거래하는 모습이 특이했다.

파괴의 신 쉬바신의 부인인 두르가를 모신다는 이 사원은 힌두교도가 아닌 사람들은 들어갈 수 없다고 해서 우리는 밖에서 지붕만 쳐다보다가 돌아왔다.

새벽에 일어나 강행군을 한 탓에 배가 고팠다. 서둘러 호텔로 돌아와 아침식사를 했다. 흰 쌀밥이 나왔는데 쌀이 차지지가 않고 불면 날아갈 것 같다. 흔히 얘기하는 안남미였다. 어린 시절 한국전쟁 직후에 먹은 그 안남미다. 갖가지 인도식 카레 음식도 나왔다. 그런데 인도 카레는 우리가 그 동안 먹어왔던 것하고는 맛이 좀 달랐다.

카레 색깔이 인도 사람들 피부처럼 약간 거무튀튀한 데다가 향신료가 들어 있어 비위가 약한 사람은 쉽게 손이 가지 않았다. 그래도 나는 완두콩을 넣은 카레 등 몇 가지를 인도 식빵인 '난'과 함께 맛있게 먹었다. 소고기는 말할 것도 없고 돼지고기로 만든 베이컨은 구경할 수가 없다. 어쩌다가 나오는 양고기 정도가 유일한 고기였다. 빠지지 않고 식탁에 오르는 닭고기가 싫어졌다.

오늘 저녁도 바라나시에서 머물지만 다른 호텔로 가야 한다. 지금이 인도 관광의 절정기라서 바라나시의 어떤 호텔도 이틀씩 방을 주지 않는다. 가방을 챙겨 내려와 호텔 프런트에서 환전을 했다. 20달러를 주고 86루피를 받았다. 1달러에 43루피를 받은 셈이다. 호텔에서 바꾸었는데도 환율이 그리 나쁘지 않았다.

녹야원, 싯다르타 최초의 설법지

11시에 체크아웃을 하고 불교의 4대 성지 가운데 하나인 녹야원으로 향했다. 녹야원은 부처님이 보리수 나무 아래서 홀연히 깨달음을 얻고 나서 최초로 설법을 한 곳이다.

녹야원 일대의 유적지

아쇼카 대왕 시절 세워진 다멕 스투파

부처님이 되기 전 싯다르타가 사르나트를 최초의 설법지로 선택한 데는 그만한 이유가 있다. 싯다르타와 함께 수행을 하던 다섯 명의 도반이 있었다. 그들은 함께 육체적 고행을 실천했지만 '고행만이 깨달음으로 가는 길이 아니다'라는 작은 진리를 터득한 싯다르타가 처녀 수자타에게 우유죽을 공양받자 그를 변절자로 낙인찍고 떠나버렸다. 그러나 싯다르타는 그들이 떠난 뒤 얼마 안 되어 보리수 나무 아래서 홀연히 깨달음을 얻고 부처(붓다)가 되었다.

깨달음을 얻어 부처가 된 그는 지혜를 나누는 첫번째 대상으로 그를 떠났던 다섯 명의 수행자를 선택해 이곳으로 나와 설법을 했다. 싯다르타를 변절자로 취급하고 떠났던 그들이었지만 부처로 거듭난 싯다르타의 모습에 자신들도 모르게 일어나 자리를 청했고, 이에 부처는 그들에게 불교의 핵심 교리인 사성체(四聖蹄)와 팔정도(八正道)를 가르치며 그들을 최초의 제자로 삼았다.

그 이후 불교가 전 인도에 전파되면서 녹야원도 중요한 불교의 성지로 추앙받았다. 그러나 10세기 이후 인도 북쪽에 이슬람이 침입하면서 불교가 쇠퇴하기 시작했고 녹야원도 점차 사람들의 기억 속에서 사라졌다. 1855년 영국의 고고학회가 사르나트의 녹야원을 발굴했지만 이미 불교도가 전체 인구의 1% 미만인 인도에서 녹야원의 위치는 애매해진 상태라고 한다.

녹야원에 들러 이곳저곳을 둘러보는데, 우리의 눈 길을 끈 것은 파괴되지 않고 남아 있는 큰 탑이었다. 이 탑은 다맥 스투파라고 불리는 것으로 부처가 다섯 제자에게 최초로 행한 설법인 초전법륜을 기념하기 위해 만든 것이다. 또한 이슬람에 의해 파괴된 녹야원에서 유일하게 남아 있는 탑으로 아쇼카 대왕 시절에 건축되었으며 높이가 33.5m다.

다맥 스투파를 지나 왼쪽으로 가는데 티베트에서 왔다는 승려 세 사람이 열심히 기도를 하고 있고, 또 젊은이 한 쌍이 잔디밭에 앉아 데이트를 즐기고 있다. 청년이 우리 일행을 보고 싱글거린다. 보기 좋다. 언제 어디서나 젊음은 아름답다. 내가 행복하냐고 물었더니 주저 없이 "예스" 한다. 하긴 물어본 나도 그렇고 대답한 그 젊은이도 좀 싱거웠다.

그들을 지나쳐 한쪽 코너로 가니 녹야원답게 사슴을 기르는 데가 있다. 사슴들은 관광객에 익숙한지 철망 사이로 넣어주는 먹이를 잘 받아먹었다.

그 다음으로 찾아간 곳이 부처가 설법을 했을 것이라고 추정되는 자리에 세운 다마라지까 수투파다. 탑 안에는 탑의 기원을 적은 명문도 보관되어 있다. 다마라지까 수투파는 아쇼카 대왕이 세운 뒤 무려 여섯 번에 걸쳐 보강공사를 했다. 그러나 1794년 이곳 바라나시의 지방군주가 자신을 위한 건물을 짓는 데 필요한 벽돌을 해결하기 위해 부처님 최초의 설법지를 헐어버렸다. 이슬람 교도들의 불교 유적 파괴는 옛날이나 지금이나 변함이 없다.

다마라지까 수투파 뒤에는 아쇼카 대왕 시절에 세워진 석주가 있다. 이 석주 위에 있던 사자상은 박물관에 있다. 석주를 보고 나오는데 녹야원 오른쪽 모퉁이에 하얀 옷을 걸친 한 무리의 서양 불교신자들이 장삼을 걸친 동양인 승려의 지도 아래 야외법회를 보고 있었다.

녹야원을 나와 사르나트의 고고학박물관으로 갔다. 그런데 이곳에서는 사진촬영이 절대 금지다. 심지어 여성의 핸드백까지 일일이 검사하며 사진기를 찾아냈다. 미루어 짐작컨대 그만큼 중요한 유물이 있다는 증거다. 박물관 안에는 우리가 책으로만 보아왔던 인도의 국장(國章)인 아쇼카 사자상의 진본이 있었다. 아쇼카 사자상은 네 마리의 사자가 사방으로 서 있어 다양한 모습을 하고 있을 뿐 아니라 제법 위용도 있어 보인다. 이 아쇼카 사자상은 인도의 화폐인 루피에도 등장한다. 더욱이 BC 3세기경에 만들어졌다는데 보존상태도 아주 좋다. 박물관에는 그

외에도 부처님이 최초로 설법을 한 초전법륜상이 있는데, 부처님과 다섯 제자들의 모습이 있다. 또 파괴의 신 쉬바의 모습을 형상화시킨 조형물도 있다.

녹야원과 고고학박물관 등 사르나트 유적을 둘러보고 다시 바라나시로 돌아왔다. 바라나시의 낮 풍경은 역시 분주했다. 수많은 사람들이 거리를 메웠다. 라디손 호텔은 이쪽 지방의 호텔 사정이 좋지 않아 옮긴 것인데 전날 묵었던 호텔만 못했다.

호텔 가까운 곳에 있는 헤나 문신가게를 방문했다. 헤나는 열대성 관목인 로소니아 이너미스$^{Lawsonia\ inermiss}$의 잎을 따서 말린 다음 가루로 만든 염색약인데 사람에 따라 다르지만 2주 이상 되면 자연스럽게 지워진다. 이 헤나는 피부에 침투해 짙은 갈색을 띤 문신으로 변하며 아무 부작용이 없어 인도 사람들에게는 장식용으로 널리 이용된다. 몇몇 사람들이 문신을 받았다. 가게가 규모도 작았고 시술한 사람들도 서툴러 보였다.

호텔로 다시 돌아와 요가 체험을 하기로 하고 호텔 측에서 마련해준 큰 방에서 요가강사를 기다렸다. 내 옆자리의 H는 현재 요가를 하고 있다는데 그래서인지 그 자세가 예사롭지 않다. 하지만 처음인 우리는 요가 선생이 아주 기초적인 것만 가르치는데도 끙끙거리는 소리에 땀만 날 수밖에 없었다. S의 이마에도 땀방울이 송글송글 맺혔다.

다음은 바라나시 시내에 있는 실크공장으로 갔다. 예상한 것보다는 좀 허름했다. 우리가 들어서자 담당자가 실크 만드는 과정을 설명해주었다. 중국이나 동남아 등을 여행해본 사람들 입장에서는 많이 본 모습이지만 그래도 열심히 들어주었다. 실크의 질은 어떤지 몰라도 디자인은 취향에 맞지 않았다. 다만 가격이 좀 싼 것 같아 조금씩 샀다. 나도 넥타이를 하나 샀고 아내도 깔판 3개를 샀다.

생각 같아서는 바라나시의 밤을 좀 더 자유롭게 돌아다니며 구경하고 싶은데 모두 군이 극구 말린다. 현지의 치안사정을 장담할 수 없다는 것이다. 다른 외국 관광객들이 돌아다니는 걸 보면 꼭 그렇지는 않은 것 같은데 후에 문제가 생기면 귀찮아지니까 미리 겁을 주는 것 같다.

갠지스 강의 일출을 보기 위해 일찍 기상을 한 탓인지 스멀스멀 피곤이 몰려와 일찍 잠자리에 들었다.

바라나시를 떠나며

일요일 아침이다. 한국에서 일상적인 나의 일요일 아침은 뭔가 여유롭고 포근하고 안도감이 있다. 그런데 이번 일요일 아침은 아무런 휴식이 없는 강행군의 연속이다. 바라나시를 떠나면서 이 도시에서 이틀간 있었던 많은 일들이 생각났다.

어떤 사람은 바라나시를 가리켜 '인도에서 가장 지저분한 도시'라고 혹평했지만 나는 '인도에서 가장 흥미롭고 편안한 도시'라는 평가를 하는 사람 쪽에 서고 싶다.

우리 부부를 위해 2시간 가까이 땀을 흘린 이름 모를 젊은 사이클 릭샤꾼을 비롯해 찌들고 찌든 바라나시의 하층민까지 살아 있는 모든 것들이 쏟아져 나와 만드는 색다른 거리풍경이 내 뇌리에 그대로 각인되었다. 내가 볼 때 그들은 천형 같은 찌든 삶을 자연스런 숙명으로 받아들이며 살고 있었다. 그들은 나의 이런 생각을 뭐라고 할까.

모누 군은 거지한테 한번 주기 시작하면 떼로 몰려오니 조심하라고 했다. 나는 그 말만 믿고 아무 생각 없이 거리의 천사들에게 무관심했다. 난 정말 그 정도밖에 안 되는 사람인가… 아무리 생각해보아도 모누 군의 말을 핑계 삼은 나의 인색함은 변명의 여지가 없었다.

갠지스 강과 바라나시. 우리가 잠시 머물렀던 호텔을 제외하고는 어느 하나 깨끗한 곳이 없었지만, 그래도 사람들이 살고 있었고 정감이 있는 바라나시를 오래도록 기억할 것이다.

호텔을 출발해 이틀 전 도착했던 바빗푸르 공항에 도착했다. 시골의 간이역 같은 조그만 공항이다. 여기에서도 어김없이 보안검색은 철저하다. 각자 짐을 챙겨 보안검색을 받고 대합실로 들어서니 온통 한국 사람들이다. 이 조그만 인도의 시골공항을 메운 대한민국 사람들. 세상 참 많이 좋아졌다. 물론 나도 그 덕을 보는 한 사람이지만 그만큼 우리 국력이 커졌다는 증거다.

바라나시에서 카주라호까지는 비행기로 30분 정도 걸린다. 그러나 버스로는 12시간을 가야 한다. 버스길이 매우 나쁜 모양이다. 카주라호는 인도를 대표하는 유적지이지만 교통은 아주 불편한 모양이다.

카주라호의 사원들, 성애의 신들을 모시다

바라나시의 바빳푸르 공항을 이륙한 지 얼마 되지 않아 비행기는 카주라호 공항에 착륙했다. 공항에서 호텔까지는 그리 멀지 않았다. 우리는 카주라호의 특급 호텔이라고 하는 타이 챈들러 호텔로 갔다. 바라나시의 호텔들보다는 비교적 조용하고 운치 있고 깨끗했다.

저녁에는 전통무용을 구경하기로 했는데 희망자는 1인당 30달러를 내라고 한다. 약간 비싼 느낌이 들었지만, 이럴 때 모두 군도 조금은 소득이 있어야 할 것 같아서 입을 다물었다.

한국을 출발하기 전부터 카주라호는 나에게 많은 궁금증을 안겨주

동부사원군의 조각들

었던 곳이다. 인도 성애의 바이블 《카마수트라^{Kamasutra}》의 원전이 모두 이곳 카주라호의 사원들과 관련이 있다. 모두 군은 우리를 먼저 동부사원군으로 데려갔다. 동부사원들은 힌두교 사원이 아닌 자인교 사원들이다.

우리는 비교적 관리가 잘 되어 있는 빠르스바나뜨^{Parsvanath} 사원으로 갔다. 이 사원 입구에는 수행자들의 숙소가 있다. 자인교의 승려들 가운데 나체로 수행하는 승려도 있는데, 운이 좋으면 그들을 볼 수도 있다고 한다. 그러나 나체 승려는 끝내 우리 앞에 나타나지 않았다. 사원의 회랑에 걸린 사진에서만 나체 승려의 모습을 볼 수 있었다.

이 빠르스바나트 사원 안에는 브라흐마, 비쉬누 등의 조각상은 물론 활을 들고 있는 사랑의 신 까마나 그의 부인 라띠와 같이 흔히 볼 수 없는 신들의 모습이 있다. 그리고 이름을 기억할 수 없는 어느 사원에는 남근석이 있었는데 이것은 쉬바신을 상징한다.

서부사원 쪽은 잘 알려진 관광지답게 작은 호텔들과 식당, 기념품 가게들이 즐비했고, 관광객들도 제법 많았다. 우리는 서부사원군 입구에 있는 버스 주차장에서 내려 작은 길을 따라 걸어갔다. 길 오른쪽에는 한글 간판을 내건 식당들이 몇 집 있었다. 이곳까지 한국 사람이 와서 관광객들을 상대로 식당을 할 리는 없을 것이다.

모노 군에게 물어보니 현지 사람들이 한국 요리를 배워 식당을 차린 것인데 맛도 그렇고 깨끗하지 못하단다. 어떤 식당 간판은 아예 맞춤법이 틀린 것도 있다. 그러나 수요가 있으니 공급을 한다고 한국 관광객들이 많이 온다는 증거다.

서부사원에 입장해 먼저 찾아간 곳은 락쉬마나^{Lakshmana} 사원. 모두 군은 서부사원을 먼저 보고 나서 동부사원에 가면 시시하다며 잘 보지를 않아서 동부사원을 거쳐서 서부사원으로 왔다는 설명을 했다.

사원을 보기 위해서는 매번 신발을 벗어야 한다는 게 조금 불편했지만 그렇다고 구경을 안 할 수도 없는 노릇이다. 락쉬마나 사원에는 춤추는 요정인 압사라^{Apsara}를 새긴 조각들이 있다. 이외에도 군대의 출정을 그린 말과 코끼리의 행렬을 새긴 조각들은 당시의 역사를 말해주는 듯했다.

서부사원군 중 최대인 칸다리야 마하데브 사원

그리고 기단 부분에는 말과 성행위를 하는 이른바 수음(獸淫)의 조각상이 있어 특이했다. 당시 전투 중에 여자가 없기 때문에 동물과 행위를 했다고 한다. 그러나 여자가 없었다고 했는데 그 행위를 밑에서 바라보는 여인상은 또 무엇인지 모르겠다.

바라하^{Varaha} 사원은 이곳 사원 중에서 가장 이른 시기인 900년경에 지어진 건축물이라고 한다. 그늘에서 휴식을 취하며 비쉬누 신의 화신인 멧돼지 모습을 한 바라하 상을 배경으로 사진을 찍기도 했다.

정원을 가로질러 가장 큰 사원인 칸다리야 마하데브^{Kandariya Mahadev} 사원으로 갔다. 이 사원의 높이는 31m 정도이며, 건립 시기는 1025~50년 사이쯤 된다. 그리고 이곳에는 사원 내부에 226개, 외부에 646개의 조각상이 있다. 성(性)의 바이블이라고 하는 《카마스트라》의 내용이 이곳에 조각되어 있다.

소위 미투나^{Mithuna}라고 하는 남녀교합상은 세계 관광객들의 많은 호기심을 불러일으키기도 하는데 인도 사람들의 미투나에 관한 속설은 그 다양한 체위만큼이나 여러 가지가 있다고 한다.

고대 인도 사람들은 남성과 여성이 그 자체로는 불완전하다고 믿었다. 그래서 남녀는 짝을 찾아 서로의 불완전성을 보충하려고 하는데, 교합에 의해 합일된 상태야말로 인간이 가장 완전한 상태라고 본다는 것이다. 즉 성행위는 단순히 종족번식이나 쾌락의 도구 이전에 완전한 인간으로 나아가는 길이며 수행의 방편이라고 주장한다.

정말로 재미있고 섬세한 모습을 한 미투나들이 즐비했다. 갖가지의 남녀교합 형태들을 열심히 보고 있는 사람들의 느낌이 궁금했다. 그러나 실제로 본 미투나들은 실물보다 작은 크기 때문인지는 몰라도 생각보다는 외설스럽지 않았다. 다만 미투나를 조각한 옛날 인도 사람들의 손재주에 감탄할 뿐이었다.

칸다리야 마하데브 사원 뒤로 가니 몇 마리의 원숭이들이 나와 사원 위에서 관광객들을 내려다보다가 관리인이 소리를 지르자 이내 숲속으로 사라졌다.

그런데 사원 입구 쪽에서 함성이 들리고 사람들이 떼를 지어 사원 담 밖에 있는 또 다른 사원으로 몰려갔다. 우리식으로 보면 꼭 데모를 하는 모습이다. 그들은 북을 치며 사원 쪽으로 몰려갔는데, 앞으로 며칠 후에 있을 힌두교 축제를 앞두고 일단의 청년들이 전야제 비슷하게 예행 연습을 하는 것이라고 한다. 그래도 우리는 약간의 공포감을 느꼈다. 그들은 그렇게 몰려다니면서도 우리를 힐끔힐끔 훔쳐보며 이방인에 대한 호기심을 나타냈다.

.

오후 6시에 식사를 하고 인도의 민속공연을 보기 위해 호텔에서 10분 거리에 있는 전용극장으로 갔다. 전용극장 이름은 '카나드리야 아트 앤컬처'. 약 300명 정도를 수용할 수 있는 크기다. 극장에 들어서니 우리 말고도 많은 사람들이 이미 와 있다. 사원을 관광할 때는 별로 눈에 띄지 않던 서양 사람들도 많았다. 공연 시작 무렵에는 빈 좌석이 거의 없었다.

유적지를 통해 그 나라에 한 발 더 다가갔음을 실감할 수 있다면, 그들의 전통적인 음악과 무용을 보면 문화적인 측면에서 더 깊이 이해할 수 있을 것이다. 종종 이런 종류의 민속공연장에 가보면 동양 사람보다는 서양 사람이 더 많아 문화를 이해하려는 측면에서 사양 사람들이 더 적극적인 것 같다.

저녁 7시부터 약 1시간 공연된 인도의 9개 지방의 무용들은 조금은 단조로웠지만 그런 대로 볼 만했다. 조는 사람도 있었는데, 다른 나라에서 본 전통공연보다는 전문성과 배우들의 수준이 좀 떨어진다는 생각은 들었다.

오르차 가는 길, 유채와 밀밭의 향연

오랜만에 단잠을 잤다. 여행이 시작된 날부터 줄곧 새벽에 일어나 잠이 부족했는데 오늘은 비교적 충분히 잤다. 늦은 아침을 먹은 뒤에는 호텔 경내를 돌며 산책을 했다.

카주라호–오르차 간의 넓은 들판

타이 챈들러 호텔은 이제까지 묵은 호텔들에 비해 녹지공간이 많고 정원도 아름다웠다. 호텔 출발시간이 9시여서 비교적 여유가 있다. 모두군은 출발에 앞서 오르차까지는 약 5시간 정도 걸리고 가는 길이 그리 좋지는 않다는 예비 정보를 주었다.

카주라호와 앞으로 가게 될 오르차는 유적지 때문에 생긴 도시다. 카주라호를 떠난 버스는 왕복 2차선의 좁은 시골길을 쉬지 않고 달렸다. 간간이 인도의 작은 시골마을들이 나타났다 사라지며 나그네의 여정을 달래주었다. 그런데 왕복 2차선의 좁은 길인데도 물동량은 상당했다. 제법 많은 트럭들이 짐을 싣고 오고갔다.

인도가 크기는 정말 큰 나라인가 보다. 버스로 5시간을 달렸는데도 산이 전혀 보이지 않고 지평선이 이어졌다. 들판의 유채는 꽃은 이미 졌고, 유채를 수확하는 곳도 있었다. 그래도 끝도 없이 이어지는 푸른 밀밭은 눈을 즐겁게 해주었다. 한 달 정도 일찍 이곳을 찾아왔더라면 노란 유채꽃과 푸른 밀밭을 원없이 구경할 수 있었을 텐데.

우리 앞에서 달리는 화물트럭의 뒤를 보다가 "Horn Please!"라는 글귀를 보았다. 무슨 의미일까? 궁금했다. 모누 군에게 조용히 물어보았다. 이곳은 가로등이나 도로시설이 좋지 않기 때문에 항상 뒤따라가는 차가 따라가고 있다는 표시로 먼저 경적을 울려야 한다고 했다. 인도에서는 차량의 경적을 서로 울려주는 것도 운전자끼리의 예의(?)이고 또 사고를 예방하는 의미도 있는 것 같다. 우리와는 다른 도로문화다.

오르차로 가는 중간 어느 작은 마을에서 모누 군이 버스를 멈추게 한 뒤 과일을 사서 나누어 주었다. 지난밤 21명이나 민속공연을 관람해준 것에 대한 답례이리라. 나는 약간 지루하기도 하고 인도 시골풍경을 사진에 담고 싶어 버스 앞쪽으로 나갔다. 이곳에는 유채하고 밀만 재배하느냐는 나의 질문에 모누 군이 콩도 재배한다고 대답했다.

그 말을 듣자마자 나는 혼자 "콩~밭~ 매는 아낙네야~" 하고 흥얼거렸다. 내 흥얼거림을 듣자마자 인솔자가 그 동안 좀 지루했던지 바로 마이크를 내게 넘기면서 노래 한곡 하라고 떼를 썼다. 괜히 흥얼거리다가 걸려들었다. 어쩔 수 없다. 마이크는 받았는데 가사를 제대로 아는 것이 별로 없다. 그래서 분위기에는 어울리지 않지만 그래도 비교적 많은 가사가 기억나는 '바위섬'을 겨우겨우 불렀다. 노래를 마치고 괜히 사진을 찍겠다고 앞에 나가 흥얼거리다 낭패를 본 것 같아 얼른 맨 뒷자리로 왔다. 조용히 버스가 오르차에 도착하기만 기다렸다.

제항기르마할, 도망온 왕세자를 위해 성을 짓다

카주라호를 떠난 지 4시간 정도 되었을까. 모누 군이 우리가 진행하는 방향의 왼편을 가리키며 저기가 오르차 고성이라고 소리쳤다. 강을 끼고 짙은 숲들이 우거진 가운데 저 멀리 우뚝 솟은 성곽들이 보였다. 우리를 태운 버스는 강을 건너 계속 좌회전을 거듭하더니 어느 조그만 리조트 호텔에 멈추었다. 버스에서 내리자 호텔의 어린 종업원들이 나와 꽃으로 만든 목걸이를 걸어주며 "나마스데!"를 외쳤다. 우리가 점심을 먹을 장소였다.

오르차의 고성들

이번 여행의 특징은 모든 식사를 호텔에서 해결하는 것이다. 아마도 과거 한국 관광객들이 길거리의 현지 음식을 먹은 뒤 탈이 난 것으로 짐작된다. 실제로 인도를 떠나기 전 한 친구가 자기는 10년 전에 인도에 가서 먹는 것 때문에 고생했다며 걱정을 했는데 그만한 이유가 있을 것이다. 아무튼 지금까지 식사 때문에 곤란한 적은 없었다. 여행사의 많은 배려가 있었을 것이라고 판단했다.

점심을 먹고 찾아간 곳은 17세기 후반 오르차의 황금시대라고 할 수 있는 3개의 고성이었다. 당시 이곳 오르차에 있던 분델라^{Bhundela} 왕조의 마하라자였던 비르싱 데오^{Bir Singh Deo}는 무굴제국의 수도 아그라에서 아버지에게 반란을 일으켰다가 실패하고 이곳까지 도망쳐온 '살림' 왕자를 아무 조건 없이 받아주었고 그를 극진히 대접했다.

그로부터 3년 후 황제인 아버지 악바르가 죽자 이곳에 피신해 있던 살림 왕자가 차기 황제인 제항기르로 등극했다. 제항기르 등극 이후 인도 북부 지방의 소국이었던 분델라 왕조는 제항기르의 후원 아래 비약적인 발전을 하게 되었고, 제항기르 시대에 오르차의 거의 모든 성들이 세워졌다.

오르차 고성은 점심을 먹은 호텔에서 약 5분 정도 거리에 있었다. 고성 입구를 조금 지나친 주차장에서 내려 다시 고성으로 가는 다리를 건넜다. 다리 위에는 노인들이 구걸을 하고 있었고 소들이 배설물을 쏟아냈다. 퇴색한 고성과 늙은 노인들 그리고 비쩍 마른 소가 묘한 그림을 만들어냈다.

베트와 강의 지류인 작은 하천의 다리를 건너 맨 먼저 라즈마할로 갔다. 이 라즈마할은 오르차로 도읍을 옮긴 마하라자 루드라 쁘라탑^{Rudra}

^{Pratab}이 짓기 시작해 그 뒤를 이은 마두카르 샤$^{Madhukar\ Shah}$가 완성하였다. 이곳의 날씨는 2월인데도 제법 햇볕이 따가웠다. 궁 안의 침실로 들어가니 서늘한 바람이 불어왔다. 침실 천장에 새겨진 벽화에는 제법 에로틱한 장면들도 있다. 라즈마할을 나와 바로 왼쪽의 쉬시마할을 보려 하니 이곳은 제항기르마할의 부속 건물로서 이미 호텔로 개조되어 일반 숙박객을 받고 있었다.

입구에서 가장 안쪽에 있는 제항기르마할은 오르차 유적 중에서 가장 훌륭하다고 알려졌다. 그것은 오르차 지역의 마하라자가 이곳으로 도망온 왕세자 살림(후의 제항기르 황제)을 위해 지은 궁전이다. 높이가 5층이고 모두 132개의 방이 있다. 입구에는 두 마리의 코끼리 상이 방문객을 환영했다.

제항기르마할은 전형적인 ㅁ자형 건물로 입구에 들어서니 중앙에 큰 마당이 펼쳐졌다. 왕비의 침실과 화장실 등을 살펴본 뒤 옥상으로 올라갔다. 오르차를 끼고 말없이 흐르는 베트와 강과 점점이 시선을 붙잡는 고성과 유적지, 숲이 어우러져 참 평화로운 모습이었다.

그곳에서 멀지 않은 곳에 있는 무덤들도 구경하였는데, 같은 땅에서도 힌두와 이슬람의 차이는 죽은 사람에 대한 것에서도 근본적으로 달랐다.

잔시 역, 괄리오르 역, 아그라 역을 거쳐

오르차를 출발한 지 얼마 되지 않아 많은 사람들이 오고가는 잔시 시가지가 펼쳐졌고 이내 잔시 역에 도착했다. 잔시 역에 도착하자 각자 가방을 꺼내 확인하는데 가이드가 짐을 놓고 그냥 자기를 따라오라고 했다.

이곳 포터들이 알아서 가져다줄 테니 각자 팁으로 2달러씩을 주면 된다면서. 그러고 보니 아까 오르차 고성 앞에서 차에 올랐던 그 중년남자가 포터들을 모아놓고 지시를 하고 있었다.

잔시역의 플랫폼

　잔시 역은 매우 복잡했는데, 인도 교통의 요충지라고 한다. 인도의 최대 도시인 델리 - 뭄바이, 꼴카따 - 뭄바이를 가르는 기차노선이 만나는 곳으로 우리나라 같으면 대전역과 비슷한 역할을 한다. 아무리 교통의 요충지라고 하지만 역전은 말할 것도 없고 역 구내에 들어왔는데도 사람들이 넘쳐났다. 인도의 인구가 10억 명이 넘는다는 사실을 실감나게 하는 곳이다.

　몸이 비쩍 마른 포터들이 우리의 무거운 가방을 메고 땀을 흘리며 철로를 건너고 육교를 두 개나 오르내리며 짐을 날랐다. 어찌나 힘들어하는지 그냥 보기에 미안했다.

우리가 기차를 탈 플랫홈에 이르렀을 때 여기에는 더 많은 사람들이 있었다. 우리 같으면 기차를 타지 않을 사람들은 아예 역 구내에 들어오지 못할 텐데 이곳은 그런 통제가 없다. 잠시 시내 사람들이 모두 역으로 나온 것 같은 느낌이랄까. 역 구내는 지저분했다. 선로 위에 그대로 방치된 채 말라가는 인분 덩어리, 코를 찌르는 악취. 그래도 인도 사람들은 아무렇지도 않은 듯 바닥에 주저앉아 무표정하게 음식을 먹으며 기차를 기다린다.

잠시 역의 포터들은 우리 짐을 한꺼번에 다 가져오지 못하고 두 번에 나누어 가져왔다. 각자 자기 짐을 확인한 후 기차를 기다리는데 집시 소녀 하나가 우리 일행에게 다가와 재주를 넘으며 구걸을 했다. 몇 명이 인도 돈을 주었다. 집시 소녀가 우리가 들고 있는 도시락을 달라고 했는데, 그걸 주는 사람은 없었다.

델리 행 기차는 예정 시간보다 10분 정도 늦게 도착했다. 포터들의 도움으로 기차 선반 위에 짐들을 올려놓자 곧 기차가 출발했다. 잠시 역을 출발한 지 얼마 되지 않았는데 기차의 승무원 같은 사람들이 모두에게 도시락을 나누어주었다. 우리가 탄 객차는 특실이기 때문에 무조건 식사가 제공된다는 것이다. 그런 줄도 모르고 오르차 호텔에서부터 도시락들을 들고 왔다. 그런데 일행 중 누군가가 가져온 도시락의 일부 음식에서 약간 쉰내가 난다고 했다. 그러자 사람들은 가져온 도시락은 제쳐두고 열차에서 제공된 음식을 먹기 시작했다. 어떤 사람은 잠시 역에서 집시 소녀가 도시락을 달라고 했을 때 주지 못한 것을 후회했다.

기차가 제법 큰 도시인 괄리오르 역에 도착했다. 창밖에는 비가 내리고 어둠도 서서히 스며들기 시작했다. 열차가 서자마자 어린 거지들이 차창에 붙어 구걸을 했다. 일행 중 몇 사람이 자기 도시락을 차창 밖으로 내주었다. 곧 더 많은 아이들이 몰려왔다. 그런데 여기서도 약육강식은 어김없이 나타났다. 작은애가 받은 도시락을 뒤에 있는 덩치 큰 놈이 빼앗아갔다. 도시락을 챙긴 놈들은 낄낄거리며 어두워지는 빗속으로 사라졌다.

어린애들이 얼마나 굶었으면 저렇게 먹기 위해 치열한 싸움을 할까 하는 생각이 들자 가슴이 저렸다. 아직 먹지 않은 도시락을 모아 저들에게 주어야겠다는 생각이 들었다. 내가 나서서 도시락을 걷자 모두들 도시락을 내놓았다. 그런데 기차는 괄리오르 역을 출발하고 있었다. 어쩔 수 없었다. 다음 정차역인 아그라 역에서 나누어 주기로 했다.

기차가 아그라 역에 도착할 때쯤엔 밖은 이미 어둠이 짙게 깔렸다. 도시락을 챙겨 열차의 문이 열리자 내렸다. 역시 몇 명의 거지들이 차에서 내리는 사람을 상대로 구걸을 했다. 그들을 불러 도시락 뭉치를 건네자 좋아서 어쩔 줄 몰라 했다. 다른 데 있던 거지들까지 모여들었고 도시락 뭉치를 거머쥔 사람들은 의기양양해서 플랫폼을 빠져나갔다.

꾸뜹 미나르, 힌두의 터에 세워진 이슬람의 표상

잔시 역을 출발한 기차는 약 5시간 정도 달려 우리를 인도의 행정수도인 델리의 뉴델리역에 내려놓았다. 가방을 챙겨 기차에서 내리자 포터가 손수레를 끌고 나타났다. 이곳 기차역의 포터들은 기본이 인력이다. 우리같이 운반용 소형 트럭이 없다. 역 주변은 매우 깜깜했다. 그런데도 포터들은 용케도 우리 버스를 찾아와 짐을 전달해주었다.

호텔에 도착하니 밤 12시가 되었다. 사실 아그라에서 내려 타지마할을 보면 되는데 그곳에서 호텔을 잡지 못해 일정이 변경되었다. 이렇게 델리까지 오는 것에 대해 일행들의 불만이 많았다. 모두 군은 버스에 오르자 회사에서 특별히 벤츠버스를 보내 잘 모시라는 부탁이 있었다고 너스레를 떤다.

우리가 델리에서 두 번째로 묵은 호텔은 자이피 바산트 컨티넨털 호텔이다. 역시 5성급 호텔로 지방의 호텔들과는 비교할 수 없을 정도로 수준이 높다. 이곳도 보안은 철저하다.

델리에서 가장 눈에 띄는 꾸뜹 미나르

델리의 호텔은 지방 호텔들보다 음식도 한결 좋다. 아침식사를 마치고 8시 30분 호텔을 나섰다. 오늘은 오전에 델리 시내를 관광하고 다시 아그라로 내려가야 한다.

델리는 인구 11억(12억?) 인도의 수도이자 정치·문화의 중심지다. 영국 식민지 시절 계획도시인 뉴델리가 만들어졌고 국가의 중요한 기관들이 많이 있지만, 기존의 '올드 델리'는 이미 3천 년 전부터 존재했던 만큼 유서가 깊다.

당초 우리 여행 스케줄은 도착 다음날 이 유서 깊은 델리 시내 관광을 마친 뒤 지방도시인 바라나시로 이동하기로 되어 있었다. 그런데 이 기간이 그야말로 성수기여서 호텔 잡기가 쉽지 않은지 출발 1주일 전에 일정이 바뀌었다.

델리 시내로 나서니 아침 출근 시간이어서 차가 많이 막힌다. 길은 좁고 차량은 늘어나고 엉망이다. 반갑게도 현대자동차의 소형차들이 눈에 많이 띈다. 인도의 자동차시장 전망이 밝다. 신호등은 많지 않았으나 지하철 공사가 많아 길이 더 막힌다.

델리에서 맨 먼저 찾아간 곳은 꾸뜹 미나르였다. 쿠뜹 미나르는 델리 관광의 상징이다. 전통적인 힌두의 터에 세워진 이슬람의 표상이다. 일종의 승전탑인 이 꾸뜹 미나르는 술탄국의 첫 군주이자 정복자인 꾸뜹 웃 딘 에이백^{Qutab ud din aibak}이 델리를 정복하고 힌두교에 대한 이슬람의 힘을 과시하기 위해 세운 높이 72.5m의 거대한 구축물이다. 이 탑은 원래 4층짜리 건물이었지만 1326년 투글라크^{Tughlag} 왕조의 페로즈 샤^{Feroz shah}가 5층으로 개축했다.

꾸뜹 미나르 앞에는 오래된 이슬람 사원이 하나 있다. 특이한 형태의 쿠와트 알 이슬람 모스크로 '이슬람의 힘'이라는 뜻을 가진 사원이다. 이 이슬람 사원은 정복자인 꾸뜹 웃 딘 에이백이 힌두교의 비쉬누 신을 모시던 사원 27개를 파괴한 뒤 힌두교 사원의 재료를 이용해 이슬람 사원을 지은 것이다. 그래서 그런지 일반적인 이슬람 사원 같은 모습이 아니다. 이 사원의 기둥들을 배경으로 사진을 찍었는데 마치 로마의 유적 같다.

이슬람 사원 뒤편에는 파괴된 힌두교 사원의 잔해들이 그대로 방치되어 있다. 여기에서도 패자의 유적은 아무 말 없이 무심한 하늘을 향해 누워 있을 뿐이다. 어쩌면 이 사원은 인도 종교 갈등의 모습을 그대로 전해주고 있는 듯하다.

이슬람 사원 한쪽에는 이슬람식 무덤이 하나 있는데 하얀 대리석으로 만들어졌다. 그러나 누구의 무덤인지는 설명을 제대로 듣지 못했다. 이슬람 모스크 북서쪽에는 채 완성되지 않은 벽돌로 쌓다만 또 하나의 거대한 탑이 있다. 이 미완성 탑은 알라 웃 딘^{Allah ud din}이라는 왕이 고작 1층만을 세우고 암살을 당해 건축이 중단되었는데, 그 지름이 자그만치 25m에 이른다.

꾸뜹 미나르 일대 유적들은 유네스코 세계문화유산으로 지정되어 있다. 모누 군이 우리를 델리 관광에 제일 먼저 데려온 이유를 알겠다.

꾸뜹 미나르를 떠난 버스는 다시 올드 델리를 달렸다. 다음 행선지로 가는 도중 내 눈에는 그 유명한 붉은성^{Red Fort}이 보였다. 한 인도 여행기에서 붉은성은 지금의 올드 델리가 인도의 수도였던 시절에 샤 자한^{Shah Jahan}이 건설한 왕궁이었다고 읽었는데 우리 여행 스케줄에는 없다.

자마 마스지드, 건축의 대가 샤 자한의 최후 걸작품

붉은성을 끼고 주마간산하며 찾아간 곳은 인도에서 가장 큰 이슬람 사원인 자마 마스지드^{Jama masjid}. 타지마할을 건설한 인도 건축의 대가 샤 자한의 최후 걸작품이다. 샤 자한이 1644년부터 짓기 시작해 그가 죽고 난 뒤인 1656년에야 완공되었다. 무려 12년에 걸친 대역사다.

우리는 인파가 넘쳐나는 좁은 골목길을 뚫고 자마 마스지드 입구에서 차를 내렸다. 사원 입구에 도착하니 모두 신발을 벗으란다. 인도에서는 힌두 사원이든 이슬람 사원이든 신발을 벗어야 입장할 수 있다. 이 사원 앞에는 각처에서 오는 관광객을 상대로 신발을 보관하고 돈을 받는 직업도 있다.

신발을 벗어 맡기고 입장하려는데 카메라를 가지고 입장하려면 200루피를 내란다. 정작 사람 입장료는 없는데 카메라는 입장료가 있는 모양이다. 입장을 하고 나니 여자들에게는 이상한 이슬람 복장을 입으라

변종 차도르

기도하는 사람, 자는 사람

며 나누어 주었다. 울긋불긋한 차도르 같았다. 로마에 가면 로마의 법을 따라야 하는 법. 울긋불긋한 옷들을 뒤집어쓰고 따가운 돌바닥을 맨발로 걸어 사원 안으로 들어갔다.

사원 안에서는 성직자가 경건하게 기도를 하는데, 바로 그 옆에서는

웬 남자가 태연히 낮잠을 자고 있다. 율법이 엄하기로 소문난 이슬람 사원에서 낮잠을 자다니 선뜻 이해하기 어려웠다.

자마 마스지드 사원은 2만5천 명을 수용할 수 있는 큰 사원답게 규모가 컸다. 붉은 돌이 깔린 마당도 매우 넓고 높이가 40m나 된다는 2개의 거대한 첨탑도 우뚝 서서 올드 델리 시내를 내려다보고 있었다.

우리를 태운 버스는 자마 마스지드 사원을 끼고 있는 시장거리를 통과했다. 사원 근처라서 그런지 이슬람교도들이 많이 보이고 갠지스 강의 바라나시 시가지처럼 수많은 사람들이 넘쳐났다. 차도르를 입은 인도 여인들이 사이클 릭샤를 타고 두리번거리며 시장 거리를 지나가는 모습도 이색적이었다.

버스가 큰길가로 나왔는데도 트래픽은 여전하다. 델리의 트래픽은 서울의 러시아워와 다름없다. 그 틈에 비쩍 마른 인도 남자들은 쟁반 위에 쪼갠 코코넛을 들고 차량 사이를 위험을 무릅쓴 채 비집고 다니며 팔고 있다. 또 하나의 치열한 삶의 현장이다. 이것도 하나의 관광자원이라고 한다면 무리일까?

라즈 가트와 인디아 게이트, 간디와 인도 군인들을 기리다

인도에서 마하트마 간디는 정신적인 지도자이자 건국의 아버지다. 1948년 그가 죽은 뒤 화장한 곳이 지금은 추모공원으로 조성되었다. 간디의 추모공원 라즈 가트^{Raj Ghat}에는 그에 대한 추모 열정이 넘쳐났다. 우리도 라즈 가트 입구에서 신발을 맡기고 들어가 검은 대리석으로 된 제단 앞에서 잠시 묵념했다. 모두 아홉 쪽을 모아 만든 검은 대리석 제단 윗부분에는 노란색의 아름다운 꽃들이 놓여 있고 무슨 글씨가 새겨져 있는데, '라마 신이시여!'라는 뜻이라고 한다.

라즈 가트는 꽤 넓은 공간을 차지하고 있어 쾌적하고 정원들도 비교적 잘 관리되고 있다. 라즈 가트는 우리식으로 말하자면 일종의 성지다.

중학생쯤 되어 보이는 남자아이들이 단체로 입장을 기다렸다. 인도 역시 중학생들이 교복을 입는데, 줄을 선 학생들 가운데 한 학생이 좀 특이했다. 혼자 머리에 붉은 터번을 쓰고 있다. 모두 군에게 물어보니

라즈 가트에서 만난 중학생 시크교도

인도 대통령궁

시크교도라고 한다. 현재 인도 총리인 만모한 싱^{Manmohan Singh}도 시크교도라는 사실도 알려주었다. 다양한 문화와 종교를 그대로 수용하고 있는 인도의 한 단면을 보았다.

마하트마 간디를 기리는 라즈 가트를 나와 찾아간 곳은 인디아 게이트. 제1차 세계대전에 참가했다가 희생된 인도 군인들을 위로하기 위해 영국이 세운 위령탑이다. 가이드는 이 게이트는 높이가 무려 42m나 되고 게이트의 내·외벽에는 당시 희생된 8만5천 명의 인도 젊은이들의 이름이 새겨져 있다고 했다. 종주국 영국을 위해 싸우다 죽어간 인도 청년들. 갑자기 일본을 위해 싸우다 죽어간 조선 청년들이 생각났다. 그럼 일본은 일본을 위해 싸우다 죽어간 조선 청년들을 위해 비석을 세워주었나? 갑자기 우울해졌다.

인디아 게이트는 델리의 중심에 있고 잘 꾸며져 있어 외국인은 말할 것도 없고 인도 사람들도 많이 찾았다. 파리나 평양의 개선문 같은 형태의 건축물인 인디아 게이트의 서쪽 방향으로 무척 크고 넓은 라즈 파트 Raj Path 광장이 있고 그 끝에 대통령궁이 보인다. 우리는 인디아 게이트를 지키고 있는 위병들을 배경으로 사진을 찍었다. 또 예쁜 인도 여학생들이 카메라를 가지고 와 자기들하고 같이 사진 찍기를 원했다. 기쁜 마음으로 학생들의 모델이 되어 주었다.

인디아 게이트가 있는 곳에서 멀지 않은 곳에 또 하나의 무굴식 조형물이 있다. 이것은 1972년에 일어난 제3차 인도-파키스탄 전쟁으로 사망한 인도 군인들의 넋을 위로하기 위해 세운 것이다. 규모는 인디아 게이트보다는 작았지만 아름다운 조형물이다.

다시 버스는 라즈파트 서쪽 끝에 있는 대통령궁 앞으로 우리를 데려갔다. 그러나 이미 더위에 지친 일행들은 차에서 내리지 않고 버스를 탄 채 대통령궁 일대를 돌아보자고 했다.

이렇게 해서 그야말로 주마간산 격으로 델리 시내 관광을 마쳤다. 그 유명하다는 '붉은성' 관광이 빠진 것은 아쉬움으로 남았다. 모누 군은 무굴 전통음식을 대접하겠다며 우리를 어느 작은 식당으로 데려갔다. 인도 여행 중 처음으로 호텔 밖에서 식사를 하게 되었다.

식당은 그리 크지 않았지만 손님들이 꽉 차 있고 예약을 하지 않고는 먹을 수 없을 정도로 유명한 식당이라고 한다. 닭고기를 재료로 만든 전통 무굴음식은 맛있었다. 식사가 끝난 뒤 디저트로 아이스크림이 나왔다. 시장한 데다 날씨가 더워 아이스크림 디저트는 제격이었다.

델리에서 아그라 가는길, 오토 릭샤에 매달린 사람들

오후 2시에 버스는 아그라로 가기 위해 델리의 무굴식당에서 출발했다. 델리 시내를 빠져나오자 자동차들도 많이 줄었고 따라서 우리가 탄 버스도 속도를 냈다. 델리에서 아그라로 가는 길은 카주라호에서 오르차로 가는 길보다 넓고 좋았다. 왕복 4차선의 도로에는 나무를 심어놓은 중앙분리대도 있다.

이 길에도 살아 움직일 수 있는 모든 것들이 나와 달린다. 자동차, 오토바이, 자전거, 사람, 소 등등. 제법 교통량이 많은 길이다. 나는 버스 맨 뒤 자석에 앉아 차창 뒤로 보이는 인도의 시골길을 감상했다.

어떤 남자는 오토바이를 타고 우유통을 양쪽에 매단 채 핸들을 잡지도 않고 달리며 핸드폰 통화까지 하고 있어 마치 곡예를 하는 것 같다. 또 오토 릭샤 지붕에 사람들이 올라타고 옆에도 매달려 4~5명 정도만 타야 할 오토 릭샤에 10명은 넘게 타고 달린다. 보는 내가 다 조마조마하다. 인도 사람들은 이런 것들이 일상화되어 위험하다는 것을 의식하지 못하는 것일까? 아니면 삶을 초월한 사람들인가?

버스가 길가의 어느 휴게소에서 멈췄다. 각자 용변도 보고 쇼핑도 하고 좀 쉬어 가라고 한다. 휴게소 입구에는 나이 차이가 나는 집시 오누이가 재주를 피우며 구걸을 했다. 오라버니가 피리를 불면 어린 누이가 집시 춤을 추며 나그네에게 손을 벌렸다.

가까운 철도에서는 기차가 빠른 속도로 지나갔다. 어젯밤 우리도 저 길을 통과해 델리로 갔으리라. 귀중한 시간들이 낭비되는 것 같아 조금 아쉬웠다. 약 30분 휴식을 취한 뒤 버스는 다시 출발했다.

늦은 오후가 되자 길가 공터에서 동네 사람들이 크리켓 경기를 하고 있다. 영국의 식민지였던 나라들이 즐겨 하는 운동이라는 것 정도만 알았는데, 인도 젊은이들까지 이렇게 즐기는 운동인지는 몰랐다. 웬만한 동네 공터에서는 어김없이 크리켓 경기들을 한다.

또 다른 모습은 남자들은 길가에서 스스럼없이 선채로 용변을 본다.

길가에서 약간 떨어진 곳에는 쭈그리고 앉아 큰일을 보는 남자들뿐 아니라 여자들도 있다. 이런 나라에서 화장실 문화를 논한다는 것 자체가 한낱 부질없는 타령이 되고 말 것이다.

타지마할, 죽은 왕비를 위한 대역사

델리를 출발해 5시간 넘게 걸려 아그라에 도착했다. 한때 무굴제국의 수도였던 이곳에 옛날 수도의 정취는 별로 발견되지 않았다. 시내를 관통해 10여분 지나 숙소인 무갈 쉐라톤 호텔에 도착했다. 이곳 역시 보안 검사는 철저하다. 내일은 이번 여행의 하이라이트인 타지마할의 일출을 보기 위해 일찍 일어나야 한다.

타지마할 앞의 집시들

아침 5시 모닝콜 소리에 눈을 떴다. 인도의 자랑거리 타지마할의 일출을 보기 위해 일행이 호텔을 나선 시간은 5시 45분. 타지마할을 먼저 본 뒤 아침식사를 하기로 했다. 버스를 타고 약 10분 정도 가서 내렸다. 주차장에서 타지마할 입구까지는 걸어서 가야 한다.

가는 길 좌우에는 집시들이 비가림 없이 모포만 뒤집어쓴 채 잠을 자고 있다. 갑자기 저 사람들의 평균 수명이 궁금했다. 아무리 생과 사를 초월하는 인도 사람들이라고 하지만 저런 상태로 얼마나 살 수 있고, 산다 한들 무슨 낙이 있을까….

어둠이 채 가시지 않은 매표소 입구에 당도했다. 이미 우리 말고도 몇몇 외국 관광객들이 먼저 도착해 있다. 그러나 매표소에는 아직 직원이 나와 있지 않아 기다릴 수밖에 없다. 매표소에서 타지마할 입구까지는 왕래하는 전기버스가 있다. 아그라는 중소형 공장들이 많아서인지 공기가 탁했다. 유적들을 보존하기 위해 타지마할 일대에서는 매연버스를 운행하지 못하게 한다.

새벽부터 부산을 떨어 타지마할에 입장한 시간은 오전 6시 50분. 그러나 아쉽게도 해는 이미 타지마할 위로 떠버렸다. 비록 타지마할 위로 뜨는 일출 감상은 실패했지만 아침 안개를 헤치고 우리 앞으로 다가온 타지마할은 참으로 장관이었다. 그 동안 사진으로만 보아왔던 타지마할. 인도를 상징하는 대표적인 유적. 세계에서 가장 아름답다는 대리석 건축물.

타지마할은 무국제국의 제5대 황제였고 건축광이었던 샤 자한[Shah Jahan]의 아내 뭄타즈 마할[Mumtaz Mahal]의 무덤이다. 샤 자한은 사랑하는 아내 뭄타즈 마할이 열세 번째 아이를 낳다가 죽자 밤새 머리가 하얗게 셀 정도로 큰 충격을 받았다. 그만큼 아내를 사랑했다. 아무리 사랑하는 사람이 죽었다고 금방 머리가 하얗게 셀까마는 샤 자한의 아내 사랑이야말로 현대를 사는 우리들과는 차원이 달랐던 모양이다.

결국 뭄타즈 마할에 대한 무한한 사랑을 주체하지 못한 샤 자한은 아내가 죽은 다음해인 1632년부터 역사상 유례가 없는 대역사를 시작한다. 그의 순애보는 대단한 것이었다. 무려 22년에 걸쳐 막대한 돈과 인력을 투입해 완성한 대리석 무덤을 사랑하는 아내 뭄타즈 마할에게 바쳤다.

타지마할의 설계는 이란 출신의 천재 건축가인 우스타드 이사^{Ustad Isa}가 맡았다. 그는 자기의 아이디어를 실현하고자 이탈리아, 프랑스, 터키는 물론 중국에서까지 국제적인 장인들을 불러 모았다.

야무나 강변의 타지마할은 동서로 300m, 남북으로 560m의 넓은 대지 위에 세워졌다. 건물 앞에는 짜르 박^{Char Bagh}이라는 형식의 이슬람 정원을 만들어놓았다. 그리고 이 정원들을 수많은 정사각형으로 쪼갠 후 그 사이사이로 물길을 만들었다. 이는 이슬람의 낙원사상을 나타낸다.

새벽 안개 속에 나타난 타지마할

짜르 박 정원의 정 중앙에 있는 큰 연못은 타지마할에 신비함을 더해준다. 이 연못에 잠긴 듯 비추인 타지마할의 모습은 정말 아름답다.

샤 자한은 우리 같은 범부가 생각할 수 없는 대단한 순정남이었다. 그러나 이 무덤의 건축이 당시 강성했던 무굴제국을 쇠퇴의 길로 들어서게 하는 단초를 제공했다는 점에서 그의 공과는 후세에서도 의견이 분분하다. 후세 사람들이 대단한 유적이라고 한번 찾아가보길 갈망하는 명소일수록 숨은 후일담이 많고, 무리한 건설로 나라가 기운 경우가 많았음은 어떤 의미가 있을까.

신발을 벗고 타지마할 본당 안으로 들어가 샤 자한과 뭄타즈 마할의 가묘를 구경했다. 진짜 무덤은 본당 건물 지하에 있다는 사실만 알려졌고, 정확하게 어디쯤에 있는지 알 길이 없단다. 도굴을 방지하기 위한 고육지책이다. 가묘 안에는 인공조명이 없어 약간 어두운 편이었으나 가묘 주위에 박혀 있는 영롱한 보석들은 밖에서 들어오는 빛을 받아 반짝였다.

다시 밖으로 나오니 해가 아침 안개를 걷어가 선명해졌다. 본당 동쪽으로 가서 거리를 두고 바라보니 타지마할의 규모는 정말 대단했다. 아침 햇살을 받은 타지마할은 옅은 황동색으로 빛났다. 정방형의 타지마할은 중앙에 큰 돔이 있는데 그 높이는 무려 65m나 된다. 그리고 그 주위에 네 개의 작은 돔이 있고, 네 모퉁이 끝에는 본당 중앙의 돔보다는 약간 낮은 높이의 첨탑인 미나렛^{Minarnet}이 있다.

타지마할의 외벽을 장식한 문양 중에는 아라비아 글자도 있다. 대부분 이슬람의 경전인 《코란》에 있는 내용이다. 타지마할 외벽의 대리석은 라자스탄 주의 마크라나라는 도시에서 가져왔다. 이 도시의 대리석은 아직까지도 최고의 제품으로 인정받는다.

타지마할 본당을 나와 뒤로 가니 야무나 강이 흐르고 그리 멀지 않은 곳에 아그라 성이 보인다. 이곳 타지마할과 아그라 성 사이에는 비밀 지하통로가 있는데, 그 통로의 입구가 어디인지는 알 수가 없다고 한다.

아그라 성, 무굴제국의 영화가 고스란히

타지마할을 보고 호텔로 돌아와 늦은 아침식사를 한 뒤 아그라 성으로 갔다. 무굴제국 3대 황제인 악바르가 세운 아그라 성은 무굴제국의 융성함을 나타내듯 성의 높이가 20m나 되

아그라성 안의 무삼만 버즈

며 그 폭이 무려 2.5km다. 붉은 돌로 쌓은 성벽은 웅장했다. 또 성의 외곽은 제법 넓은 해자들로 둘러져 있어 외부의 침공을 막아준다.

아그라 성은 원래 군사적 요새로 설계되었으나, 악바르·제항기르·샤 자한의 태평성대가 이어지면서 요새에서 왕궁으로 바뀌었다. 특히 무굴제국 최대의 건축광인 샤 자한은 이 아그라 성을 가장 화려한 궁전

으로 변모시켰지만 말년에 이 성에 갇혀 비참한 최후를 맞이하였다.

아그라 성 안에는 악바르 황제가 어렵게 얻은 아들 살림(후의 제항기르 황제)을 위해 지은 제항기르 팰리스가 핑크색의 아름다운 모습을 하고 있다. 부모자식 간의 사랑은 인도에서도 내리사랑인 것 같다. 악바르는 아들을 위해 궁궐까지 지어주었지만, 그 자식은 아버지에게 반란을 일으키고 도망갔다가 아버지가 죽자 돌아와 황제가 되었다.

이 건물은 전통의 힌두 양식에다가 아프가니스탄 양식의 건축 기법이 혼합되었다. 붉은 사암으로 지어져 묘한 아름다움이 깃들어 있다.

당시 무굴제국은 아프가니스탄을 지배하던 세력들이 남하해 세운 나라다. 그렇게 보면 아프가니스탄은 동·서양을 아우르는 문물과 문화의 교차점이었고, 인도에 대한 영향력도 매우 컸을 것이다.

그러나 지금의 아프가니스탄은 어떤가? 간다라 미술의 본고장으로 찬란한 문화를 가졌던 그곳. 가까운 50년 동안 외세의 전장으로 전락해 황폐화된 오늘날의 아프가니스탄을 생각하면 절로 한숨이 나온다.

아그라 성 끝쪽에는 '포로의 탑'이라는 뜻을 가진 무삼만 버즈라는 망루 비슷한 곳이 있다. 그곳은 샤 자한의 셋째 아들인 아우랑제브가 큰형인 다라시코와의 전쟁에서 승리하고 왕이 된 후 늙고 병든 아버지를 유폐시켰던 곳이다. 당시 무굴제국의 왕위 계승은 장자 우선이 아니고 형제간의 치열한 투쟁에 의해서 승계되었다.

셋째 아들인 아우랑제브는 무슨 억하심정이 있어 아버지를 그렇게 가두고 학대했는지 궁금했다. 아버지 샤 자한에 대한 아들 아우랑제브의 학대는 후세에까지 회자될 정도로 심했다고 한다. 결국 샤 자한은 8

년 동안 이 무삼만 버즈에 갇혀 지내며 그가 지은 아내의 무덤 타지마할을 바라보다 쓸쓸이 죽어갔다. 자식이 부모를 가두어 죽이다니 참으로 권력 앞에서 비정하기는 예나 지금이나 마찬가지다.

무삼만 버즈로 올라가보았다. 야무나 강을 끼고 그리 멀지 않은 곳에 샤 자한이 그토록 사랑했던 아내 뭄타즈 마할의 무덤 타지마할은 그런 속사정을 아는지 모르는지 변함없이 아름다운 자태를 뽐내며 손짓하고 있다.

파떼뿌르 시크리, 폐허가 된 옛 수도

자이푸르로 가는 도중에 길가에 폐허에 가까운 유적지들이 나타났다. 파떼뿌르 시크리였다. 무굴제국의 3대 왕인 악바르에게는 후사가 없었다. 제국의 뒤를 이을 후계자가 없자 악바르는 몹시 초조했다. 이런 악바르에게 당대 이슬람 최고 성자인 셰이끄 살림 치스띠$^{Sheikh Salim Chisthi}$가 구원의 손을 내밀었다.

파떼뿌르 시크리에 살던 셰이끄 살림 치스띠는 이듬해 왕이 후사를 얻을 것이라는 예언을 해주었다. 공교롭게도 그 예언은 맞아떨어졌다. 왕은 그에 대한 신뢰를 표시하기 위해 이 도시 파떼뿌르 시크리에 수도를 건설했다. 그러나 애써 건설한 수도는 물이 부족해 많은 인구를 수용할 수 없었다.

결국 1571년에서 1585년까지 14년간만 수도의 역할을 하는 데 그쳤다. 수도가 다시 아그라로 옮겨진 뒤 이 도시는 400년 동안 폐허로 방치되고 있다.

버스가 주차장에 서자 어린아이들이 몰려왔다. 손에 조잡한 물건을 들고 와 사달라고 조른다. 이곳에 오니 날씨가 더워졌다. 볕이 따갑다. 5분 정도 걸어갔더니 왕궁까지 오고가는 셔틀버스가 기다리고 있다. 차창도 없는 낡은 버스를 타고 조그만 언덕을 올라 왕궁 입구에 도착했다.

궁 안으로 들어가자 조디바이 궁전이 나타났다. 악바르 황제가 그렇게도 기다렸던 아들을 낳아준 왕비 조디바이의 궁전이다. 조디바이는 원래 힌두 왕조인 암베르 출신으로 악바르와는 정략결혼을 했다는 설도 있다. 그래서인지 이 궁전의 모습은 서로 다른 두 문화의 형식을 나타내고 있다. 건물 기둥 부분은 힌두 형식이고, 돔은 이슬람 형식이다.

안으로 들어가자 5층짜리 탑 모양의 특이한 건물이 나왔다. 판츠마할이라는 이름을 가진 건물로 황제의 시녀들이 살던 곳이다. 층마다 칸막이가 있는 방들이 수없이 많지만 정확한 개수는 알 수 없었다.

왕궁에서 맨 마지막으로 찾아간 곳은 디와니암. 왕이 정사를 보던 건물이다. 사실은 이 디와니암 앞의 파치시라는 정원이 더 유명하다고 한다. 파치시는 인도 장기를 뜻하는 말로 악바르가 이곳에서 장기를 둘 때 정원 전체가 장기판이 되고 시녀들은 말의 역할을 했다. 왕의 지시에 따라 시녀들이 폴짝폴짝 뛰어서 움직였을 것이다.

파떼뿌르 시크리를 나와 자이푸르로 향하는데 허물어진 성곽의 잔해들이 계속되었다. 문득 노래 황성 옛터가 읊조려진다. "성은 허물어져 빈터인데 방초만 푸르러~ 세상이 허무한 것을 말하여 주노라." 비록 폐허의 도시지만 파떼뿌르 시크리의 규모가 대단함에 놀랐다. 그러나 사진기가 작동하지 않아 폐허를 담지 못했다.

다시 강행군이 시작되었다. 파떼뿌르 시크리에서 자이푸르까지는 적어도 4시간 이상 달려야 한다. 도로는 왕복 4차선이었으나 주변 환경은 그리 좋지 않았다. 심지어 길가에는 역주행하는 차량도 있어 이곳 사람들의 안전의식을 가늠케 해준다. 작은 도시를 지나는데 가게 앞에는 남자들이 모여 TV로 중계되는 크리켓 경기에 열광하고 있었다.

얼마를 가자 슬슬 졸려 눈을 감았다가 갑자기 차가 급정거하는 바람에 잠을 깼다. 놀라서 밖을 보니 공작새 한 마리가 날개를 활짝 편 채 유유히 고속도로를 건너고 있다. 인도에서만 볼 수 있는 이색 풍경이다.

푸른 밀밭과 유채농장이 이어졌다. 밭에서 일하는 사람들은 거의 여자들이다. 드문드문 벽돌공장들이 굴뚝을 앞세워 나타났다 사라졌다.

대평원에 해가 진다. 어둠이 내린다. 인가가 많아진다. 자이푸르가 가까워졌다는 얘기다. 도로변 대리석 공장의 하얀 돌들이 자주 보였다. 희미한 가로등들이 졸면서 도열해 있다. 버스는 자이푸르 시내에 진입해서도 한참을 걸려 라지푸타나 쉐라톤 호텔에 도착했다. 생각보다 먼 거리였다.

호텔 안으로 들어가보니 쾌적하고 느낌이 좋았다. 오아시스가 별건가. 저녁을 먹는 자리에 전날 받았던 과일바구니를 풀었다. 우리 팀이 아닌 다른 일행들에게 먼저 먹고 싶은 것을 고르라고 했다. 바구니가 커서인지 우리 팀에게 바구니가 돌아와서도 과일이 남았다. 그러나 맛있는 것은 이미 다른 사람들 차지. 저녁을 먹고 나서 10명이 우리 방에 모여 인도 여행의 마지막 밤을 와인잔 속에 묻었다.

암베르 성, 카츠츠와하 왕조의 힘을 과시하듯

인도 여행의 마지막 날이다. 전날 밤 어둠 속에서는 잘 몰랐는데 새로 날이 밝아 주변을 보니 호텔은 수준급인데 주변은 다소 황량했다. 이미

암베르성 안의 가네쉬 폴

자이푸르의 암베르성.
코끼리들이 오르고 있다

느낀 바지만 호텔 안과 밖은 천당과 지옥처럼 너무 대조적이다. 창으로 내다보니 4각형으로 된 호텔 안에는 풀장도 있다.

우리가 묵은 라지푸타나 쉐라톤 호텔은 자이푸르 시 외곽에 자리하고 있다. '승리의 도시'라는 뜻을 가진 자이푸르는 인도 서북부를 차지하고 있는 라자스탄 주의 수도이다. 비록 사막지대에 있지만 인구 400만의 거대 도시이며 상공업의 중심지다. 자이푸르의 카츠와하 왕조는 이슬람이 북인도를 지배하는 와중에도 굳건히 자리를 지켰다. 무굴제국의 쇠퇴를 감지한 카츠와하 왕조는 일찌감치 자이푸르로 천도를 감행하고 새로운 도약을 시작했다. 카츠와하 왕조는 무굴제국 이후 인도의 새 지배자가 된 영국에 대해서도 협조적인 자세를 유지해 꾸준히 독립을 유지했다.

아침식사 후 코끼리를 타고 암베르 성을 오르기 위해 서둘러 출발했다. 호텔에서 20분 정도 떨어져 있는 암베르 성 근처에 이르자 조그만 개울이 있고 건너편 언덕에 코끼리 등에 올라탄 관광객들이 보였다. 거대한 암베르 성 주변 산에는 끝도 없는 높은 성곽들이 능선을 이어갔다. 마치 중국의 만리장성을 보는 것 같다. 그런데 코끼리를 타려면 1시간 이상을 기다려야 한다.

암베르 성에 오르는 방법은 코끼리를 타거나, 지프를 타거나, 아니면 걸어서 오르는 방법이 있다. 날씨가 더워서 걸어갈 수는 없고 별수없이 지프를 이용하기로 했다. 한 대에 4명씩 타고 암베르성을 올랐다. 낡은 지프였지만 코끼리보다 빠르게 올랐다. 옆길에는 2~3명씩 태우고 줄을 서 오르는 코끼리가 힘이 든지 속도가 별로다. 어떤 코끼리는 그 와중에도 길가에 무단 배변을 한다. 코끼리 탔다고 좋아하는 손님들, 냄새도 좋을까? 모누 군은 내려갈 때도 같은 지프를 타야 하니 운전수를 잘 기억해두라고 했다.

암베르 성 일대는 1037년 미나왕 때부터 1726년 자이푸르에 새로운 왕궁을 지을 때까지 700년간 카츠츠와하 왕조의 수도였다. 암베르 성은 무굴제국의 악바르 황제와 혼인동맹을 통해 왕국을 굳건히 했던 마하라 자 만 싱^{Man Singh}이 1592년 건설하기 시작했다. 그후 150년에 걸쳐 지어 18세기 스와이 자이 싱^{Swai Jai Shingh}이 완성하였다.

붉은 사암과 하얀 대리석을 가지고 전통 힌두 양식과 이슬람 양식을 혼합해 당시 최고의 재력을 자랑하던 카츠츠와하 왕조의 힘을 과시하듯 화려하게 지어졌다.

정문을 통과하니 중앙에 열병장이 있고 건너편에 코끼리 출입문이 있다. 정문 왼쪽에는 왕의 공식 접견실이던 디와니암이 있다.

디와니암의 화려함은 당시 카츠츠와하 왕국의 종주국이었던 무굴제 국의 제항기르 황제가 암베르 성을 방문했을 때 일부러 장식을 덧칠해 본 모습을 감추어야 할 정도였다고 한다. 그러나 그 동안 너무 좋은 것 들을 보고 와서인지 그렇게 대단해 보이지는 않았다.

가네쉬 폴과 아람 박, 왕의 개인 공간과 작은 정원

이어서 왕의 개인 공간이었다는 가네쉬 폴^{Ganesh Pole}과 작은 정원인 아람 박^{Aram Bagh}으로 갔다. 아람 박의 한쪽 끝에는 방 전체를 스테인드 글라스 로 꾸며놓은 쉬시 마할^{Sheesh Mahal}이 있다. 이미 오르차의 유적 중에서 호텔로 개조된 쉬시 마할을 보고 왔는데, 또 같은 이름이 있어 약간의 혼란을 느꼈다.

이곳 암베르 성의 쉬시 마할은 밤에는 거울의 반사로 촛불 한 개만으로도 전체를 밝힐 수 있다고 한다. 그렇지만 밤이 아니라서 확인할 길은 없었다. 암베르 성의 쉬시 마할은 이제까지 보아온 인도의 유적 가운데 가장 화려했다.

건물 2층으로 올라가 대리석 창을 통해 바깥을 내다보았다. 암베르 성 바로 위에 또 하나의 작은 성인 자이가르Jaigarh가 보였다. 자이가르 성은 이 일대 최초의 성으로 1036년에 건설되었고, 한때는 카츠츠와하 왕국의 왕궁으로도 사용했으며 1,000년이 지난 지금도 그 원형을 그대로 보존하고 있다. 그러나 너무 높은 곳에 있어 올라가볼 엄두를 내지는 못했다.

암베르 성에서 나오는데 출구 쪽에서 중년 남자가 코브라를 바구니에 담아놓고 피리를 불며 구경꾼을 모았다. 여수에서 온 아이들이 돈을 주고 코브라와 같이 사진을 찍었다. 인도에서만 가능한 그림이다.

지프를 타고 내려오면서 암베르 성 일대를 바라보니 건축물들의 규모가 정말 대단했다. 산등성이를 타고 가는 성곽의 높이도 그러려니와 그 색채가 붉고 아름다워 예술성은 중국의 만리장성보다 나았다.

핑크시티, 왕조의 존립을 위해 온 도시를 핑크빛으로

암베르 성을 출발해 작은 고개 하나를 넘으니 제법 큰 호수가 나타났다. 호수 위에 궁궐 같은 건물이 떠 있다. 이곳 마하라자의 여름 궁전이다. 호수가 끝나는 곳에 핑크색 도시가 보였다. 핑크시티다. 자이푸르의 명물로 온통 거리가 핑크빛이다.

핑크시티는 영국 식민지 시절, 훗날 대영제국의 에드워드 7세가 왕세

핑크시티의 하와마할

핑크시티 박물관 안의 민속공연

자 시절 자이푸르를 방문하게 되었는데, 당시 이곳의 마하라자가 온 도시를 핑크색으로 칠해 왕세자를 환영했다고 한다. 인도에서는 붉은색이 환영을 뜻한다. 결국 도시 전체가 왕세자를 반긴다는 뜻인데, 환대받는 입장에서는 무척 기분이 좋았을 것이다. 어찌 보면 당시 마하라자는 왕조의 존립을 보장받기 위해 엄청난 공을 들인 것이다. 아직까지도 이곳 모두 마하라자의 소유이고, 지금은 마하라자가 일반인들에게 임대해주고 있다고 한다.

11세기부터 시작된 카츠츠와하 왕조를 계승하는 마하라자가 21세기까지 1,000년 동안 유지되고 왕의 자산이 인정되는 이유는 무엇일까? 인도 지방 군주를 뜻하는 마하라자는 위대한^{Maha} 왕^{Raja}의 합성어다. 특히 라자스탄 주는 '왕들의 땅'이라는 호칭에 걸맞게 마하라자의 지위가 지금까지 변함없이 이어진다. 무굴제국 지배 아래서도 그랬고 영국의 식민지 시절에도 큰 변화가 없었다. 그들은 이교도인 제항기르와 혼인까지 해서 라자스탄 지방의 통치를 보장받았고, 영국 식민통치의 손을 들어주면서 왕조의 보존을 허락받았다.

인도가 독립된 후에도 하나의 인도를 원했던 네루 정부가 각 지방의 행정권을 쉽게 확보하기 위해 이곳 마하라자의 특권을 인정함으로써 오늘날까지도 핑크시티의 왕조는 핑크빛이다.

해가 중천에 걸리자 날씨는 더 더워졌다. 핑크시티 중앙로를 버스로 한 바퀴 돌고 이곳에서 가장 아름답다는 하와마할 앞에서 잠시 멈춰 사진 촬영을 했다.

하와마할은 1799년에 지은 건물로 이 거리에서 가장 돋보인다. 5층

짜리 건물 외벽은 붉은 사암건물에 층마다 하얀 대리석 조각을 멋지게
박아놓았다. 바깥 출입이 제한된 왕가의 여인들이 창가에 서서 시가지
를 구경했다고 전해진다. 당시 왕가의 보수성을 암시해주는 것이다. 그
러나 이 건물은 가까이서 자세히 보니 무척 낡았다. 마치 100m 미인 같
다고나 할까.

하와마할 앞을 지나 좁은 입구를 찾아 들어간 곳은 시티 팰리스.

시티 팰리스는 건축에 관심이 많았던 자이싱 2세가 지은 궁전이다.

세계에서 제일 크다는 해시계

이 궁전은 현재의 마하라자가 살고 있는 구역과 사와이만 싱 2세 박물
관 구역으로 나누어져 있다.

우리가 가볼 수 있는 곳은 박물관 중 일부. 시티 팰리스 입구에 가자
인도 고유음악이 들리고 그곳에 한 무리의 남녀 무용수들이 춤을 추고
있다. 한참 그들을 구경하고 돌아서는데 모두 군이 저 무용수 중 여자는

모두 여장 남자라고 한다. 다시 자세히 보니 정말 남자들이다. 사람이 넘쳐나는 인도에서 굳이 여장 남자 무용수를 왜 쓰는지 알다가도 모를 일이다.

박물관에는 역대 마하라자들이 사용한 일상용품은 물론 그들이 수집한 보물과 근세의 왕 일가 사진도 전시되고 있다. 박물관 정원 한쪽에는 세계에서 가장 큰 해시계가 지금 이 시각을 표시하고 있었다.

비록 지방의 작은 왕조였지만 이들이 누렸던 호사는 그 동안 수없이 명멸했던 대제국의 황제 못지않다는 생각이 들었다. 박물관 오른쪽 마하라자의 궁궐 앞에 있는 최고급 롤스로이드 승용차가 그들의 부를 자랑해주고 있었다.

30년 전쯤인가. 술집에서 우연히 만난 인도 친구가 "세계에서 제일 가난한 사람도, 제일 부자도 인도에 산다"라고 한 말이 새삼스럽다.

자이푸르에서 델리로, 움직이는 인도 경제의 현장

자이푸르에서 델리까지는 4차선 도로였는데 물동량이 굉장히 많았다. 역시 별의별 이동수단들이 나와 거리를 메웠다. 2시간쯤 달려 중간 휴게소에서 멈추었다. 나는 길가로 나와 4차선 도로에 통행하는 물동량을 체크해보았다. 1분 동안 18대의 대형트럭이 지나갔다. 상당한 양이다. 움직이는 인도 경제의 현장이었다.

내가 트럭을 세면서 正자를 표시하고 있는데 지나가던 오토바이 한

대가 가던 길을 돌아 다시 내 앞으로 왔다. 젊은이 2명이 타고 있었는데, 내가 신기했던 모양이다. 가까이 가서 여기에 사느냐고 말을 걸었지만 대답이 없다.

한동안 나를 위아래로 관찰하던 그들은 무어라 떠들며 사라졌다. 길가에 혼자 서 있는 동쪽나라 이방인. 내가 그들을 본 것인가, 그들이 나를 본 것인가?

자이푸르에서 델리 가는 길, 거리의 모습

델리에 가까워지자 버스는 속도를 줄였다. 어둠이 내리기 시작했고 아파트 밀집지역이 시야로 들어왔다. 델리의 신도시 지역인 듯한데, 퇴근 시간과 겹친 델리의 트래픽은 서울보다 더 복잡한 듯하다. 델리 시내로 들어서 고가도로를 달렸다. 곧이어 크라운 플라자, 콘티넨털 호텔을 지나치는데 반가운 마음이 인다. 이것도 하룻밤 풋사랑인가….

델리에 도착해 간 곳은 허브차 가게였다. 주변 시장을 둘러보니 우리네 시장과 다를 게 없다. 옷가게, 야채가게, 잡화상, 작은 식당. 술을 파는 가게 앞에는 꽤 많은 사람이 줄 서 있다. 델리 공항에 가기 전에 인도 여행 중 처음으로 한식당인 서울식당을 찾았다. 늦은 저녁식사였다. 모두들 김치찌개와 상추쌈(우리 것과는 조금 다른)을 맛있게 먹었다. 그리고 그 동안 우리를 안내해준 모누 군과 작별인사를 했다.

델리 공항 대합실은 혼잡했다. 어김없이 사람이 넘쳐났다. 수속을 하고 지정 게이트에서 탑승을 기다리는데 S부인이 속이 좋지 않은 모양이다. 여행의 피로가 쌓여 저녁식사한 것이 잘못된 모양이다. 나이는 도둑질을 못한다고 했나… 우리도 옛날 같지 않다. 이제 무리한 스케줄은 슬슬 겁이 난다. 평소 대범한 S도 조금 놀란 것 같다.

우리를 태운 비행기는 새로 2시가 넘어 짙은 어둠 속에서 인도 델리 공항을 이륙했다. 인천공항까지는 7시간이 걸린다. 간단한 식사가 나온 뒤 실내등이 꺼지자 모두들 눈을 감았다. 피곤이 몰려오며 내 눈꺼풀도 내려앉았다.

천당과 지옥을 같이 사는 사람들. 핑크시티의 마하라자처럼 호사스런 삶도 보았고, 바라나시 새벽 길가에서 노숙하는 삶도 보았다. 모두가 같은 하늘 아래 숨 쉬고 있다.

삶이란 축복인가 고난인가?

제국들의
흔적을
찾아서

– 터키·그리스 여행기

로마제국의 기독교 박해를 피해 이런 암벽들에 칩을 만들다

터키와 그리스, 방랑벽을 자극하다

"여행이란 큰 창을 열고 미지의 세계를 찾아가는 것이다."

언제부터인가 나는 주기적으로 어딘가로 떠나야 했고, 그곳에 대한 궁금증을 풀어야 하는 버릇이 생겼다. 이번 터키, 그리스 여행도 이런 버릇에서 비롯되었다. 오래 전부터 가보고 싶었던 아시아의 끝. 유럽으로 가는 길목 아나톨리아 반도의 터키. 더불어 에게해의 푸른 바다와 함께 신화가 숨 쉬는 나라 그리스.

이스탄불에 도착하니 저녁 9시가 다 되었다. 우리와는 6시간의 시차가 난다. 공항을 나와 오래된 건물로 중후한 느낌을 주는 월드파크 호텔에 도착했다. 5성급 호텔이지만 우리나라보다는 수준이 낮다. 더군다나 내가 묵은 방의 창밖 길은 로마시대 때 돌로 만들었다고 하는데, 그래서인지 자동차 바퀴의 마찰음이 요란하다.

이스탄불, 천년의 영화를 누린 고도

새벽 5시. 이슬람교 사원의 확성기에서 울리는 소리로 일찍 잠에서 깨었다. 2,700년의 역사를 자랑하는 도시 이스탄불. 유럽과 아시아를 모두 가지고 있는 도시. 비잔틴 제국과 오스만 투르크 제국의 수도로 천년 이상의 영화를 누린 고도(古都). 꿈의 길 실크로드의 종착역. 아니나 다를까. 이스탄불의 첫 아침은 이렇게 이슬람으로 시작되었다.

6층의 호텔 식당에서는 동양과 서양을 가르는 보스포러스 해협 끝으로 사진에서나 볼 수 있었던 보스포러스 대교가 보인다. 바로 앞의 골든 혼Golden Horn 너머에는 갈라타 항구와 신시가지가 있다. 가슴이 탁 트인다. 신선한 우유와 요구르트, 귀리빵과 과일 등이 맛있다. 터키는 농수산물과 유제품이 풍부해 먹거리 걱정은 안 해도 된다.

히포드롬, 로마시대의 마차 경기장

아침 9시인데도 벌써부터 햇볕이 따갑다. 모자와 선글라스로 무장을 하고 찾아간 곳은 고대 로마시대 마차 경기장인 히포드롬Hippodrome이다. 그곳에 도착해 현지 가이드인 세르다르를 만났다. 반갑게 "안녕하세요?" 하길래 우리말을 할 줄 아느냐고 물어보니 영어, 일어는 하지만 한국어는 아직 못한다고 했다. 터키는 자국민 고용을 촉진하기 위해 현지 가이드를 의무적으로 고용하게 한다.

로마시대의 마차 경기장이라고 해서 영화 〈벤허〉에 나온 경기장을 떠올렸는데 좀 다르다. 경기장 한 가운데에는 높이 26m의 첨탑인 오벨리스크가 서 있는데, 비잔틴 시대의 테오도시우스 황제가 이집트에서 옮겨다놓은 것이라고 한다. 오벨리스크 밑의 받침대는 광장보다 2m 이상 낮다. 이 경기장도 십자군에 의해 파괴된 뒤 많은 변화를 겪었다.

오벨리스크 가까운 곳에는 델피의 아폴로 신전에서 가져온 것으로 뱀 세 마리가 서로 꼬고 있는 청동 기둥이 있다. 이 기둥은 그리스 도시국가들이 페르시아 군대를 무찌른 뒤 빼앗은 방패를 녹여 만들었다. 또 그 옆에는 콘스탄티누스 7세가 세운 비잔틴 시대의 첨탑도 있다. 첨탑의 청동 부조물은 이미 없어졌고, 풍화작용에 의해 부스러진

히포드롬의 오벨리스크

벽돌 첨탑 위에서 갈매기 한 마리가 히포드롬 광장을 내려다보고 있다. 히포드롬 광장 코너에는 제1차 세계대전이 일어나기 전 터키의 친구 국가였던 독일에서 만들어 기증했다는 호화 분수대가 있다. 그런데 이것은 매일 아침 물을 가져다 부어야만 분수가 된다고 한다.

술탄 아흐메드 사원, 오스만 투르크의 걸작품 블루 모스크

오스만 투르크 제국의 걸작품인 술탄 아흐메드 사원. 이슬람의 첨탑인 여섯 개의 미나렛이 사원을 둘러싸면서 장관을 이루고 있는 블루 모스크다. 이 사원은 오스만 투르크 제국의 14대 왕인 술탄 아흐메드 1세가 비잔틴 제국이 지은 성소피아 성당을 능가하는 사원을 건립하겠다는 야심으로 1616년에 세웠다. 전통적인 오스만 건축 양식으로 중앙의 큰 돔

을 네 개의 작은 돔들이 받치고 있다. 사원 내부는 2만1천 개의 파란색 타일로 장식되어 있어 무척 아름다웠다. 서양 사람들은 이 사원 내부의 푸른색 타일의 장관을 보고 블루 모스크라 부른다.

이스탄불의 명물, 블루 모스크

지하 저수조의 기둥들

지하궁전이라 불리는 지하 저수조는 비잔틴 제국의 유스티니아누스 황제 때인 532년 적에게 포위당했을 때 비상용으로 쓸 물을 저장하기 위해 만든 지하 물탱크다. 저수조의 크기는 가로가 70m이고 세로가 140m다. 그런데 이곳은 헬레니즘시대와 로마시대의 신전에서 뽑아 왔다는 336개 돌기둥이 받치고 있어 마치 지하궁전 같다. 그리고 이 돌기둥들의 건축 양식이 다양하다. 저수조의 물은 콘스탄티노플에서 20km나 떨어진 흑해 근방에서 끌어왔다고 한다. 고대인들의 물관리 능력이 탁월했음을 짐작하게 하는 유적이다. 저수조 안에는 제법 큰 물고기들이 헤엄을 쳤다. 이 저수조는 오랫동안 방치되었다가 이스탄불 시가 1985년부터 3년간 청소를 하고 보수해 오늘날 유용한 관광자원이 되었다고 한다.

성소피아 성당, "솔로몬, 내가 당신을 넘어섰소!"

비잔틴 제국 최대의 건축물로 916년간 성당이었던 아야소피아 박물관은 흔히 소피아 성당으로 알려졌다. 오스만 투르크 제국에 의해 481년간 이슬람 사원으로 쓰이기도 했고, 한때는 십자군에 의해 무수히 약탈을 당하기도 했다. 그야말로 영욕을 한 몸에 지닌 아야소피아 박물관.

이 소피아 성당 자리에는 로마시대인 360년에 세워진 성당이 있었다. 그러나 404년 시민들의 반란으로 불타버렸고, 415년 다시 세워졌으나 532년 또 시민들의 반란으로 소실되었다. 반란을 평정한 유스티니아누스 1세는 로마제국의 영광을 재현하기 위해 자존심을 걸었다.

그는 화재로 없어진 성당보다 더 크고 어떤 화재에도 견딜 수 있는 성당을 짓도록 명령했다. 그리고 제국 내에 있는 좋은 대리석과 큰 건축물에 있는 기둥을 이스탄불로 보내라고 명령했다. 제국의 곳곳에서 건축자재들이 보내졌다. 마침내 5년 10개월 만에 이 거대하고도 견고한 성당이 완성되었다.

가히 불가사의한 일이다. 낙성식 날 유스티니아누스 1세는 성당에 들어서면서 그 위용에 감탄해 "솔로몬, 내가 당신을 넘어섰소!"라고 외쳤다고 한다.

성소피아 성당의 중앙 천장

성소피아 성당의 중앙 돔은 지상에서의 높이가 57m이며 직경은 32m
나 된다. 그러나 지진으로 원형 돔의 한쪽이 찌그러졌고 아예 절반은 붕
괴를 방지하기 위해 철제 빔을 세워 원형 그대로의 모습은 아니다. 또
성당의 기둥들은 색상과 석질이 서로 다른데, 당시 로마제국의 각 지방
대리석들이 총 망라되었기 때문이다.

"출입구 좌측에 있는 돌기둥에 손을 대고 한 바퀴 돌리면 소원을 이
룰 수 있다"는 가이드의 설명에 따라 우리도 뒷줄에 서서 순서를 기다
렸다. 그런데 그때 내가 멘 가방이 흔들렸다. 뒤를 돌아보니 건장한 터
키 청년 두 명이 내 뒤에 바짝 붙어 있었다. 순간 가방을 보니 반쯤 열려
있다. 얼굴이 마주치자 그들은 재빨리 사라졌다. 바로 가방을 확인했으
나 별 이상은 없다. 다행이다. 소매치기 조심!

소피아 성당의 2층으로 올라가니 황후의 자리가 보였다. 황후는 이곳
에서 성당 내부를 내려다보았을 것이다. 작은 돔들에는 금, 은으로 장식
된 성모 마리아와 아기 예수의 모자이크가 선명하다.

건물 우측에는 콘스탄티누스 황제와 유스티니아누스 황제가 각기 콘
스탄티노플과 성소피아 성당을 손에 들고 성모 마리아와 아기 예수에게
헌정하는 모자이크가 있다. 그러나 오스만 투르크 지배 때 이 성당을 이
슬람교 사원으로 쓰기 위해 1cm 정도 두께의 석회로 덧칠한 뒤 그 위에
이슬람 문양을 새겼는데, 그 흔적이 많이 남아 있다. 그리스도를 덧칠한
이슬람들. 그나마 이 아름답고 거대한 성당을 파괴하지 않고 그냥 덧칠
해 사원으로 사용한 것만이라도 감사할 따름이다.

이스탄불의 명물은 오랜 전통을 지닌 대 바자르(큰 시장)다. 그런데 우

리가 이스탄불에 머무는 일정은 공교롭게도 일요일뿐이다. 그날은 대바자르가 쉰다. 아쉬운 마음에 작은 시장이라도 구경하였다.

아침부터 뙤약볕에서 이곳저곳 옮겨다니며 너무 많은 설명을 들은 탓에 두뇌의 인식 메모리 칩이 바빠졌다. 머리는 그야말로 쥐가 날 지경이고 다리는 뻐근했다.

작은 바자르를 떠나 보스포러스 해협 쪽으로 가 잠시 바다를 본 뒤 좁은 골목길을 한참 올랐다. 조그만 한국식당이 눈에 들어온다. 서울을 떠난 지 얼마 안 되었는데도 된장 냄새에 군침이 돌았다. 부침개가 나오자 맥주를 시켜 칼처럼 마셨다.

식사 후 부른 배를 안고 다시 좁은 언덕길을 올라갔다. 따로 인도가 없는 좁은 골목길이다. 차량이 양 방향에서 교행하는 탓에 위험했다. 날씨는 덥고 자동차의 매연이 코를 괴롭혔다.

톱카프 궁전, 오스만 투르크가 기독교도들을 개종시키다

잠시 걸어 톱카프 궁전에 도착했다. 입구에는 두 개의 대포가 있다. 이 궁의 이름은 '대포'라는 뜻의 톱Top과 '문'이라는 뜻의 카프Kap에서 유래했다. 우리식으로 해석한다면 '대포 문' 궁전이다.

콘스탄티노플을 점령한 메흐메드 2세가 세웠고 약 380년간 오스만 제국의 궁전으로 쓰였다. 궁 안은 아직도 보수중이고 입구의 방벽(防壁)에는 당시 궁전에서 행사하는 모습을 그려놓아 관광객의 이해를 도왔다. 톱카프 궁전에는 세 개의 문과 그에 딸린 세 개의 마당이 있다.

첫 번째 문인 '황제의 문'을 통과해 예니체리^{Janissary} 마당에 대한 설명을 들었다. 오스만 투르크는 이스탄불을 점령한 뒤 이교도인 기독교도의 자녀들을 뽑아 개종시켰다. 그들에게 특수 훈련을 시켜 최정예 군대를 양성했고 황제의 근위병으로 삼았다. 그리고 그 근위병 부대 이름을 예니체리 부대라고 명명했다. 이곳은 예니체리라는 근위병들이 지킨 마당이다.

두 번째 '경의의 문'으로 들어섰다. 문 오른쪽에는 대단한 규모의 왕실 주방 건물이 있다. 이 주방에서는 하루에 양 200마리가 소비되었다고 한다. 이곳 마당에서는 각종 회의와 출정식 등 국가의 중요한 행사를 열었다.

두 번째 마당을 통과해 세 번째 마당으로 가려는데 세르다르의 얼굴이 벌겋게 달아올랐다. 업무와 관련해 현장의 관광 감시관에게 적발되었다고 한다. "왜 네가 직접 관광객에게 설명을 하지 않고 한국 여자가 설명하고 다니느냐?" 하며 야단을 쳤다고 한다. 감시관들이 그의 증명서를 달라고 하더니 무얼 적었다. 아마 적발보고서 같다. 나중에 알아보니 경고를 먹었다고 한다. 그후로 세르다르는 오다가다 만나는 현지 동료 가이드에게 불평을 늘어놓고 편치 않은 행동을 했다.

세 번째 '지복의 문'을 넘었다. 황제와 측근들을 제외한 남자들은 출입할 수 없는 금남의 구역, 여인 궁전이다. 특히 이곳에는 오스만 투르크 제국의 황제들이 소장했던 각종 보물이 전시되었다. 화려한 보석들이 방마다 가득해 오스만 투르크 제국의 영화가 보이는 듯했다.

전시장 실내가 사람들 체온까지 더해져 무척 더웠다. 마지막 보석관

하나를 남겨두고 밖으로 나오니 전망대가 있다. 보스포러스 해협과 마르마라 해가 파노라마처럼 펼쳐졌다.

톱카프 궁전에서 바라본 보스포러스 해협 (왼쪽: 유럽, 오른쪽: 아시아)

마지막 보석관에는 세계 최대라는 84캐럿짜리 다이아몬드가 박힌 보물이 있다. 그걸 보기 위해 사람들이 몰려들었고 우리도 예외는 아니었다. 400년 가까이 오스만 투르크 제국의 궁전이었던 톱카프 궁전은 콘스탄티노플을 양분하는 골든 혼과 보스포러스 해협, 그리고 마르마라 해에 둘러싸인 명당 자리에 있다.

터키의 중부 도시 카이세리로 가는 저녁 비행기를 타기 위해 간단히 저녁식사를 하고 이스탄불 공항으로 향했다. 공항으로 가는 길 옆의 바닷가 공원에는 많은 사람들이 나와 있다. 이스탄불 사람들이 가족 단위로 소풍을 나와 일요일 오후를 즐기고 있다. 공원 곳곳에서 연기가 피어올랐다. 양갈비를 굽는 연기라고 한다.

공항에 도착했는데 세르다르는 비행기 표를 구하지 못해 밤새 버스로 카파도키아까지 올 것이라고 한다. 국내선 공항 대합실에 혹시 동양 사람이 있을까 싶어 두리번거렸는데, 내가 기대했던 알타이 흉노족의 후예인 돌궐족과 비슷한 얼굴은 보이지 않았다. 돌궐족의 일부는 2,000년 전 중앙아시아를 제패하기 위한 전투에서 패하고 지금의 아프카니스탄 지역으로 이동해 셀주크 투르크라는 부족국가를 세웠다. 그들은 1,000년 전에 아나톨리아 반도로 이주했다. 행여나 했던 나의 기대와는 달리 동양과 서양의 교차점인 이스탄불 공항에는 수많은 민족의 이동과 전쟁의 소용돌이 속에서 살아남은 잡종강세의 건장한 터키 사람들의 모습만 다가왔다.

저녁 7시 40분. 저물어 가는 터키의 중부 도시 카이세리 공항에 도착했다. 목적지인 카파도키아까지는 1시간 정도 걸린다고 하는데, 주위는 이미 어둠이 깔렸다. 낮에 이스탄불의 유적지를 둘러보느라 꽤 피곤했던 모양이다. 버스에서 그냥 잠이 들었다가 카파도키아 인에 도착해서야 눈을 떴다.

카파도키아, 화산재가 만들어낸 만물상

이날 아침도 어김없이 이슬람교 사원에서 흘러나오는 확성기 소리에 5시에 잠에서 깨었다. 창밖은 아직 어두컴컴하다. 다시 잠을 청했으나 잠이 오지 않는다. 이스탄불에서도 그러더니… 중얼중얼 기도소리를 왜 꼭 확성기로 들려주어 나그네의 잠을 깨우는지… 그 심보가 자못 궁금하다.

한참을 뒤척이고 있자니 새벽이 밝았다. 창문 밖으로 희미하게 원형의 돔 같은 것이 보여 이슬람교 사원의 지붕이려니 짐작했다. 사원의 확성기 소리도 들리고 해서 그런가보다 했다. 그런데 착각이었다. 거대한 공중기구였다. 나중에 알게 된 일이지만 이곳 카파도키아 유적지에는 공중기구를 타고 하늘을 나르며 유람하는 관광 코스가 있다.

당초 출발예정 시간보다 10분 정도 앞당겨 호텔을 나섰다. 세르다르는 밤새 버스를 타고 11시간 넘게 달려와 막 도착했다. 조금은 피곤해 보인다. 밥벌이의 고달픔은 여기서도 마찬가지인 것 같다.

버스가 얕은 계곡을 가로질러 달리는데 주변에 나무가 별로 없다. 얼마 후 마른 산에 괴이한 형태의 바위들이 보이기 시작했다. 낙타 모습을 한 바위를 비롯해 이상하게 생긴 바위들도 많다. 어쩌면 우리 금강산의 만물상보다 더 사실적인 조각품들 같았다.

카파도키아 지역은 6,000만 년 전 주변 산들이 세 차례에 걸친 화산 활동 끝에 형성되었다. 화산이 폭발할 때마다 분출된 화산재들은 각기 다른 성분을 가지고 있었다. 화산재들이 차례로 쌓여 암석이 된 뒤 오랫동안 비와 바람에 씻기고 깎여 기이한 원추형으로 만들어졌다. 화산재의 성분에 따라 바위는 붉은 녹색과 황토색 또는 밤색 등으로 구성되었다. 정말 앨리스처럼 이상한 나라에 온 느낌이다.

젤베, 돌기둥 안에서도 신앙을 꽃피우다

다시 버스를 타고 20분 정도 달려 젤베 지역으로 갔다. 고개 마루턱에서 버스에서 내려 걸었다. 메마른 땅에도 나무는 자란다. 포도나무도 있다. 야생에서 그냥 자라면서도 열매까지 달고 있다. 생명묘심(生命妙心)이다. 포도 한 알을 입에 넣었더니 신맛이 난다. 더러 살구나무도 눈에 띄었지만 살구는 이미 떨어지고 없다.

언덕에 오르니 젤베 지역이 한눈에 들어온다. 여기저기에 남근을 연상시키는 돌기둥이 솟아 있다. 아래가 넓고 위로 갈수록 가늘어지면서 끝은 다시 현무암의 둥근 모자를 쓰고 있다. 돌기둥 아래엔 창

특이한 모습을 한 젤베 지역의 바위들

문같이 네모난 구멍이 있어 이상하기도 하고 궁금했다. 굵은 모래들 때문에 자칫 위험할 수도 있는 바윗길을 타고 조심스럽게 마을로 내려갔다. 돌기둥의 아랫부분의 네모난 구멍은 집안으로 들어가는 문이었다. 그러나 사람이 살지 않았다. 그 안에 교회도 있다. 입구에 벽화가 있고 안쪽에는 성화가 그려져 있다. 감탄사가 쉬지 않고 터졌다.

괴레메 계곡, 로마의 박해를 피해 신앙을 지키다

버스를 타고 조금 이동하니 로마의 기독교 박해를 피해 이곳까지 숨어들어와 암벽에 거대한 교회를 만든 괴레메 계곡이 나타났다. 그 당시 사람들은 비둘기와 상당히 친하게 살았던 모양이다. 비둘기의 용도는 예나 지금이나 다양하다. 당시 사람들은 벽화를 그릴 때 비둘기의 배설물을 중요한 물감으로 썼다고 한다. 괴레메 계곡 건너편에는 수많은 비둘기집으로 장식된 골짜기가 있다. 비둘기 집 앞에 비둘기가 좋아하는 붉은색 페인팅을 해놓은 흔적도 있다. 한쪽은 허물어졌지만 동굴 집의 내부 구조는 쉽게 볼 수 있다.

괴레메 계곡의 동굴집들

이곳 괴레메 계곡에는 수도원과 교회 등이 1,000여 개가 있었고, 성화가 그려져 있는 교회만도 150여 개나 된다고 한다. 동굴교회를 구경하는데 서양 단체팀이 계속 앞을 막아 좀 불편했다. 마지막 동굴교회는 이제까지 괴레메 계곡에서 본 교회 중에서 가장 규모가 컸다. 교회 안에 들어가니 2층으로 되어 있고 주방시설이 있던 곳에는 아직도 그 당시의 그을음이 그대로 남아 있다.

다시 이동해 찾아간 곳은 동굴 아파트. 거대한 괴암에는 층층이 집들이 박혀 있고 꼭대기에는 터키 국기가 휘날렸다. 그 많은 사람들이 그 큰 바위산의 집들을 어떻게 오르내렸으며 식수는 어떻게 조달했고 용변은 어떻게 해결했는지 수수께끼다.

점심을 먹기 위해 찾아간 곳은 카파도키아의 명물 동굴식당. 사리카야라는 동굴식당은 바위를 뚫어 만든 것이다. 식당 안이 아주 넓었다. 밖은 찜통더위인데 실내는 서늘했다.

지하 동굴 끝에 넓은 원형의 깨끗한 식당 홀이 있고 식탁과 의자가 모두 돌이다. 지정된 자리에 앉아 보니 아늑했다. 이 동굴식

고레메 계곡의 동굴 아파트

당의 특별 메뉴는 항아리 케밥. 터키에 와서 처음 먹어보는 케밥이다.

긴 쇠꼬챙이에다 고기를 꿰어 돌려가며 익힌 뒤 칼로 잘라 넓적한 빵에 싸먹는 것만

동굴식당 사리카야 입구

케밥인 줄 알았는데, 사실은 케밥 종류가 여러 가지라고 한다. 동굴 식당의 지배인이 찾아와 터키 음식도 중국 요리나 프랑스 요리 못지않은 훌륭한 요리라고 자랑했다.

248

일단 더위를 식히려고 시원한 맥주를 시켰다. 터키 전통주인 라키도 같이 주문했다. 식당의 지배인이 주방장과 함께 찾아와 항아리 케밥 요리에 대해 서툰 한국말로 설명했다. 양고기와 감자, 당근 등을 넣고 항아리를 밀봉한 뒤 오븐에다 구어 만드는 정말 맛있는 요리다. 우리말이 조금 서툴긴 했지만 내용을 전달하는 데는 별 문제 없었다. 한국 고객을 위해 한국어를 조금이라도 더 하려고 노력하는 그 지배인은 진짜 프로였다. 제대로 된 식당에서 음식을 대접받는 것 같아 라키 맛이 더 좋다.

그랜드 캐년 같은 느낌을 주는 괴레메 계곡

맛있는 점심과 휴식을 취하고 다시 찾은 곳은 괴레메 계곡이 한눈에 내려다보이는 전망대.

버스를 내려 기념품 상점들을 지나 전망대에 오르니 한 폭의 거대한 그림이 펼쳐졌다. 크기는 다르지만 미국에 가서 본 그랜드 캐년과 비슷한 느낌이랄까. 형형색색의 지층과 함께 셀 수도 없는 기암괴석이 즐비했다. 그 바위 속을 인간들이 파고 들어가 도시를 형성했다는 것이 도저히 믿어지지 않았다. 수천 년 전부터 시작된 자연에 대한 인간의 무한도

전의 현장이랄까. 경외심이 느껴진다.

터키석 전문점. 얼핏 터키에는 터키석이 없다고 알고 왔는데 이곳에
와 보니 카파도키아의 터키석이 가장 으뜸가는 터키석이라고 주장했다.
서툰 우리말로 점원들은 우리의 지갑열기를 재촉했다.

데린쿠유 지하도시의 동굴들

다시 카파도키아의
마지막 명물 지하도시
로 향했다. 30여분 넘게
달리니 한적한 시골 마
을이 나타났다. 데린쿠
유라는 마을이다. 차에
서 내려 뜨거운 태양열
을 받으면서 한참을 걸
어 지하도시 입구로 갔
다. 입구에는 우물 같은 것이 있었는데, 이 구멍을 통해 지하도시가 바
깥 세상과 소통했다고 한다. 동굴 벽이 워낙 좁았다. 몸을 구부려 다녀
야 한다는 말에 체구가 큰 L은 다시 지상으로 올라갔다. 지하 3층으로
내려갔는데 광장 모서리에서 누가 불쑥 나타나 이상한 액센트로 "익스
큐즈미! 조~심하세요!" 한다. 모두들 깜짝 놀랐다. 알고 보니 세르다르
였다. 원 녀석도~.

이 지하도시는 기독교 박해를 피해 이곳 지하까지 숨어 들어와 건설
했다고 한다. 지하로 20층까지 건설되었지만 관광객의 안전을 위해 8층

까지만 공개했다. 좁은 길에는 연자방아 같은 문을 만들어 지하통로를 차단할 수 있도록 했다. 외부의 적이 쳐들어왔을 때 차단하기 위한 것으로 안에서만 열 수 있다. 여기에는 교회와 식당, 학교 등도 있다. 당시 이곳 사람들의 평균 수명은 20세에 불과했다.

지하도시가 발견된 것은 1960년대다. 이 마을의 닭 한 마리가 조그만 구멍으로 들어간 뒤 나오질 않자 이를 이상하게 여긴 주민들이 당국에 신고한 것이 계기가 되어 발굴되었다.

카파도키아에서는 인간이 어떻게 땅을 이용했는가를 여러 형태를 통해 알아볼 수 있었다. 하긴 인류의 조상들은 동굴생활이 기본이었을 테니까.

콘야, 술을 팔지 않는 가장 이슬람적인 도시

카파도키아를 떠나 터키에서 가장 보수적이라는 도시 콘야로 향했다. 버스로 1시간 넘게 달리자 끝도 없는 지평선이 펼쳐졌다. 길가 주변의 밭에서는 스프링쿨러가 쉬지 않고 돌며 물을 뿌렸다. 들판이 끝도 없다. 이 평원은 터키 제1의 밀 생산지로도 유명하며 터키를 먹여 살리는 곡창지대다. 넓은 들에는 간혹 지하수를 끌어올리는 집수정 건물만이 돌출되어 눈에 띄었다.

터키 농민들은 지하수를 개발해 농업용수로 활용했다. 전력공급용으로 세워진 전봇대가 거리 표시를 해주며 나그네의 길동무가 되어준다.

문득 터키에다가 농업용수를 위한 PVC파이프와 스프링쿨러 시스템, 태양열 집열판 같은 것을 팔면 돈이 될 것 같다는 생각을 했다.

그런데 쉬고 있는 밭이 꽤 많다. 워낙 땅이 넓다보니 같은 땅에다 매년 농사를 짓는 것이 아니고 교대로 경작을 해 일부는 휴경지라고 한다. 땅을 놀려도 될 만큼 너른 땅, 정말 부럽다.

터키는 흑해와 에게해, 지중해 등 3면이 바다로 둘러싸인 반도다. 그리고 해안 가까이에는 산맥들이 있어 내륙지방은 거대한 분지 형태를 이루고 있다. 그런데도 그 넓은 땅덩어리에 사막이 없다. 얼마나 축복받은 땅인가. 콘야가 가까워지자 가이드가 이슬람 분파에 대해서 설명한다.

이슬람의 양대 교파인 시아파$^{Shi'a}$와 수니파^{Sunni}는 교조 마호메트에게 아들이 없었기 때문에 누가 더 정통인가에서부터 시작되었다. 수니파는 코란을 영원하다고 보고 그 해석에 충실한 반면, 시아파는 이맘(이슬람 지도자)을 마호메트에 버금가는 완전무결한 존재로 보고 그들의 코란 해석을 신봉한다.

카파도키아를 출발한 지 3시간이 조금 넘어 터키의 5대 도시 중 하나라는 콘야에 도착했다. 시내 중심가에 있는 4성급의 베라 호텔에 여장을 풀었다.

이 도시는 터키에서 가장 이슬람교적인 도시로 시내 어디에서도 술을 팔지 않는다. 참으로 답답했다. 우리 주당들은 어찌하라고~. 할 수 없이 점심 때 마시다 남은 라키를 식당에서 나누어 마시고 각자 방으로 갔다.

252

메블라나 사원, 수피니즘의 원조 이곳에 잠들다

모두 새벽 기도소리에 일찍 잠에서 깬 것 같다. 7시가 조금 넘자 약속이나 한 듯 1층 식당에 모였다. 아침식사를 한 뒤 수피니즘(이슬람교 신비주의)의 원조인 메블라나^{Mevelana}의 무덤이 있는 사원으로 향하였다.

가는 길의 아침 풍경은 삭막했다. 콘야는 좀 심심할 것이라는 귀띔이 있어 예상은 했지만 정말 무미건조하고 재미없는 도시다. 거리를 지나는 여자는 대부분 히잡을 썼다. 심지어 손을 잡고 걷는 젊은 아베크족까지도 히잡을 썼다.

메블라나 사원에 도착하니 관광객들로 붐볐다. 여행 스케줄에 콘야의 관광은 이 사원뿐이다. 가장 이슬람교적 색깔이 짙은 도시라면 다른 데도 볼 만한 것이 있을 텐데 안타까웠다.

콘야의 메블라나 사원

입장을 기다리는 동안 수피니즘에 대해 자세히 설명을 들었다. 수피주의자들은 정통적인 교리학습이나 율법을 통해서 이슬람을 이해하려는 형식보다는 현실적인 방법으로 신과의 합일을 주장한다. 그 수단으로 춤과 노래로 구성된 의식이 있다. 이러한 수피주의자들에게 10세기를 전후해 아나톨리아 반도로 흘러들어온 터키족들은 좋은 포교 대상이었다. 유목민인 터키족은 이해하기 어려운 정통 수니파의 설교보다는 춤이나 노래를 통한 신과의 일체에 더 마음이 갔다고 한다.

메블라나 사원은 비닐 덧신을 신고 입장했다. 사원 안을 둘러보니 메블라나와 그의 아버지 무덤이 나란히 있다. 그러나 메블라나의 어머니 무덤은 어디에도 없다. 예나 지금이나 이슬람은 여자의 사회활동을 제한하는 것은 물론 존재 자체를 인정하지 않는 것 같다.

당시의 메블라나 교파가 종교의식으로 쓰던 춤과 노래 장면을 밀랍으로 만들어놓은 곳으로 가서 그 모습을 보니 더욱 실감이 났다. 세마는 하늘이란 뜻을 가진 메블라나를 추모하기 위한 춤이다. 지금도 매년 12월이면 이곳 콘야에서 세마 경연대회가 열린다.

메블라나 종파의 창시자 메블라나는 본래는 터기 사람이 아니다. 13세기 초 아프가니스탄에서 태어나 소년 시절 아버지를 따라 터키로 이주해왔다. 그는 죽을 때까지 우주의 존재와 인간의 사랑 등을 주제로 많은 시를 남겼다. 메블라나는 신비주의자로 또 시인이자 철학자로 그의 사상은 현재까지도 전해진다.

안탈랴 가는 길

지중해 연안의 휴양도시 안탈랴로 가는 데는 버스로 5시간이 넘게 걸린다. 가는 길에 지중해와 내륙의 분지를 가르는 해발 2,000m가 넘는 타울로스 산맥을 넘어야 한다.

회색의 도시 콘야를 벗어나자 버스는 곧 오르막길을 달리기 시작했다. 도로의 경사는 심하지 않았고 오르막길엔 저속차량을 위한 별도의 차선이 있다. 속도는 줄었지만 주행에 별 어려움이 없다. 이렇게 달리기를 1시간 반 정도 했을까. 어느 휴게소에서 멈추었다. 물론 우리나라 고속도로 휴게소와는 비교할 수 없다. 어김없이 화장실은 요금을 내야 한다. 1달러에 세 사람. 그러고 보면 우리나라 고속도로 휴게소 정말 좋다. 깨끗하고 공짜이고. 어느 여행가는 여행 중에 공중화장실을 가보면 그 나라의 수준을 알 수 있다고 했다. 매점에서 누군가 터키의 전통 젤리인 로쿰을 사서 돌렸다. 달디단 것이 찰기도 있어 마치 우리 찰떡 같다.

버스투어를 할 때 우리보다는 기사 아저씨의 휴식이 절대적이다. 기사와 세르다르는 이곳 사람들과 섞여 담배도 피우며 휴식을 취했다. 내가 다가가자 그들이 마시고 있던 터키차를 권했다. 세르다르를 통해 버스기사가 몇 살인가 알아보았다. 54세라고 했다. 만으로 쳐도 나보다 다섯 살이나 아래다. 그러나 겉모습은 나보다 한참 형님 같다. 기사는 고향이 이즈미르이고 그곳에 살고 있다고 했다. 더운 지방 사람들은 쉬 늙는 것 같다. 우리보다도 버스가 고생이 심하다. 아무리 벤츠버스라고 해도 힘 좀 들 것이다.

다시 길을 재촉했다. 타울로스 산맥을 넘는 데 터널이 없다. 우리의 옛날 국도처럼 수많은 고개를 돌고돌아 넘어서 다른 지방으로 이동했다. 토목기술이 발달한 우리나라는 툭하면 터널을 뚫는데 말이다. 그래도 우리 옛길이 생각나 운치가 있다.

고도를 높이자 드문드문 넓은 고원들이 펼쳐졌다. 고원에는 양이 아닌 검은 염소가 많았다. 따가운 태양을 피해 나무 그늘에는 어김없이 검은 염소떼들이 몰려와 있다. 산은 큰데 나무가 많지 않아 조금은 황량하고 지루했다.

낮 12시 반이 넘어 고개 마루턱의 식당에 도착했다. 외진 시골 식당이라 좀 지저분했지만 음식은 그런 대로 먹을 만했다. 빵이 푸짐하고 생선과 닭고기가 맛있다. 시장이 반찬인가?

점심을 먹고 타울로스 산맥을 내려갔다. 오후 3시가 넘었을 때 차창 밖으로 새로운 풍광이 펼쳐졌다. 지금까지의 풍경과 너무 대조적이다. 나무도 지중해성 기후 때문인지 활엽수가 많고 야자나무도 보였다. 딴 세상이다.

안탈랴, 자연과 역사가 어우러진 지중해의 휴양도시

큰 도회지가 나타났다. 지중해의 휴양도시 안탈랴 시 외곽이다. 안탈랴 비행장으로 가는 이정표가 보였고 하늘에는 이착륙하는 비행기도 많다. 도착하면 1인당 40달러를 내고 안탈랴의 아름다운 해안을 보는 것과 80 달러를 내고 밸리 댄스를 보는 것의 두 가지 옵션이 있었다. 여성들은 밸리댄스가 별로인 것 같다. 요금도 비싸고 차라리 배를 타고 안탈랴 해안을 1시간 반 정도 돌아보는 게 좋겠다는 의견들이다.

배를 타기 위해 해변 가까운 곳에서 버스를 내렸다. 더운 공기가 턱 밑까지 차올라 숨이 막혔다.

안탈랴는 휴양도시답게 사람도 많고 차도 많아 다소 번잡스럽다. 여성들의 노출도 과감하다. 아침에 떠난 콘야와는 사뭇 분위기가 다르다. 가이드가 다시 한번 소지품을 주의시켰다.

무더위 속에서 한길을 건너니 망루가 보였다. 이 탑의 이름은 이블리 미나레^{Yivli Minare}이고, 13세기 초 셀주크 투르크 사람들이 세웠다고 한다. 당시에는 이 망루가 안탈랴를 방문하는 사람들의 이정표 역할을 했다.

안탈랴는 기원전 1세기 베르가몬 시대에 세워진 도시로 그후 여러 가지 이름을 거쳐 현재에 이르렀다. 자연과 역사가 한데 어우러진 아름다운 휴양도시로 유럽인들이 많이 찾는다. 이 도시는 제1차 세계대전 당시 이탈리아군에게 3년간 점령되었으나, 터키의 국부이자 아타 투르크인 무스타파 케말^{Mustafa Kemal}이 해방시켰다.

이 도시는 지중해 연안도시라서 그런지 무척 더웠다. 직사광선을 피해가며 골목길을 20분 정도 걸었을 뿐인데도 땀이 줄줄 흘렀다. 그래도 눈앞에 바다가 펼쳐지자 더위가 조금 가시는 느낌이다.

조그만 항구에 도착해 흐르는 땀을 닦으면서 바닷가로 내려갔다. 맑은 바닷물 밑에 멸치 같은 작은 물고기들이 떼를 지어 다녔다. 세르다르의 도움을 받아 모두 배에 올랐다. 배는 크고 깨끗했다. 우리만 타고 가기엔 조금 미안할 정도였다.

바다로 나오니 지중해의 푸른 물결이 유혹하듯 손짓했다. 시원한 바닷바람이 조금 전 흘렸던 땀방울을 식혀주었다. 해안선을 타고 이어지는 절벽은 바다를 타고 미끄러지는 아슬아슬함을 더해주었다. 유람선에서 보니 절벽 위의 호텔들은 바위 사이로 길을 내 투숙객들을 위한 해수욕장도 만들어놓았다. 모두들 갑판으로 올라와 아름다운 지중해를 보며 좋아했다. 그 동안 명랑하고 쾌활하게 설명을 잘하던 한국인 가이드 장양도 별 말이 없다. 하긴 이 절경을 무슨 말로 설명한단 말인가? 그냥 보고 느끼면 되는 것이다.

출항한 지 50여분쯤 되었을 때 전방에 거대한 물보라와 함께 무지개가 피어올랐다. 모두 호기심이 높아지는데 배는 점점 더 속력을 낸다. 무슨 물줄기가 바다로 쏟아지는지 정말 궁금했다. 어떤 사람은 인공폭포일 것이라고 추측했다. 그러나 가까이 가서 본 우리들의 눈앞에는 제법 큰 강이 통째로 바다를 향해 몸을 던져 거대한 폭포를 만들고 있었다. 정말 장관이었다. 모두들 탄성을 금치 못했고 여기 저기에서 셔터 소리가 났다. 여기를 반환점으로 배는 다시 출발점으로 돌아갔다.

1시간 40분 정도의 유람선 승선은 정말 좋았다. 모두들 흡족해 했다. 배를 내려 버스를 타기 위해 바닷가를 따라 공원을 걸었다. 공원에는 산책하는 젊은이들이 많았다. 어떤 커플은 여러 사람들이 보는 데서도 서슴없이 키스를 했다.

같은 나라임에도 불과 24시간도 안 되었는데 콘야와 안탈랴는 분위기가 너무도 달랐다. 우리 식으로 하면 보수와 진보의 결정판을 보았다고나 할까. 공원을 걷고 있는데 아내가 넘어졌다. 뭘 보고 걷다가 그리 되었는지는 몰라도 대수롭지 않게 생각했는데 그게 아니었다. 무릎에서 피가 흘렀다. 마침 가방에 있던 후시딘을 발라 응급처치를 했다. 상처가 빨리 아물어야 할 텐데 걱정이다.

해안가 절벽에 있는 호텔로 향했다. 배에서 본 아름다운 호텔이다.

이름은 안탈랴 호텔. 여성들은 호텔 수영장에 가자고 전화벨을 울려댔다. 아내는 깨진 무릎은 아랑곳않고 수영을 즐겼다.

안탈랴의 역사를 말해주는
오래된 전망대

안탈랴 해안가에서 저녁을 즐기나

안탈랴 해안에서 바다로
추락하는 폭포

저녁은 호텔 가든에서 지중해를 바라보며 먹었다. 차디 찬 맥주의 감촉이 해가 저물기 시작한 지중해의 낭만과 함께 분위기를 더욱 돋우었다. 이미 땅거미는 졌고 부서지는 파도소리와 멀리서 졸고 있는 불빛들이 나그네들의 감흥을 고조시켰다.

누구 하나 가서 쉬겠다는 사람이 없다. 모두들 전망대로 내려가 앙증맞은 랜턴을 중심으로 각자 편한 자세로 앉아 어둠 속의 밤바다를 즐겼다. 우리의 노래 속에 안탈랴의 밤은 깊어갔다.

안탈랴 해변, 지중해에서 해수욕을 즐기다

안탈랴에서는 새벽 이슬람 사원의 기도소리도 들리지 않았다. 잠도 푹 잤다. 이번 여행 중 가장 좋은 분위기 속에 잠을 잔 것 같다. 지중해의 유명한 휴양지답게 여행의 즐거움이 배가되었다. 아침을 먹고 8시 40분경 호텔을 나섰다. 해변으로 가서 해수욕을 즐기기 위해서다.

실로 오랜만에 수영복을 입고 지중해에 몸을 담갔다. 수영 실력이 좋은 S는 멀리까지 갔다 돌아오곤 하며 바다수영을 즐겼다. 나는 평영과 배영을 하며 키 높이 정도에서 놀았다. 버스 기사 아저씨도 어느새 수영복으로 갈아입고 우리 근처로 와 수영을 즐기면서 윙크를 했다.

친절한 터키인 하나가 내게 다가와 어디서 왔느냐고 물었다. 코리아라고 했더니 남쪽이냐 북쪽이냐 묻는다. 남쪽이라고 했더니 자기는 안탈랴에서 경찰관을 하고 있다고 했다. 그 주위에 꼬마들이 같이 와 수영을 하고 있어 누구냐고 물었다. 자기 삼촌의 아이들이란다. 이름을 물으니 모두들 후세인이란다. 이라크의 '후세인'은 나쁘다고 했더니 웃기만 했다. 꼬마들은 내 이름 '정'이 제대로 발음되지 않는지 나를 계속 "헤이, 전!" 하고 불러댔다.

안탈랴의 해변은 모래사장이 아니다. 작은 자갈들로만 이루어져 우리나라 몽돌 해수욕장과 비슷했다. 발바닥에 모래가 붙지도 않는다. 바다 속으로 들어가니 지중해의 바닷물이 정말 맑다. 유럽의 호사가들이 찾아와 즐기고 갈 만한 가치가 있다. 지중해의 강렬한 태양과 푸른 물과 함께한 안탈랴 해변의 해수욕은 즐거웠다. 언제 다시 안탈랴 해변에 와서 수영을 즐긴단 말인가. 하지만 우리만 즐거울 수는 없었다. 파라솔 아래서 우리가 나오기만을 기다리는 다른 일행을 생각해야 했다.

10시 반쯤 안탈랴 해변을 떠났다. 산을 넘고 물을 건너면서 버스는 달렸다. 안탈랴 외곽을 지나 고개를 하나 넘자 주변에 수많은 대리석 광산들이 나타났다. 한 시골 마을을 지나가는데 집들이 모두 대리석으로 지어졌다. 생산지라서 그런지 몰라도 대리석이 흔했다.

안탈랴를 떠난 지 두 시간쯤 되었을 때 버스가 호수가 보이는 식당 앞에 멈췄다. 식당 주인과 세르다르는 잘 아는 사이인지 반갑게 인사를 나누었다. 식당 화장실에 갔는데 여기도 대리석을 깔아놓았다. 노천식당 비슷했는데 화장실만은 대리석이었다. 뭔가 연결이 잘 안 되었다. 점심은 빵과 야채, 닭고기 등이 주 메뉴였다. 식당에는 먼저 도착한 한국 관광객들도 있었다. 우리 뒤에도 한국 사람들이 많이 왔다. 아마 한국 관광객 전문 식당 같다. 그런데 우리보다 늦게 도착한 한국 관광팀의 인솔자인 한 아가씨를 보고 세르다르는 좋아서 어쩔 줄 모른다. 다가가서 그들 식의 허그를 하며 부둥켜안았다. 이 친구 그 다음부터는 우리보다는 아예 그쪽 편에 가 있다.

점심을 먹고 식당을 나와 호수로 향했다. 식당 밖에는 한 사람이 늙은 낙타를 끌고 와 호수까지 1달러를 내면 태워주겠다며 호객을 했다.

'살다'라는 이름을 가진 이 호수는 그리 크지 않았지만 물은 푸르고 맑았다. 호수 주변에 하얀 모래 같은 것들이 널려 있어 모래인 줄 알았는데 마그네슘이라고 했다. 경사가 완만한지 몇 사람이 상당히 멀리까지 들어갔는데 물이 허리에도 차지 않는다.

호수를 뒤로 하고 버스가 고개를 넘는데 우리나라 같으면 별장 같은 것이 몇 개쯤 있을 법한데 그런 것들은 눈에 띄지 않았다.

파묵칼레, 고대 도시 히에라폴리스

살다 호수가 있는 식당에서 1시간쯤 갔을 때 데니즐리Denizli라는 제법 규모가 있는 도시가 나타났다. 이 도시를 지나 이내 좁은 길로 들어서자 파묵칼레Pamukkale로 가는 이정표가 보였다. 파묵칼레가 가까워지는지 목화밭도 눈에 띄기 시작했다. 이 일대는 목화 생산지로도 유명하다.

파묵칼레에 가기 전 코튼 전문 매장으로 갔다. 매장에 들어서니 밖에서 보았던 것보다는 안이 컸다. 참새가 방앗간을 그냥 지나치지 못하듯 여기저기에서 흥정 소리가 들린다. 싸고 질 좋은 물건을 두고 어찌 구경만 할 수 있단 말인가.

매장에서 그리 멀지 않은 곳에 파묵칼레가 있었다. 버스가 출발한 지 얼마 되지 않았는데 먼 곳에 흰 바위산이 보였다. 파묵칼레의 '목화의 성' 이야기는 마치 목화송이로 덮인 성과 같다고 해서 붙여진 이름으로 목화 생산지와는 별개의 뜻이라고 한다. 이곳은 로마시대에 원로원의 원로들이 입던 흰옷을 공급했던 곳이다. 다가갈수록 흰 석회암 바위 위로 걷는 사람들의 모습이 뚜렷하게 보였다.

파묵칼레에서 제일 먼저 찾아간 곳은 고대 로마 도시의 형태가 남아 있는 히에라폴리스^{Hierapolis}의 무덤이었다. 공동묘지에는 신분의 지위에 따라 묘지의 크기와 형태도 달랐다. 거의가 돌로 만들어졌는데 대개가 4각의 분묘 형태였다. 우리나라 북방에서 발견되고 있는 석추(石築) 4각 분묘와 형태가 비슷해 흥미로웠다.

이 파묵칼레는《성서》〈골로새서〉에서 말하는 고대 도시 히에라폴리스라고 한다. 히에라폴리스는 로마의 지배를 받으면서 번창하다가 기원후 60년에 대지진으로 크게 파괴되었으나 네로 황제가 재건했다.

로마 당시에도 이곳은 치료와 휴양의 도시로 유명했으며 로마의 웅변가인 키케로도 이곳에서 서사시와 언설문을 썼다고 한다. 여기 저기에서 발굴단이 고대도시를 발굴하고 있었다. 한쪽에 박물관이 있는데, 입장 시간이 지나 들어갈 수 없어 아쉬웠다.

우리는 5천 명 이상을 수용할 수 있다는 고대 원형극장을 보기 위해 먼지 속

히에라폴리스의 원형극장

에 땀을 흘리며 언덕을 올라갔다. 언덕 왼쪽 산기슭에는 빌립 사도의 순교를 기념하기 위한 기념 교회의 흔적들이 보였다. 고대 원형극장은 오랜 동안 지진과 파괴 속에서도 비교적 원형을 잘 보전하고 있다.

공연장 맨 위에서는 히에라폴리스의 평원들이 한눈에 내려다보였다. 그래서 공연 도중에도 적의 침입을 알아볼 수 있었다고 한다. 무대 쪽에서 바람이 불어와 객석 쪽으로 가도록 해 마이크가 없던 시절에도 육성이 바람을 타고 객석에 전달되도록 설계되었다고 한다. 원형극장 뒤 그늘에서 가이드의 설명을 듣고 땀을 식히는데 점심때 만난 한국 관광팀들이 올라왔다.

이번에도 세르다르는 입을 다물 줄 모르고 나에게 그 여자 인솔자를 가리키며 "미스 송 이즈 마이 걸 프랜드"라고 했다. 내가 하도 우스워 그녀를 보고 "어이 미스 송! 아까부터 이 사람이 자네를 계속 따라다니면서 여자친구라고 하는데 정말이야?" 하고 물었다. 그러자 미스 송이란 이 아가씨 "괜히 찝쩍거리는 거예요. 저 사람 아주 바람둥이예요" 한다. 원 싱거운 녀석 같으니라고. 키 크고 싱겁지 않은 녀석 없다더니 바로 요놈을 두고 하는 말이구먼. 나중에 들은 이야기인데 터키 남자들이 한국 여자들을 무척 좋아한단다.

원형 공연장을 보고 족욕을 할 수 있는 하얀 석회 바위 쪽으로 갔다. 각자 신발을 벗어 가이드한테 맡기고 약간 미지근한 물이 흐르는 석회암 위를 조심스럽게 걸었다. 어떤 곳은 이끼가 끼어 미끄러웠다. 오른쪽에는 거대하고 새하얀 석회암들이 펼쳐졌다. 목화의 성 파묵칼레다.

우리도 난간을 사이에 두고 흐르는 물에 족욕을 하기 위해 나란히 앉았다. 나도 조금은 거리를 두고 앉아 족욕을 하면서 오고가는 사람들을 쳐다보았다. 정말 많은 사람들이 앞을 지나갔다. 날씬한 아가씨 하나가 눈앞을 지나갔다. 순간 나는 왼쪽 눈초리 끝으로 우리 여자 분들의 시선이 나에게 쏠리고 있는 것을 알았다.

파묵칼레

내가 누군가. 젊은 시절 군대에서 오감을 최대화시키는 특수훈련을 받은 사람 아닌가? 일부러 내 고개는 그 아가씨가 가는 모습을 끝까지 따라갔다. 그 순간 저쪽 편에서 깔깔대는 웃음소리가 들렸다. 나도 고개를 돌려 마주보고 같이 웃었다.

리치몬드 테르말 호텔은 온천탕과 수영장도 있는 수준급이었다. 저녁식사까지는 시간이 남아 각자 짐을 풀고 온천탕으로 모였다. 유황온천탕에 갔을 때는 우리 일행뿐이었는데 곧 서양 관광객들이 몰려왔다.

버스기사도 와서 온천욕을 즐겼다. 이 친구 일도 열심히 하고 휴식도 즐길 줄 아는 친구다. 한 30분 정도 온천탕에 있었더니 온 몸에서 땀이 났다. 다시 수영장으로 가 수영을 하면서 땀을 식혔다. 이렇게 온천욕과 수영을 하다 보니 저녁식사가 예정보다 30분 정도 늦어졌다.

지정된 식탁으로 가서 저녁을 먹고 났는데 내 컨디션이 좋지 않았다. 더운 온천욕을 하고 바로 식사를 해서인지 졸음이 한꺼번에 몰려왔다. 방에 들어와 TV를 켜자마자 잠에 떨어지고 말았다. 얼마나 고단했는지 옷도 입은 채로 그냥 잤다.

그러나 역사는 밤에 이루어진다고 했던가. 내가 잠든 사이 많은 일들이 있었다. 저녁 10시쯤 호텔 가든에서는 밸리댄스가 공연되었다. 여럿이 무대로 진출해 밸리댄스를 같이 추면서 즐거운 추억을 만들었단다. 너무나 재미있어서 아내도 내 생각을 할 틈이 없었다고 한다. 하필 이럴때 일찍 잤을까. 후회가 막급했다.

다음날 아침 호텔 로비에 전시된 사진들을 보니 전날 밤의 광란(?)이 짐작되었다. 무대에 진출한 사람 가운데 한 분은 상당한 수준의 춤 솜씨였다고 하는데, 직접 보질 못했으니 궁금할 수밖에.

에베소, 고대 로마의 계획도시이자 문화의 중심지

이른 잠을 잔 덕에 좋은 볼거리를 놓친 아쉬움은 있지만 몸은 한결 가벼워졌다. 오늘은 에베소^{Ephesus}를 구경하고 이스탄불로 가는 비행기를 타야 하니 30분 일찍 출발하자고 한다. 호텔을 떠난 버스는 시골의 좁은 길을 돌고 돌면서 사람 사는 냄새를 맡게 해주었다. 어느 집 마당에는 주먹보다 훨씬 큰 빨간 석류가 주렁주렁 달렸다. 석류가 본디 서역에서 온 것 정도는 알고 있었는데 이곳에는 집집마다 석류나무가 있다. 들판에는 역시 목화를 많이 재배했고, 간간이 옥수수도 보였다.

가이드가 지붕에 병을 꽂아 놓은 집을 찾아보라고 했다. 아니나 다를까. 그런 집이 눈에 띈다. 그것은 그 집에 결혼할 여자가 있다는 표시란다. 그러면 중매쟁이가 나서고 신랑 집의 여자들이 신부가 될 집을 방문해 서로 혼담이 오간다. 그런데 찾아온 신랑 측이 맘에 들면 차도 내오고 하면서 환대를 하지만 맘에 들지 않으면 냉수를 대접해 우회적으로 반대의 의사 표시를 한다는 것이다.

점심식사 후 모피점을 거쳐 고대 로마의 항구 도시 에베소에 도착했다. 가이드가 원래는 항구 쪽에서 올라와야 하는데 날씨도 덥고 해 뒤편에서부터 항구 쪽으로 내려가겠다고 한다. 우리가 내린 주차장 옆에 〈누가복음〉의 주인공 루가의 묘소가 있었다.

에베소는 알렉산더 대왕 이후 로마의 중요한 도시가 되었다. 한때는 25만 명의 인구가 사는 금융과 상업의 중심지로 화려하고 부유한 도시였으며 철학과 문학, 역사의 중심지였다. 이를 증명이라도 하듯 중앙대로를 중심으로 정교한 설계에 의해 도시의 기능이 잘 배치되어 있다.

에베소에는 세 개의 대로가 각기 다른 방향으로 뻗어 있다. 우리가 걸은 중앙대로 양쪽으로는 크고 작은 공연장을 비롯해 도서관, 신전, 유곽, 목욕탕, 우물, 시장터 등이 꽉 들어차 있다. 특히 대리석으로 만들어진 대로에는 마차길과 인도가 구분되었다. 마차길은 마차가 잘 굴러가

로마시대의 영화를 누렸던
에베소 거리

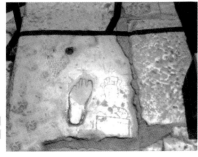

에베소 항구 유곽의
출입 표시

도록 대리석 도로의 양쪽에 긴 홈을 파놓기도 했다. 세심한 도시계획의
단면을 보면서 고대 로마인들의 지혜에 탄복했다.

　목욕탕이 있던 자리에는 수로를 만든 토관들이 아직도 남아 있는데
굉장히 정교하게 배관되어 있다. 가이드가 목욕탕을 설명하면서 이 주
인이 돈을 많이 번 여성 사업가라고 한다. 밑에 있던 유곽의 포주가 아
닌가 싶은 생각이 들었다. 당시에 만들었다는 수세식 변소에는 아직도
대리석 좌대가 그대로 남아 있다. 보석 가게도 있었다는데 이집트 여왕
클레오파트라와 결혼한 로마의 집정관 안토니우스도 이 에베소에 들러

클레오파트라의 선물을 샀다고 한다.

대로변을 장식하는 수많은 대리석 건물들의 잔해는 에베소가 화려했던 도시임을 증명해주었다. 보석가게들을 지나자 2층으로 된 도서관이 나타났는데 참 아름다운 건축물이다. 이 건물은 셀시우스 도서관인데, 서기 110년에 짓기 시작해 135년에 완성하였다. 당시에도 만 권 이상의 책을 소장했다고 하며 로마제국 내 최대 도서관 중 하나라고 한다.

셀시우스 도서관에서 우측 대로로 접어들자 오른편에는 시장터가 있다. 그리고 반대편에 유곽지대가 있는데 유곽임을 알리는 세계 최초의 광고판이라는 가이드의 말이 더 재미있다. 하얀 대리석에 여자의 모습이 음각되어 있는 것은 '여자 있음', 하트 모양은 '사랑을 팔겠음', 동그랗게 구멍을 파놓은 것은 '돈 가져올 것,' 어른의 발바닥 모습을 새겨놓은 것은 '미성년자 입장 불가이니 발을 재어보고 들어올 것'을 나타낸다고 한다. 예나 지금이나 사람들이 많이 모이는 항구나 역 같은 데 유곽이 있는 것은 변함이 없다.

유곽을 지나자 거대한 원형 공연장이 나타났다. 2만 5천 명을 수용했다고 한다. 그래서 계산을 해보면 당시 인구의 10분의 1이 공연장을 이용했다고 하니 당시 인구가 25만 명으로 추정된다는 것이다. 그렇다면 에베소가 당시에는 어마어마한 도시였을 거라는 짐작이다. 전에 어느 책에서 1천 년 전 세계 최대도시는 바그다드로 그 당시 인구가 30만 명이었다는 내용을 본 기억이 있다.

공연장을 지나 옛 항구를 보니 그냥 평원이었다. 아무튼 2천 년 전에는 항구였다고 한다. 대형 원형 경기장을 지나 소나무 그늘에서 잠깐 휴식을 취하면서 땀을 식혔다. 우리나라 소나무와 비슷했고 수령이 몇백 년은 됨직해 보였는데 잎들이 크고 길었다.

다시 버스를 타고 출발했다. 차창 밖으로 에베소의 유적과 성곽이 멀어지면서 조그만 마을이 나왔다. 셀축Selcuk이라는 도시다. 버스가 갑자기 좌회전을 하더니 숲속으로 난 비포장길로 들어섰다. 먼지나는 길가에는 간간이 걷고 있는 배낭 여행객들이 보였다. 큰길에서 멀지 않은 곳에 노점상들이 있고 언덕 아래에 큰 돌기둥 하나가 서 있다. 그들이 세계 7대 불가사의 중 하나라고 하는 아르테미스 신전 자리다. 신전 입구에는 옛날 아르테미스 신전의 모습이 그려져 있는데 대단한 규모다. 신전 뒤 언덕에는 사도 요한 교회가 보였다. 아르테미스 신전에서 그리 멀지 않은 곳의 선물가게를 찾았다.

홀로 남아 있는 아르테미스 신전의 기둥

석류 등을 원료로 하는 건강 제품을 팔았다. 엑기스도 있고 비누제품도 있다. 여기서도 우리 지갑은 계속 열렸다.

셀축을 떠나 이스탄불로 가는 비행기를 타기 위해 이즈미르로 향했다. 이즈미르는 이스탄불과 앙카라에 이어 터키의 3대 도시다. 본래는 그리스 영토였고 기원전 10세기부터 도시가 형성되기 시작했다. 그리스의 유명한 서사시《일리아드》와《오디세이아》를 쓴 호메로스의 고향이기도 하다. 기원전 8세기경 이즈미르 지역에 있던 리디아 왕국은 예술과 과학이 매우 발달해 세계 최초로 화폐를 주조했다. 의학의 아버지 히포크라테스, 수학자 피타고라스, 철학자 디오게네스 또 역사의 아버지 헤로도토스 등을 배출하기도 했다.

에베소를 떠난 버스가 이즈미르로 가는 도중에 가이드가 길가 과일 가게에 들러 무화과를 사서 나누어 주었다. 무화과가 참 달다. 그런데 언제부터인가 버스가 언덕배기에서는 속도를 제대로 내지 못했다. 급기야는 버스에서 이상한 소리가 나더니 이즈미르 공항 입구에서 멈추고 말았다. "고장이라니, 벤츠버스도 별수없군." 그나마 공항 입구에서 고장이 나기 망정이지 중간에 그랬다면 참 난처했을 것이다. 버스 기사가 어디다 전화를 했는지 곧 봉고차가 한 대 왔다.

이즈미르를 출발한 터키항공 비행기는 약 40분 정도 걸려 이스탄불에 도착했다. 며칠 되지 않았는데도 먼 여행에서 돌아온 기분이다. "마치 고향으로 돌아온 것 같다"고 하는 사람도 있다.

이스탄불 공항에서 콘스탄티노플로 가는 중간에 해변가의 망루와 성곽에 대한 설명을 들었다. 콘스탄티노플은 적의 침입을 막기 위해 3중의 방어벽을 쌓았다. 당시로서는 난공불락의 철옹성이었을 것이다.

전에 본 블루 모스크 근처에 공원이 있다. 이스탄불 사람들이 삼삼오오 공원에서 저녁시간을 즐겼다. 길가 레스토랑 근처에도 사람들이 몰려 있다. 레스토랑의 가든에는 무대가 있고 터키 음악이 연주되었다. 흰옷을 입은 남자가 혼자 무대에서 음악에 맞추어 가볍게 몸을 흔들었다.

가이드가 어쩌면 세마춤이 공연될지도 모른다고 했다. 얼마 지나지 앉아 무대 위의 남자가 음악에 맞추어 몸을 회전시키기 시작했다. 콘야의 메블라나 박물관에서 밀랍으로만 본 그 세마춤이 진짜로 움직이기 시작한 것이다. 길 가다가 횡재한 느낌이 이런 걸까. 음악의 템포가 빨라지면서 팔이 위로 올라갔고 사람의 몸이 마치 하늘로 오르는 것을 연상하게 했다. 하늘에다 대고 영혼을 부르는 것 같은 몸짓이었다.

뜻밖에 레스토랑 밖에서 세미춤을 본 뒤 며칠 전 떠났던 콘스탄티노플의 월드파크 호텔로 돌아왔다. 내일은 아침 일찍 그리스의 아테네로 가야 한다. 그리스에서는 1박만 할 거니까 무거운 가방은 호텔에 맡기고 가기로 했다. 내일을 생각하며 일찍 잠자리에 들었다.

아테네, 섬들의 나라 그리스에도 한국산 여객선이…

6시에 짐을 맡기고 호텔을 나섰다. 아침은 가는 도중 새벽의 해변가에서 빵과 토마토, 달걀 등으로 된 도시락을 먹었다.

이스탄불 공항을 출발해 1시간 쯤 지나자 창밖으로 아테네가 보이기 시작했다. 비행기는 아테네 상공을 선회하더니 근교에 있는 비행장에 안착했다.

그리스 입국수속을 하는 데 시간이 좀 걸렸다. 그때 그리스 정교 신부 하나가 허연 수염을 휘날리면서 사람들을 앞질러 입국심사대로 갔다. 무어라고 하는데, 아마 먼저 나가겠다고 하는 것 같다. 그런데 뜻대로 안 되었는지 다시 뒤로 가 줄을 선다. 종교적 권위가 별로 통하지 않았나 보다.

공항 앞의 버스까지 가는 잠깐 사이에도 날씨는 무척 더웠다. 10시 30분에 아테네 공항을 나섰다. 아테네 시가지로 들어오니 터키의 도시 풍경과는 확연히 다른 모습이다. 유럽 냄새가 물씬 났다. 터키는 이슬람 국가로 밤의 문화가 없는 데 비해 아테네는 밤의 문화를 알리는 간판들이 즐비했다.

'하니'라는 식당에서 이른 점심식사를 한 뒤 삐레아스 항구로 가서 에기나 섬으로 가는 배를 탔다. 그리스가 섬의 나라라는 것은 알고 왔지만 연안 여객선들이 잘 발달되어 있다. 우리가 탄 배 1층에는 자동차를 실었고, 2층과 3층이 여객실이다. 이곳 연안을 다니는 여객선 중 70% 정도가 한국에서 만든 것이고 지금 우리가 타고 있는 배도 한국산이라고 한다. 웬지 가슴이 뿌듯하다. 우리나라 국력도 많이 강해졌다.

맨 위 갑판에 오르니 바람이 제법 세게 불었다. 에기나 섬까지는 1시간 20분이 걸렸다. 여성들이 양산을 펼쳤다. 가이드 말로는 그리스에서 한국 사람 찾기는 식은 죽 먹기란다. 양산 쓰고 다니는 사람 보면 거의 백발백중 한국 사람들이라고 한다.

에기나 섬, 노는 데 열정을 쏟는 그리스인들

에기나 섬 항구에 내리니 바로 앞에 작고 하얀 건물이 있다. 그 건물은 그리스 정교의 경당이었다. 성당보다는 규모가 아주 작다.

가이드를 따라 요한 성당과 해변 등 거리의 모습을 살펴보았다. 터키의 안탈랴 해변보다는 조금 지저분했다. 항구에는 각 나라에서 들어온 요트들이 즐비했고 제법 비싼 요트도 있었다. 직사광선이 너무 심해 누구라고 할 것 없이 그늘만 찾아가며 설명을 들었다.

에기나 섬은 우리가 마른안주로 가끔 먹기도 하는 피스타치오의 생산지다. 피스타치오를 파는 가게들이 많다. 그런데 대부분의 가게들이 문을 닫았다. 오후 2시부터는 낮잠을 자기 위해 문을 닫는다. 우체국 앞을 지나는데 정문 앞에 근무시간이 적혀 있다. 근무시간 07:30~14:00. 그리스 공무원들 그러고도 월급은 제대로 받겠지.

워낙 더워서인지 전망대와 유적지에는 갈 엄두가 나지 않는다고들 한다. 거리를 걷는데 제법 큰 가게 앞에 빨간 연등 같은 것이 걸려 있다. 중국인 가게라는데, 얼마 전만 해도 조그만 가게로 시작했는데 어느새 가게를 늘려 이전했다고 한다. 중국 사람들 참 대단하다. 이곳 그리스 섬까지 진출한 것을 보아도 그렇고, 세계 어디를 가나 눈에 띈다.

햇빛을 피해 뒷골목으로 가니 옛날 시장 골목이 나왔다. 에기나 섬의 특산물인 문어구이를 먹기 위해 작은 구이집으로 들어갔다. 모두들 조금이라도 더위를 식히고 싶어했다. 문어구이를 시키고 또 오징어를 하나 시켰는데 오징어가 아니고 꼴뚜기다. 이곳에서는 꼴뚜기도 오징어라고 한단다.

구이집에서 땀을 식히고 나왔는데도 딱히 갈 데가 없다. 상당한 시간을 들여 온 것치고는 관광자원이 별로 없다.

그래서 싱글들은 마차를 타고 시내 구경에 나섰고 부부팀은 항구 옆 경당 뒤로 가서 경당문이 열리기만을 기다렸다. 얼마 지나지 않아 경당

에기나 섬 항구의 작은 경당

에기나 섬의 항구 모습

을 관리하는 여인이 나타났다. 우리는 경당으로 들어가 초를 사서 경배를 올렸다.

드디어 우리가 타고 갈 배가 도착했는데 그 배에서 사람들이 끝도 없이 내렸다. 차량들도 줄을 이었다. 금요일 오후 2시까지만 근무한 그리스 월급쟁이들이 주말을 맞아 별장이 있는 에기나 섬으로 몰려오는 것이라고 한다. 그리스 사람들은 일하기보다는 노는 데 더 열을 올리는 것 같다(책을 출판하는 2012년에 와서 돌이켜보면 그때의 짐작이 맞은 것 같다. 그리스가 국가 부도가 나느니 마느니 시끄럽다).

5시에 에기나 섬을 출발한 우리는 6시 20분에 아테네의 삐레아스 항구에 내렸다. 아테네 시가지를 지나는데 시내에는 차량 두 칸씩을 단 전차들이 궤도를 달렸다. 우리나라 현대중공업에서 납품한 전차인데 2004년 아테네 올림픽 개막 이틀 전에야 겨우 완공되었다고 한다. 그만큼 그리스 사람들이 비효율적이라는 얘기일 것이다.

파르테논 신전, 신전의 야경과 함께 아테네의 밤을 즐기다

시내에 들어선 지 그리 오래지 않아 아크로폴리스 광장과 파르테논 신전이 보였다. 아크로폴리스는 '가장 높은 곳에 있는 도시'라는 뜻이다. 파르테논 신전은 페르시아 인들이 BC 479년 파괴한 옛 신전 자리에 아테네 인들이 세운 것으로, 수호여신 아테나에게 바친 신전이다. 당대 최고의 조각가인 페이디아스의 총감독 아래 BC 447년에 시작하여 BC 438년에 완공한 것이라고 한다. 파르테논은 '성녀 처녀'라는 뜻이다.

버스에서 아크로폴리스 언덕 등을 멀리 바라본 뒤 한식집인 귀빈식당으로 갔다. 넉넉해 보이는 주인이 직접 손님들 상을 오가며 부족한 반찬을 날랐다. 여성들은 양배추 비슷하기도 한 상추쌈을 무척 많이 먹었다. 저녁식사 후 파르테논 신전 아래에 있는 디바니 아크로폴리스 호텔로 갔다.

호텔 베란다로 나가니 석양빛을 받은 파르테논 신전이 한눈에 들어왔다. 호텔 위치가 참 좋다. 호텔을 나서 한 10여분 걸어 올라갔다. 아크로폴리스 바로 아래다. 야간 조명을 받은 파르테논 신전이 환상적이다. 2004년 아테네 올림픽 덕분에 많이 좋아졌다고 한다. 밤의 파르테논 신전을 배경으로 사진을 찍었다. 반대편 언덕에 올라가 목조로 세워진 오래된 성당도 구경했다.

내려오다가 술의 신에서 이름을 빌린 디오니소스 식당의 노천카페로 갔다. 파르테논 신전이 너무나 잘 보였다. 진 토닉을 한 잔씩 시켰다. 잔이 커서 그런지 양이 제법 많다. 이번 여행의 핵심인 아테네의 아름다운 파르테논 신전의 야경을 보면서 시원한 밤과 함께 진 토닉을 마시는 기분 정말 좋았다. 술값이 좀 비싸긴 했지만 근처에 이만큼 조망이 좋은 장소도 없다.

11시가 다 되어 디오니소스 식당 노천카페에서 일어났다. 호텔로 돌아온 뒤에도 베란다 문을 열어놓고 한참이나 어둠 속에서 빛나는 파르테논 신전을 바라보았다.

아크로폴리스, 아리오스빠고스, 고대음악당, 에렉티온

전날 기분 좋은 아테네의 밤을 보내고 아침 9시에 호텔을 나섰다. 아크로폴리스에는 세계 각처에서 온 관광객들로 아침부터 붐볐다. 아침인데도 햇살은 너무 강렬했다.

맨 먼저 간 곳은 아크로폴리스 아래에 있는 아리오스빠고스라는 대법원 자리다. 사도 바울이 설교했던 자리라고 한다. 몇몇은 돌이 뾰쪽하

파르테논 신전 옆에 있는 고대 음악당

여 위험하다는 만류에도 불구하고 돌산 위를 올라갔다 왔다. 중년의 뚱뚱한 그리스 아줌마를 소개받았는데, 그리스 현지 가이드다. 유적지 입구에서 티켓을 사고 신전으로 가기 전에 이로디오아티구스 음악당을 구경했다. 고대 그리스 사람들의 저력을 엿볼 수 있는 곳이다.

뒤에서 본 파르테논 신전

더워서 그런지 사람들은 그늘만 찾았다. 아크로폴리스 광장에 오르는 데는 사람들이 많아 조금 기다렸다. 중간에 조금씩 쉬면서 올라보니 조금 전에 갔던 아리오스빠고스 동산이 내려다보였다. 광장에 도착하니 유네스코가 지정한 세계 고적 1호인 파르테논 신전이 눈앞에 다가왔다. 그런데 전날 밤의 환상적이었던 모습과는 너무 다른 두 얼굴이다. 부서지고 파괴되고 한쪽에서는 다시 재건하느라 복잡했다. 이 파르테논 신전은 처음에는 신전이었다가 성당으로, 다시 오스만 투르크 지배 시절에는 모스크로 쓰였다고 한다. 또

1840년 전쟁 때에는 화약고로 파괴되는 기구한 운명을 가졌다. 그러나 그 규모와 조각들은 대단했다. 도리스식 건축의 극치를 보여주었다. 신전의 상층부에는 고대 도시국가들의 전투 장면들이 새겨져 있다.

또 파르테논 신전 바로 옆에는 규모가 다소 작은 에렉티온 신전이 있다. 이 신전은 이오니아식 기둥들로 건축되었다. 이 작은 신전을 배경으로 사진 찍기에 급급하여 가이드의 설명을 제대로 듣지 못해 아쉬웠다. 아크로폴리스 광장에서 맨 마지막으로 간 곳은 박물관. 고대 아테네 사람들의 흔적이 전시되어 있다.

그리스 국회의사당 앞 근위병 교대식

골목 안에 있는 한식당 켈라리에 도착한 것은 11시 40분경. 계속 걸어다녀서인지 배가 고팠다. 한국 아줌마가 우리를 반갑게 맞아주었다. 식당 주인이다. 자리에 앉자마자 하우스 와인이 나왔다. 맛이 괜찮았다. 야채를 곁들인 돼지고기 등과 함께 맛있는 점심을 먹었다. 터키 여행 중에는 구경을 못한 돼지고기가 입안에서 살살 녹는다. 주인과 가이드는 상당히 친한 것처럼 보였다. 서슴없이 "~!" 하고 잔심부름도 시켰다. 이 주인은 그리스 남자와 결혼해 여기에서 식당을 하고 있다고 한다.

식사를 마치고 무명용사의 기념탑이 있는 국회의사당 앞 광장으로 갔다. 근위병들이 근무교대식을 한다. 그들의 복장이 너무 더워 보였다.

그리스도 한국 전쟁 때 우리를 돕기 위해 파병한 나라 가운데 하나다. 또 대통령 관저 앞까지 가서 근위병들도 보고 그 옆에 있는 공원과 근대 올림픽경기장에도 갔다.

시내관광을 마치고 해가 아직 중천인데 저녁을 먹으러 갔다. 이스탄 불로 가는 7시 반 비행기를 타려면 미리 저녁을 먹어야 한다. 전날 상추 쌈을 맛있게 먹었던 귀빈식당으로 다시 갔다. 메뉴는 생선구이와 된장 찌개였다. 저녁을 먹고 서둘러 공항에 가기 위해 버스를 기다리는데 옆 구리가 허전했다. 항상 메고 다녔던 가방이 없다. 식당의자에 걸쳐놓고 온 것이다. 걸음아 날 살려라, 하고 식당에 갔더니 가방은 의자에 그대 로 있었다. 이런 실수가 이번 여행에서 벌써 두 번째다. 아내가 흉을 보 는지 여자들 쪽에서 웃음이 흘러나왔다. 버스가 좀 늦게 왔으니 다행이 지 빨리 왔더라면 큰일 날 뻔했다. 집에는 다 갔을 것이다.

공항에 도착해 수속을 밟는데 공항 직원들이 두 사람의 티켓을 주지 않고 저희들끼리 뭐라뭐라 떠들어댄다. 두 명의 이씨 성을 갖고 시비다. 나이도 같고 영어 스펠링도 똑같아 뭔가 이상하다며 티켓 발행을 보류 시키고 있다. 정말 웃기는 놈들이다. 여권에 사진도 다르고 사람이 다른 데 무슨 소리야, 서양은 이름 같은 놈들이 더 많은데 무슨 뚱딴지야. 가 이드가 한참이나 되어서야 티켓을 들고 왔다. 그러고 보니 그 동안 그리 스 사람들은 대체로 표정이 어두웠다. 2,000년 넘게 남의 지배만 받은 민족이어서 그런가….

우리 일행을 태운 터키항공은 저녁 9시가 다 되어 이스탄불 공항에 착륙했다. 전에 숙박했던 월드파크 호텔로 가는 해변가에는 이스탄불 사람들이 토요일 밤을 즐기고 있다.

돌마바흐체 궁전, 오스만 투르크 멸망의 계기가 되다

체크아웃을 하려는데 호텔 밖에서 영화촬영이 한참이다. 감독의 "컷!"
이 연발되고 엑스트라들은 동작을 반복했다. 주연급 배우인 듯한 여자
는 막간을 이용해 화장을 손본다. 형식은 우리나라와 같다.

아침 9시에 호텔을 나와 골든 혼을 가르는 다리를 건너 신시가지 쪽

돌마바흐체 궁전 입구

화려한 돌마바흐체 궁전 내부

으로 갔다. 오스만 투르크 제국의 영화를 한몸으로 보여주는 돌마바흐체 궁전으로 갔다. 터키의 베르사유 궁전으로 알려진 곳이다.

파리의 베르사유 궁전을 모방해 지었다는 돌마바흐체 궁전 앞에는 용감하다는 터키군의 의장병이 눈 하나 까딱 하지 않고 정면을 주시하고 있다. 궁 입구에는 우리 말고도 많은 관광객이 미리 와서 입장을 기다리고 있다. 카메라는 별도의 요금을 내야 실내 촬영이 가능하단다. 관광객의 주머니를 터는 방법도 참 다양하다.

베르사유 궁전을 얼마만큼 흉내냈는지 궁금했다. 궁 안으로 들어가자 바다를 바로 옆에 끼고 있어 파리의 베르사유 궁전보다는 탁 트인 느낌이고, 아름다운 정원과 화려한 꽃들도 좋았다.

비닐로 된 덧신을 신고 궁궐 안으로 들어갔다. 초입에서부터 장엄함이 느껴진다. 궁전 안은 파리의 베르사유 궁전 못지않게 화려했다.

이 궁전은 압둘메지드 황제가 지었다. 대제국의 영광을 되살려보겠다는 일념으로 일찍이 오스만 투르크 제국에는 없던 유럽풍의 초호화급 왕궁을 건축했다. 이 궁전은 18개의 홀과 332개의 방을 갖고 있으며, 내부 장식에만 14톤의 금과 40톤의 은이 투입되었을 정도로 호화판이다.

결국 이 돌마바흐체 궁전의 건립은 국가 재정을 고려하지 않은 무리수를 두었고 기울어가는 오스만 투르크 제국을 더욱 어렵게 만들었다. 나라가 망하려면 항상 어리석은 군주가 나타나 백성의 피와 땀을 짜내 겉치레에 열중한다. 이런 악습은 동서고금을 막론하고 반복되는 역사인 것 같다.

우리는 감탄사를 연발하며 이방 저방을 기웃거렸다. 궁전 벽에는 오스만 투르크 제국의 군대가 콘스탄티노플을 함락시키기 위해 배를 산으로 끌어올리는 그림을 비롯해 오스만 제국의 역사를 그린 벽화들도 많았다. 궁의 맨 끝 쪽에는 황제와 측근만이 영화를 누렸던 하렘도 있다. 하렘의 여인들이 파티에 온 외부 손님들을 훔쳐보는 회랑도 있고 초호화판 목욕탕도 있다.

중앙 홀에는 영국의 빅토리아 여왕이 선물했다는 거대한 샹들리에가 4톤의 무게를 안고 매달려 있다.

대부분의 실내에서 바다가 직접 보이고 전망이 좋아 베르사유 궁전보다 한 수 위라는 느낌이 들었다. 그러나 저물어가는 오스만 투르크 제국의 끝자락을 본 것 같아 씁쓸했다. 왕궁은 화려했지만 자리가 별로라는 생각이 들었다.

터키의 국부인 아타 투르크가 바로 이 궁전에서 1938년에 세상을 떠났다고 한다. 그 당시 터키에는 풍수지리를 보는 사람이 없었나 보다.

탁신 거리, 이스탄불의 명동 거리

돌마바흐체 궁전에서 나와 이스탄불의 명동 거리라고 할 수 있는 탁신 거리로 갔다. 수많은 터키 사람들과 관광객들이 거리를 메웠다. 아침부터 거리를 방황하는 것은 터키의 젊은이나 우리 젊은이나 별반 다르지 않다.

먹거리 가게들은 점심 손님을 위해 준비를 하고, 어떤 가게는 이미 만원이다. 아이스크림 가게에서는 특유의 아이스크림을 돌리면서 유객

이스탄불의 명동 거리인 탁신 거리

했다. 케밥 가게도 많았다.

반환점 옆에는 뜻밖에도 천주교 성당이 있었다. 여기에도 주일 미사를 보는지 많은 사람들이 모였다.

다시 버스는 그 동안 낯익은 해안도로를 달리다가 해변가 식당에 도착했다. 전날 저녁 이스탄불 공항에서 시내로 들어올 때 해변의 카페 거리에서 본 식당이다. 사라이라는 식당으로 들어가니 마당에 우리 자리가 있었다. 조금 덥기는 했지만 전망이 탁 트여 좋았다. 점심 메뉴는 케밥이다. 맥주를 한 잔씩 마시고 고기와 빵을 곁들인 케밥을 모두 맛있게 먹었다.

크루즈에서 마지막 풍광을 즐기다

점심을 먹고 나서 콘스탄티노플에서 골든 혼 쪽으로 휘어진 부근에 있는 부두로 갔다. 그 동안 우리가 세 밤이나 잤던 월드파크 호텔에서 멀지 않은 곳에 부두가 있다. 보스포러스 해협을 따라 흑해 쪽으로 가는 크루즈에 승선한 시간은 오후 1시 반이었다. 크루즈에 오르니 외국 관광객을 비롯해 터키 현지인들까지 마치 작은 인종 전시장 같다.

우리는 각자 편하게 자리를 잡고 흑해를 향해 미끄러지는 크루즈에서 주변의 아름다운 풍광을 감상했다. 곧 아침에 구경한 돌마바흐체 궁전을 지나갔다. 궁전을 지나자 이스탄불에서 가장 비싸고 우리나라의 대통령이 묵고 갔다는 호텔이 보였다. 그 호텔 풀장에서 반나의 수영객들이 지나가는 우리 배를 보고 손을 흔들었다.

배는 곧 아시아와 유럽 대륙을 연결시키는 제1보스포러스 대교 밑을 지났다. 그 동안 사진과 멀리서만 보았던 아름다운 다리 밑을 지나는 기분이 색달랐다. 교각이 없는 현수교(懸垂橋)인 제1보스포러스 대교는 유

크루즈에서 찍은 제1보스포러스 대교

라시아 대륙을 연결하는 지정학적 의미도 있고, 현재의 터키를 상징하는 것 같아 감회가 컸다. 제1보스포러스 대교와 제2보스포러스 대교 사이 보스포러스 해협의 아시아 쪽에 고급별장지대가 나타났다. 터키의 부호들이 사는지 숲속에서 바다를 볼 수 있는 위치에 제법 큰 저택들이 이어졌다.

크루즈가 진행하는 오른쪽 바다에서는 돌고래 떼가 물살을 가르고 뛰어올라 우리 눈을 즐겁게 해주었다. 또 제2보스포러스 대교 근처인 유럽 쪽에는 오스만 제국의 메흐메드 2세 황제가 콘스탄티노플을 공격하기 위해 축조했다는 루멜리 성이 있다. 메흐메드 2세가 루멜리 성에서 비잔틴 제국의 황제에게 무조건 항복할 것을 요구했으나 이에 응하지 않아 콘스탄티노플을 포위하기 위해 골든 혼 쪽으로 배를 끌어올려 결국 콘스탄티노플을 함락시키고 비잔틴 제국을 쓰러뜨렸다고 한다.

오스만이 콘스탄티노플을 점령하기 위해 세운 루멜리 성

흑해 쪽으로 계속해서 간다는 크루즈는 2시 반에 우리를 어느 부두에 내려놓았다. 다시 골든 혼을 건너 콘스탄티노플 쪽으로 왔다. 아직 시간이 좀 남아 세븐 힐이란 이름의 호텔로 들어갔다. 전망이 좋은 곳이 있다고 해서 승강기를 타고 옥상으로 올라갔다. 정말 전망이 좋았다.

뒤쪽으로는 소피아 성당과 블루 모스크가 자리 잡고 있고 앞쪽으로는 조금 전 크루즈 투어를 했던 보스포러스 해협이 펼쳐졌다. 건너편 아시아 쪽의 아나톨리아 반도의 끝자락도 보였다. 커피를 마시며 덕담과 함께 여행이 끝나는 것을 아쉬워했다.

4시가 가까워지자 마지막 체크를 하고 이스탄불 공항으로 향했다. 현지 가이드 세르다르와는 출국장 입구에서 헤어졌다. 보안 검사를 받고 가방을 부치고 출국수속을 할 때까지도 한국인 가이드 장양이 우리를 배웅했다. 아직 어린 나이지만 프로 근성이 있는 아가씨다. 이번 여행에서 장양 같은 가이드를 만난 것도 큰 행운이었다.

비행기가 고도를 높이자 저물어가는 이스탄불이 점점 멀어져 갔다. 좌석벨트 사인이 꺼지자 저녁이 나왔다. L과 레드와인을 시켜 저녁을 먹고 나서 이런 저런 얘기를 나누다가 비행기에 불이 꺼지면서 잠을 청했다.

문명의 흔적에서 삶의 허기를 채우다

– 60대 부부의 실크로드, 티베트, 몽골, 인도, 그리스·터키 여행기

초판 1쇄 인쇄 2012년 3월 20일
초판 1쇄 발행 2012년 3월 25일

지은이 정강현
펴낸이 이윤희
펴낸곳 돈키호테

등록   제2005-000031호
주소   136-733 서울시 성북구 종암로24가길 80, 104-1801
전화   02-2649-1687
팩스   02-2646-1686
E-mail liha2037@hanmail.net

ISBN 978-89-93771-05-3 03320

가격 13,800원